华夏英才基金学术文库

An Introduction for
Social Politics

社会政治引论
——政治的社会联结

孙津 著

全国百佳出版社
中央编译出版社
Central Compilation & Translation Press

目录

主要内容及结构安排	1
导　言	8

第一章　社会政治　　16
　一、政治的社会联结　　16
　二、政治的不同含义　　20

第二章　现实问题　　29
　一、误解和偏见的澄清　　30
　二、范畴的普适性根据　　39
　三、社会政治的价值取向　　48

第三章　概念关系　　59
　一、体系、制度与机构　　62
　二、政治生成与政治习惯　　68
　三、专门政治与一般政治　　78
　四、政治系统与政治运作　　95
　五、意识形态与文化政治　　108
　六、现代化运动与社会政治　　123

第四章　相关性素　　134
一、现代性　　135
二、阶级（以及阶层）　　140
三、作为工具的制度　　152
四、作为实体的政治社会　　164
五、习惯及其文化价值　　169
六、观念信仰　　173
七、政治与经济的转换　　178

第五章　构成机制　　184
一、生成与维系　　185
二、功能支持　　197
三、要素的转换模式　　201
四、环境与对象的适应　　206
五、试错与创制　　210
六、关系规制　　214

第六章　分析标准　　216
一、导向与检验　　217
二、不同的权力形式　　222
三、交易形态　　228
四、社会认同　　232

第七章　中国政治　　236
一、政治传统　　237
二、比较政治　　245
三、中国特色社会主义政治发展道路　　249

第八章　结语和附录　　272

主要内容及结构安排

　　这本书其实就是提出并阐述一个政治学理论原则，即社会联结优先于政治内容。显然，这个原则具有原创性，因为它的意思是说，政治是经由各种社会联结才具有真实含义的。为此，需要说明两个基本问题。其一，在现行的政治学中，"政治"的存在似乎是不言自明的，但是实际上，"政治"的存在是有条件的。这个条件，即是指政治是怎样从社会中生成以及生成以后靠什么来维系政治的延续的。换句话说，真实的政治总是依据某些前提条件才得以成立和具有意义的，而政治作为某种相对独立的现象或活动，从理论上我把它叫做"社会政治"。其二，从学科意义上说明这个叫做"社会政治"的现象或活动，包括它的存在性质、主要概念、结构功能、形式特征等等。

　　显然，说明上述两个问题并不容易，因为它不仅要指出现行政治学的错误或不足之处，更要建设某种自认为是正确的或符合实际的理论，所以也可以说是一种学科的创新或拓展。本书之所以叫做"引论"，在于它仅仅给出了一个初步的理论设想或框架，不过，整个分析还是集中说明了以下三个方面的问题。

　　其一，现行政治学最大的问题是缺乏前提，也就是说，所有政治学教科书以及相应的研究都把政治当成某种无需论证的事实。如果说有一种区别于其他活动的领域，我们给它起个名字叫做"政治"，这当然是无需证明的事实存在，因为这不过是分类方便的一个名称而已。但是，当"政治"的规定性（或特性）已经确立之后（也就是某个领域被命名为政治之后），根据什么说现实的各种活动中此项为政治而彼项就不是政治呢？对此，现行政治学没有回答。的确，政治学谈到过政治的起源，但这也是在既定政治含义或政治存在的不言自明意义上讲的，还是没有涉及随时随地的、具体的政治活动是怎么来的这个问题。因此，整个政治学是没有前提的，至少在其理论的实际运用中是不考虑其前提意义的。

其二，作为某种理论，仅仅指出上述错误或不足是远远不够的，还必须正面阐述自己的理论体系，或者叫做某种理论性建构。本书的阐述或建构旨在讲清楚一个问题，即政治的来源和定性取决于它的生成和维系状况。至少经验告诉我们，无论是整体的政治学，还是具体的政治活动和研究，叫做"政治"的东西并不是固定的，因此"政治"的定性本身就有一个发生的问题。举例来说，某个基本政治制度当然是政治性的（比如人民代表大会制），但是学校里某个班级选举成立班委会也是具有政治性的活动，因为这种运作和今后的活动实施都是有一定规范的，或者说，都具有制度功能的特性。由此可以看出，某种政治活动可以通过"制度"来生成，尽管制度只是判定政治特性的一个而不是全部标准。但是，基本政治制度和一般活动中的机制性制度是不同的，前者可以叫做专门政治，后者可以叫做一般政治（即各种活动所具有的政治特性、形式和功能、作用等）。问题在于，不管专门政治还是一般政治，如果它们需要并能够持续保持自己的政治特性，必定需要有某种相应的条件因素或运作机制才行。这个问题叫做政治延续的维系。因此，由这种生成和维系构成的政治形态才是真实的政治。作为一个概念，本书把生成和维系的条件关系及其功能机制合起来叫做

"社会联结",而经由对社会联结的运作(即社会连接)形成的政治就是所谓"社会政治"。在此意义上讲,缺少"社会政治"这一维度或内容的现行政治学至少是不完整的政治学;进一步说,真实的政治只可能在"社会政治"的意义上成立。

其三,社会政治不仅具有科学的真实性和普遍性,特殊地说,它还有自己的典型形态,就是中国政治。无论从历史还是现状来看,中国政治一直就充分体现了社会政治的各种特征。因此,提出并阐明社会政治理论,其实也就为构建中国的政治学准备了最为重要的理论基础和现实可能。应该说,建构中国政治学是十分必要的和有充分根据的。必要性在于,现行政治学其实就是西方政治学,它不仅不能说明中国政治,尤其不能用来指导中国特色社会主义的建设;根据在于,政治的含义和作用在中国和西方从来就是不同的,所以,各种将现行政治学(即西方政治学)视为科学,从而可以并应该适用于中国政治的看法和做法,不是出于误解就是故意的偏见。

通过对上述三点的分析和讨论,对于社会政治的概念含义可以作一个简括的表述,即经由对政治的社会联结的运作而构成的政治形态(所以我将此作为本书的副标题)。这种转换过程既是逻辑的关系,也是真实的现实,其基本原则就是社会联结优先于政治内容。但是,这种"优先"指的并不是某种逻辑先在,而是结构对于功能所具有的建构性决定作用。在此意义上讲,现行政治学所说的政治只是某种自然的存在,而社会政治则是政治本身的自觉创造。因此,理解这一基本原则需要注意两个前提,而这也是整个分析论述中两个明显的特点。其一,"社会政治"所建构的政治以及政治学与现在学术界(尤其是教科书)所理解的政治和政治学不尽一样,在此意义上也可以说是社会政治一种新学科或学科分支的创设;其二,这种不一样并不等于要另造某种"政治"以及"政治学"概念,所以,本书在阐述基本观点方面具有概论的性质,而就学科创新来讲又具有研究讨论的性质。显然，这两个特点所表示的是某种新思路，所以与现行的政治学概论不同，本书作为某种理论体系的建构，其结构体例主要是以这种新思路、或者说阐明社会政治理论的需要来安排的。先是一般性的导引说明（包括第一章）；然后是一些前提性说明，包括对主要的误解和偏见的澄清以及逻辑环节的交代（第二章）；接下来是正面阐述构成社会政治的基本概念、范畴特征、各种关系及其功能作用（第三、四章）；再后是说明社会政治整体运作的机制性功能（第五章）；接着从方法论的角度阐述检验社会政治理论和实践的标准参照（第六章）；最后，既作为支持社会政治真实性的典型实例，也为了建构中国自己的政治学，集中阐述中国政治的特征以及它作为社会政治在理论上的科学性或普适性（第七章）。第八章是结语和附录。

为了方便阅读和理解，下面以章节结构的安排来简要介绍和整体把握全书的主要内容。

导言是为了提供一个阅读理解的思路和逻辑，主要说明两个问题。一是指出有一种政治长期以来没有被自觉地认识和理解，而这种政治就隐含在政治与社会的关系之中；另一是说，从既有的学科规范和使用习惯来讲，可以把这种使政治得以确定并具有其真实含义的社会联结运作叫做"社会政治"。这两个问题表明了一个基本原则，即社会联结优先于政治内容。

第一章主要说明，在什么情况下以及在什么意义上某种政治活动可以叫做"社会政治"。政治本身具有不同含义是历来的事实，这种不同并不妨碍学术界以各自的观点来研究政治，但对于这种"不同"本身的意义缺乏自觉认识已经造成了许多误解和偏见。事实上，这种不同来自"政治的生成"与"政治的维系"的作用互动，而"社会政治"正是这种互动的一般形态，或者叫做政治的社会联结。本章还提示性地指出，这种形态在中国政治中有着更为特征化的体现。

第二章进一步说明，本书是在什么前提下从学科意义上提出和理解"社会政治"的。这些前提实际上也就是当前政治学理论研究中较为突出的"现实问题"，其共同的指向就是社会政治以理论形态存在或成立的根据。对此，本章主要分析说明三个问题：一是澄清政治学研究中，尤其是在"政治的生成"与"政治的维系"的互动关系方面的主要误解和偏见，从而说明建构社会政治理论的合理性；二是指出不同的政治性质及活动形态对范畴普适性的要求，从而说明社会政治具有学科意义的现实根据；三是阐述某些价值取向的问题，从而说明社会政治理论的基本概念及基本框架选择或设置的社会意义。

如果说前述各章还都是对提出和建构"社会政治"所作的前提性说明，那么第三章的"概念关系"可以说是真正开始了对这种建构的自身内容的分析和阐述。基本概念是理论构成的基础，但是从这些概念的实际运用和真实含义来讲，这种基础对于社会政治更体现为各种概念关系。由于社会政治理论与现行政治学在大多数基本概念的含义和用法上并无本质区别，又由于社会政治是在社会与政治的关系中生成的，所以本章提出并讨论的就是那些直接生成社会政治的基本概念的关系本身。这些概念关系主要包括体系、制度、机构，政治生成与政治习惯，专门政治与一般政治，政治系统与政治运作，意识形态与文化政治，现代化运动与社会政治等，不过它们的关系组合并不是专有的和一一对应的，而是相互影响和互为转换的。同时，对于既有概念的新增含义以及个别新提出或新使用的概念（比如文化政治、社会政治等），本章也都作了相应的阐述。

在明白上述概念关系的基础上，第四章主要分析论述体现社会政治自身特性的一些"相关性素"。如果说概念关系是用来理解和把握社会政治不同的生成方面或内容，那么相关性素就是社会政治的一些主要作用方面。换句话说，这些相关性素既是现实的社会政治的主要体现方面,也是社会政治功能发挥的各种载体。所谓"体现",主要是指当今社会政治的形态特征,而"载体"则是指某种意义的结构,或者说各种实体的和观念的活动形式。就其作用的直接性来讲,这些相关性素至少包括现代性、阶级(以及阶层)、作为工具的制度、作为实体的政治社会、习惯及其文化价值、观念信仰、政治与经济的转换等。

第五章是社会政治的"构成机制"。无论理论形态的概念还是实践形态的要素,它们要成为真实的社会政治,或者说使某种活动具有社会政治的性质,必须经由某种功能性连接或转换,也就是所谓构成机制。在此意义上讲,这种构成机制既是社会政治得以运作和维系的一般形式,它们自身的调整和变化也是受制于社会政治的功能需要的。本章分析讨论的构成机制主要包括生成与维系、功能支持、要素的转换模式、环境与对象适应、试错与创制、关系规制等。

第六章是"分析标准"。社会政治也有自己的研究和应用方法,作为"引论",本书尚没有对这些方法作专门的归纳阐述,不过,上述各章都在相应的地方指出了关于这些方面的方法论原则。在此基础上,本章指出,在运用各种方法和应用研究结果的时候必然要涉及一些主要的分析标准,比如导向与检验、不同的权力形式、交易形态、社会认同等等,并对此进行了专门的阐述。

第七章"中国政治",主要说明社会政治理论的中国特色及其所具有的科学普遍性。这个说明包括三层含义:其一,由于中国政治具有较为突出的社会政治特征,以此作为社会政治在历史和现实两方面的典型分析实例是符合实际的。其二,由于中国特色的社会政治理论是根据存在着的现实并在与西方政治学的比较中成立的,所以它应该而且的确也是具有科学的普遍性的,即它不仅是一个具有学科创新性质的理论体系,也在概念、范畴以及方法论等方面具有与现行政治学的可比性和互补性。其三，由于现行的（也即所谓的"主流"）政治学实际上就是西方政治学，而中国特色社会主义则是与此有着特性区别的、自觉的政治创制，所以结合中国的情况来建构社会政治的学科创制是必需的和明智的。

导 言

现行的政治学理论一直以来就有一个问题,就是难以解释中国政治,或者说总是解释得不彻底、不全面。这其中一个重要的原因,也许在于政治学是西方建立的学科,不过,这肯定不是全部的原因。比如,马克思主义其实也不是中国本土的学说,但是,即使撇开马克思主义所具有的科学普遍性,仅仅从理念和目标的认同来讲,它却是完全可以解释中国政治,尤其是可以用来指导中国的社会主义革命和建设的,叫做普遍真理与具体实践相结合。现行的政治学则不同,它一方面宣称自己是科学理论,另一方面又以其根深蒂固的西方传统和价值观作为政治学的使用根据和标准。那么,是不是存在不同特性的政治呢?比如说,是不是因为世界上至少有西方的和中国的两种不同的政治,所以就应该有两种不同的政治学呢?

我以为真实情况的确是这样的。为此,我在20世纪90年代初写了一本分析中国政治特性的书,叫做《转型的中国》,其观点和方法就完全不管西方(实际上也就是现行的)政治学的所谓规范。又经过多年的思考,我认为中国政治尽管和西方政治有很多不同之处,有些方面甚至是存在性质及功能旨向的不同,但是,某个理论或者学说如果是科学的，就应该具有学科的普适性，而不是只能解释中国政治，却不能反映人类政治活动的普遍性质。因此，这本书与其说是区分了两种不同的政治，不如说是延扩和拓展了现行政治学的科学普适性。这个延扩和拓展的部分，就是"社会政治"。相对说来，中国政治比西方政治更具有社会政治的特征，而中国特色社会主义更是体现了社会政治的种种自觉创制，因此，由于两种政治的区别，更出于问题分析的针对，我把中国政治（尤其是中国特色社会主义政治发展道路）作为社会政治一个具体的分析实例，以进一步支撑"社会政治"理论的现实性和普适性。

据说，毛泽东对于"什么是政治"的回答曾做过这样的表述：把我们的人搞得多多的，把敌人的人搞得少少的。不管毛主席是否真的说过这样的话，也无论此话用来作为"政治"的定义是否过于粗糙，我认为，至少从作用和手段的角度来讲，中国政治历来的主要含义和突出特征的确就是如此。古代所谓"政者正也"的说法，表明了某种合道德的秩序的存在性质，而对于这个秩序的运作必然是对象性的，也就是敌、我、友等不同阵营或群体的多寡关系转换。至少从逻辑上就不难理解，有转换就必定有得以转换的机制参照，我用"社会联结"来表示这种参照的普遍含义，其机制功能则是对联结的运作，叫做"连接"。这种情况表明，被叫做"政治"的活动实际上是由于各种社会联结的存在以及对它们的运作才成其为政治并具有真实含义的。但是，对于这方面的内容构成或含义，现行政治学中一直没有相应的表述，对于这个长期为政治学界所忽视的（尽管学者们未必不同意的）内容或含义，我把它叫做"社会政治"。

简括地说，社会政治是指由政治的社会联结构成的某种政治形态。不难看出，这个表述似乎是有问题的，至少在逻辑上存在主词自我论证的缺陷。比如，"政治的社会联结"中的"政治"和"政治形态"中的"政治"是否是同一个意思，如果不是（从提出社会政治这个概念来讲，应该不是同一个意思），那么又是指什么样的政治？事实上，这个表述不过是语言的局限，或者说不得不沿用既定的某些基本术语，比如我们可以说"社会政治"，却无法用其他的什么词来代替"政治"这个术语。但是，这里的"缺陷"其实是社会政治得以提出的某种参照，因为社会政治不仅是一种建构性创造，而且就是现实政治自觉创造自身的一般形态。因此，相对说来，"政治"可以是某种自然的存在，而"社会政治"则是一种自觉的运作。在此意义上讲，具体的政治其实总是以社会政治的某种形态存在或成立的，或者说，社会政治才是政治的真实形态和含义。如果说，人天生具有的政治特性表明了政治的无所不在，那么政治形态和内容就像一张包罗万象的网，社会联结则是网结，具体的网结不仅使网得以形成，而且决定了网的结构和功能，以及允许各种（包括敌、我、友）转换连接成为可能的网眼的大小和形状。

因此，社会政治的提出和成立在于一个基本原则，即社会联结优先于政治内容。这并不是认识论意义上存在的第一性和第二性问题，而是对政治所具有的"生成"与"维系"同时共存这一特性的某种功能性表述。"社会"的基础性在于人的群体依赖，它使得类概念的人以其社会属性区别于其他物种，但是，群体依赖总是与趋利避害的个体利益相矛盾。为此，具有自由意志的人不得不以敌、我、友的身份划分及利害其关系处理，作为解决或转化这个矛盾的基本联结或途径参照，而政治就是这种划分及其关系处理的最主要方式。从抽象的意义讲，所谓"优先"有两个含义：其一，这种划分及其关系处理就是具体政治内容得以"生成"的社会联结；其二，现实政治的"维系"不仅以这种社会联结为前提，而且就体现为运作各种社会联结所具有的意义或所达到的目的。作为某种相关性素，"社会联结"的结构性存在提供了敌我友关系变化的根据；而作为社会联结的运作或作用发挥，具体的"社会连接"建构性地决定了真实的政治活动及其功能作用。因此，从科学的普适性来讲，社会政治的自觉性和创造性在于它体现了政治生成和政治维系的一致性；从具体的特性来讲，社会政治表明，由于敌、我、友的划分及其关系处理不可能是固定的和永恒不变的，所以敌、我、友的关系转换才提供了政治的可能性和现实性，而不是反过来将此划分和转换作为政治的一个部分或方面。

由上可以看出，无论从理论还是现实来讲，提出"社会政治"至少有两个重要意义。其一，就其在性质和形态上与现行政治学的区别来讲，社会政治的提出和论述具有学科创建的意义；其二，尽管我们不能简单地说"社会政治"就是中国的政治学，但由于作为学科的政治学在引进源出和规范导向上都是以西方为参照的，因此，提出并阐述社会政治就具有弥补政治学局限、纠正政治学偏向以及抵制和批判西方中心主义的意义。

基于上述看法，这本书的写作思路或逻辑线索是这样的：从人们把政治的存在看做是不言自明的事实开始，通过揭示这种看法的误解，指出并说明政治存在的一般形态，进而建立一种新的、更具有真实性的政治学理论。这个人们并没有自觉认识到的、尤其是政治学没有专门论述过的政治的一般形态，我把它叫做社会政治；而本书要试图建立的新的政治理论，我把它叫做社会政治理论。由于这项工作明显具有学科创新的性质，这本书只能算是一种新的理论体系建构的开始。即使如此，说清楚这些问题仍是很不容易的，写这本书也只是在尝试提出"社会政治"的根据，以及从学科意义和实际状况的角度说明"社会政治理论"的一些基本构成方面，所以我又把它叫做社会政治的"引论"。

不管学术上用"政治学"或"政治哲学"、还是"政治科学"或"政治理论"等概念来表示某项研究的学科特性，它们所说的研究对象都是政治，至少是被认为具有政治性质的东西；不管什么样的政党和政府，它们都宣称自己是政治性质的组织，并且是专门从事政治活动的，尽管由于具体政党的观念旨向和一定社会制度的不同会产生性质和内容以及形式都很不一样的政治；不管每个人从事什么职业，自己的身份或角色是什么，他在经验上都知道或自以为知道，哪些事情属于政治，或者在什么情况下什么事情具有政治性质或"问题"了。因此，一个明白无误的事实在于，人类社会存在着一个叫做政治的活动领域，同时也就存在着对于政治的研究。不仅如此，即使对于什么叫"政治"以及什么叫"政治学"的看法不一致，也不妨碍政治及其活动这个事实的存在，相反，不一致的看法恰恰表明了这些事实存在的"明白无误"。

然而，上述情况有一个凭直观就能看出的逻辑特征，即那个"明白无误"和"事实存在"是互相证明的，或者说仅仅是没有新增内容的同义反复。这个同义反复的公式是：存在着大家都确认的、但是对这个确认的具体内容的看法并不一致的"政治"是一个"明白无误的事实"，反之亦然。

出现这种情况的根本原因，在于"政治的发生（即政治生成）"与"政治的持续（即政治维系）"同为主词，而两者之间却缺失了必要的联结，因此无论从逻辑还是现实来讲，这个联结必须在政治"之外"，或者说必须有其自身的存在位置和内容，对于政治生成和政治维系的关系说明才可能具有真实性。显然，从最广泛或最具包容的角度讲，这个联结只能是社会性的，因为政治也在社会之中，所以可以叫做"政治的社会联结"。不难理解，所谓"政治生成"指的是政治是怎么来的，所以具有发生学的意义；而"政治维系"不仅指现实政治活动中各种因素的整体联系，而且还包括政治活动的运作，所以又具有某种持续性。因此，社会联结其实总是以一种共时的形态对政治生成和政治维系的关系发生作用。

政治学可以研究政治的起源或者某种政治的产生，政治家或政治组织也可以总结从事政治活动的各种历史经验，但是，不管是起源还是历史，在理论研究和实际操作中都是从属于某种单一性质的"政治"的。换句话说，不仅在学理上这种"起源"和"历史"

都是政治学自身的构成部分或研究对象,而且,理论家和实践者都把政治作为当下某种"明白无误的事实"来对待(也就是上述"政治的维系")。事实上,即使是克罗奇所说的"一切历史都是当下的事情"(这是我的意译,不是原话)也是如此,即是说,它看起来是指某种意义的生成,但这种生成本身也是作为明白无误的事实或根据来对待的。因此,不管对政治的定义怎样不同,各种政治学理论实际上都维持着某个性质恒定的"政治"概念,既没有看到"政治"在历史的不同时期,以及在中国和西方实际上是具有不同含义的,更没有认识到,现实政治的构成因素或部分还包括某些"非政治"的东西。这个"非政治"主要包括两种因素含义,一是指与政治领域相区别的其他领域,另一是指各种政治性的转换机制或状况。显然,这些政治学所没有看到和认识到的东西,实际上只存在于某些关系的联结之处,而"生成"和"维系"就是指这些具体的关系方面在理论上分属的两个主要类别。

社会政治理论就是关于政治生成与政治维系之间的联结形态及其连接机制的理论,而社会政治就是这个联结的运作本身。所谓社会联结优先于政治内容这个基本原则,一方面是指真实的政治内容通过各种社会联结而生成;另一方面是指依据对于社会联结的运作(及社会连接)所形成的结构,建构性地决定了具体的政治功能。由于全书要讨论的就是这个问题,因此在"导言"部分仅仅指出后续讨论和分析的三个基本出发点,以便于读者的阅读和对本书意义的理解。

第一,作为某种生成和维系的"联结",社会政治既是时间性的,也是逻辑性的,但它们在真实的联结中都是共时性的。所谓时间性,是指上述"政治的生成"的真实性。某种政治或者某项活动的政治性当然有其产生的历史原因,但这种产生一经作为事实存在,它就是当下的政治或者当下政治的构成部分,否则"历史原因"就没有真实含义。所谓逻辑性,是指上述"政治的维系"的真实性。任何现实的政治都有其质和量的规定性，以此来区别于其他活动，而何为政治的不同看法对这种规定性本身并无影响，相反，却支持和补充着这种规定性的动态包容和开放可能。因此，真实的时间性（即"政治的生成"）和真实的逻辑性（即"政治的维系"）总是以共时性形态成为一种真实的联结的。换句话说，作为"联结"的社会政治总是包含"政治的生成"和"政治的维系"这两个基本构成部分的。

第二，就其是对于"政治的社会联结"的研究来讲，社会政治理论具有学科独立的性质。这样讲的主要根据在于，社会政治对上述两个基本构成部分的包含，使其本身成为一种相对独立的、自为自足的政治形态。所谓相对独立，是指社会政治不同于现在任何一种政治学所理解的政治；所谓自为自足，是指社会政治就是政治活动普遍的现实形态。因此，社会政治理论所要讨论的理论和现实都是现行政治学没有自觉认识到的事情，至于按照现有的学科体系和分类标准把社会政治归属于社会学还是政治学，对社会政治理论的学科独立性质并无影响。简括地说，社会政治理论与现行政治学及其各种理论的根本区别在于，社会政治理论认为，具体的政治总是在政治的生成与政治的维系的联结中具有其真实含义的。但是，现行政治学割裂了这个联结：它们或者仅仅从"来源"的意义上对待政治的生成，并以此作为政治学研究相对独立的一个方面；或者模糊不清地把现实的政治看成是不证自明的事实，并以此相对独立地对待政治运作的机制。这样一来，现行政治学不仅不能准确地认识真实的政治，而且还造成了许多偏见和误解。

第三，现行政治学的做法甚至存在着取消政治的危险。当政治学把政治看成自为存在的现象和活动时，政治的合法性其实是被悬置的，政治学关心的主要是道德意义上的合理性问题，比如正义、公正、自由、甚至民主等等。很显然，对于这些合理性的认同有两个根本性困难。其一，如果这些原则是合理的，它们对于每一个人来讲必定是同等有效的，但事实上这是不可能的；其二，政治的作用从来都只是以群体或组织的形式来体现和实现的，因此任何客观或公正的原则本身都暗含着对其对立面的压制。这两个困难表明，如果政治是真实的，如果不自欺欺人地消除政治，那么就必须承认，政治永远要在对立（或有差异）的两极（或多极）之间寻求某种敌、我、友的等级或亲疏序列，并以这种序列变化的关系作为政治的真实内容。换句话说，政治只能在各种社会联结的运作中生成并得以维系。

不难看出，作为前提，上述三个基本出发点表明，本书的意义在于试图创建一种具有学科性质的新理论，而不管是否从分类学上把它看成某个现有学科（比如社会学或政治学）的一个分支性学科或学科分支，其理论本身都是合理的和具有事实根据的。其实，本书并不旨在否定现行的政治学，因为社会政治的道理和含义已经暗含在各种政治学研究中了，只是尚未自觉和明确指出来罢了。由此，本书如果能达到如下一个目的，我就很满意了，即从学科意义上作些学术创制和探究启示，以及为自觉认识中国政治提供一个分析角度。因此，本书将用尽量简洁的方式，直接陈述社会政治的学科意义、创建根据以及主要结构和内容，避免陷入对概念、观点以及具体问题作追根寻源的冗长辨析和探讨。

与此相应，也许还应该说明的一点是，虽然任何一点新的见解都是在前人成果的基础上产生的，但在学术著作中加入大量的引文和注释未必是一个好习惯，因为这些引文和注释可能表明作者是有学问的，却不等于这个著作所讲的东西是有道理的，相反还会带来阅读的麻烦、至少是不流畅。因此，作为篇幅不长的"引论"，我将尽量简洁明了地直接说明那些我认为是有新意的东西，除了在必要的时候（比如以某些观点为例，指出某种理论的错误以及受到了某个看法的启发等），论述将采取舍去引文和注释的行文方式。

第一章 社会政治

这一章主要讨论两个问题。其一，从社会与政治的领域关系来说明如何理解社会政治的基本含义，也就是说，这两个不同领域的什么活动以及关系方面怎样构成了"政治"的真实形态。其二，以"政治"本身的不同含义来说明"其一"的事实根据，同时也表明，中国的政治学在学科上其实根本就不应该以西方的政治学为标准。通过讨论我们将看出，社会政治并不是"政治的生成"和"政治的维系"的综合，而是以两者的"社会联结"来体现的政治的一般形态；社会政治理论也不仅仅是学科创新意义上的理论建构，更是中国政治学建设的具体实践。

一、政治的社会联结

给一个概念下定义是困难而又危险的，对于新提出的概念更是如此。因此，我们这里只是为如何理解"社会政治"提供一些必要的角度，而在论述说明"社会政治"的整体含义和具体方面的时候，再尝试为它作一个定义式的表述。对于这些角度可以有不同的理解，但它们共同的存在结构和功能特征就是社会联结，而由于这种联结所体现的是某种政治形态的结构生成和功能维系,所以把它叫做"政治的社会联结"应该是恰当的。本书的副标题所要表示的也是这个意思。

我们在导言中说过,社会政治是在政治生成与政治维系的联结处成立的一种政治形态,同时我们还认为,这对于现实的政治来讲具有普遍的适用性,或者说,政治的真实含义本来就是这样。在此意义上讲,现行政治学对"政治"的理解即使不能说是错误的,至少是不准确和不完整的。但是,如果我们不想陷入另一种空洞的同义反复、或者说自我循环论证,那么也许可以对什么是社会政治作一个粗略但却简括的表述,即以集中整合的方式将社会本身的某些政治性因素联结起来所体现的政治(包括其生成和维系)形态。

具体地说,社会政治把政治活动的两个方向融合到一个共时的形态中。一个方向是政治的生成,另一个方向是政治的维系。毫无疑问,真实的政治不是从天上掉下来的,无论从既有的政治史还是具体的政治活动(包括观念和行为)来讲,它们都有一个生成的过程。我把这种政治生成"之前"的东西叫做"社会",而这个方向就是指由社会到政治的过程和状态。后面的讨论将从各个角度说明为什么要把这个东西叫做"社会"的理由,这里只简单地指出,虽然当下的政治既可以从此前政治的延续中产生,也可以从其他领域(比如经济、社会、文化等)的某些因素或意义转换中产生,但是,如果要用一个词语来表示政治得以产生的真实时空,那么最具包容性和最贴切的就是"社会"了,因为所有使政治得以产生的东西都在社会之中。至于政治维系的方向,主要有两层含义。一层是说,不管怎样理解政治,总之,人们要持续做某种他们认为在性质上具有相同性或延续性的事情,这类事情才可能有一个相同的称谓,比如叫做"政治"。另一层是说,相同性或延续性作为一种维系本身是有内容的,这个内容不仅仅是人们当下的活动,而且包括这些活动的意义。换句话说,当确证什么是政治的时候,政治的发生不仅是这种确证的基本根据之一，而且持续地影响并构成着所确证的政治的性质和形式，这些性质和形式也体现为维系自身的具体内容。因此，对于社会政治来讲，作为政治生成和政治维系的关系体现、或者说这两个方向的共时形态，指的就是政治的社会联结，或者说这种连接的结构形式。

那么，为什么要用"政治的社会联结"来表示这种共时形态的社会政治呢？理由至少在于表述的迫不得已，因为社会政治仍然是指一种政治形态，尽管后面的论述表明它不同于现行政治学讲的那种"政治"的含义，但它们都是政治，或者都被叫做政治，所以没有办法、也没有必要另造一个词来替换"政治的社会联结"中的"政治"一词。事实上，当我们从学科意义上提出"社会政治"这个概念时，并不等于排斥或否定现行政治学所说的"政治"，相反，我们在是把承认这种政治的存在作为事实，以及现行政治学理论对此的解释并不充分的前提下，来言说由政治的社会联结体现的社会政治的。

问题在于，社会政治并不是通过简单借用某种不证自明的"政治"来表示自己的"政治性"的。恰恰相反，社会政治的意思是说，是"政治的社会联结"给出了政治的存在根据，并且支撑了政治学的成立，而不是由于种种学科发展的原因，才借用"政治"这个概念把某种研究从政治学中分化出去叫做社会政治的。事实上，借用既有的"政治"概念发展出各种学科分支或交叉学科的事实很普遍的，比如，针对政治领域中不纯粹属于政治领域的问题作专门研究，或者从政治角度研究其他领域的问题，就可能发展出政治社会学、政治心理学、政治神学等学科。但是"社会政治"与这些情况都不一样，因为严格说来，它并不是"借用"了既有的政治概念，而就是政治本身的实际形态，因为没有必需的社会联结就没有真实的政治。

由上可以看出，这里的"社会"并不是相对其他领域（比如政治、经济、历史、文化等)而言的某个领域,而是指所有领域(包括从分类角度相对区别于其他领域的"社会"领域)共同的真实时空。在理论命名的意义上,我们把人类活动划分出许多各有区别的领域,比如政治、经济、社会、文化等等,但是,所有这些活动都是在它们所属的整体"社会"中进行的,所谓"真实的时空"就是这个意思。因此,当我们说社会政治可以作为一种学科意义上的政治理论或体系,其基本含义就是指它所体现的是包括政治在内的整体"社会"的政治特性。然而,如果说所有的活动都是在这种整体"社会"中进行的,那么从逻辑上讲,也可以在其他学科领域前面都加上"社会",比如社会经济、社会文化、甚至社会社会,因为它们也都是从整体意义上的"社会"中来的。如果真的是这样,那就等于没事找事、多此一举,又凭什么说社会政治就是另有新意的理论,就是表示着真实的政治的普遍形态呢?关键就在于,上述那种包括政治在内的整体的"社会"的政治特性,总是作为政治得以确立的"联结"而成立和具有意义的。

需要说明的是,这里的"联结"是名词性的,与此相区别,当需要表示各种社会政治因素的关系运作的时候,将使用动词性的"连接"。对此,我们将在后面的各章节中作相应的讨论,这里仅指出,真实的政治含义以及功能总是以政治生成与政治维系的社会联结形式来体现的,至少,这一特征在政治运作中比在其他领域的活动中更加突出明显、也更加至关重要。

到此,我们也许可以在内容针对的意义上为"社会联结"作某种定义式的表述:体现在具体时空中的由主观因素、客观因素以及这两者互动因素所构成的各种关系;而动词的"社会连接",就是主体对这些关系进行合目的性的结构整合和功能转换。这种情况其实在政治活动中一直存在,只不过现代化运动使这种情况更加突出了,所以现行政治学的不足之处也就更加明显了。关于现代化运动和现代性,后面的章节将有专门的论述,这里仅指出,由于现代性为全球化提供了制度基础和价值导向,所以不仅现代性要求人们更加注意"社会联结"的存在,而且现代化运动更使得现实的政治都是以对社会联结的运作(即"社会连接")而可能的和具有真实性的。如果对此作哲学表述,叫做"社会联结"的关系就像是具体时空中无处不在的主词和宾词,"社会连接"作为谓语(表意、判断、指令以及系动词等)使得主词和宾词构成了真实的政治活动并显出其具体含义。

如果上面的讨论在逻辑上是基本正确的,那么对于回答什么是社会政治来讲,至少还有一个问题,即是说,就算社会政治本身就是政治真实的普遍形态,那又根据什么说某种活动体现的是政治特性而不是其他什么特性呢?从形式上讲,这个根据就在于人的行为规律,或者说人的游戏规则。因为,不管对这些规律或规则怎样理解,它们作为各种社会因素的根本维系或联系,以及作为社会运行自身的机制形态,对政治都具有发生学的性质和作用。但是,这样回答还是一种同义反复,因为它不过是说这些规律或规则就是政治性的。所以,我们还必须回答什么是政治这个老问题。

二、政治的不同含义

前面说过,政治在不同时期和不同地方的含义是不同的。但是,这样讲并不等于要把人类历史的各个阶段以及全世界各个地方的政治都罗列出来加以对比,而且这样做既不可能也没必要。所以,最好的办法还是从一个简单的事实出发,这个事实在于,不仅学科意义上的政治学是从西方输入中国的,而且现在世界上的主流政治学也是西方的(认为西方政治学对错与否以及西方政治学内部的观点一致与否都不影响这个事实的存在)。这样,从为理解社会政治提供基本根据来讲,我们只要看一下西方政治学主要的含义变化,以及政治在中国的真实含义就可以了。

通过讨论将可以看出，不仅西方政治学的含义变化和政治在中国的真实含义都表明了社会政治存在的合理性和现实性，而且中国的政治学也真的不应该和没必要与西方政治学这个"主流"去"接轨"，或者说，该是创建中国自己的政治学的时候了。需要说明的是，中国"自己的"政治学并不是指它没有或缺乏科学的普遍性，恰恰相反，由于政治在中国的真实含义更具有社会政治的特性，所以它"自己的"政治学也更有可能对西方政治学本身的偏见和误解加以澄清和修正。

最便捷的办法当然是看一下中国通用的政治学教科书对什么是政治的表述，因为那是在引入西方政治学概念、并且按照西方的学科要求的基础上，结合了中国学者自己的看法而作的定义。在王浦劬主编的教科书中，政治的定义是："在一定的经济基础上，人们围绕着特定利益，借助社会公共权力来规定和实现特定权利的一种社会关系。"① 在这个定义中，政治明确被看做是"一种社会关系"，但如果要判定是"哪一种"社会关系，似乎还要取决于"经济基础"、"利益"、"社会公共权力"、"权利"等各种因素的相互作用，而且它们大多还必须是"一定"的或者"特定"的因素。显然，如果这种定义不想使自己成为某种不证自明的多余或误解，那么它实际上只能是预示或暗指某种"联结"。至少从逻辑上讲，这种"联结"的含义只能在于，"政治"怎样从某些"非政治"的东西中生成、并把这种生成就作为自己的构成部分而使自己成其为"政治"的。其实，这就是我们前面所说的连接了政治生成和政治维系、或者说具有这两方面的"联结"特性的社会政治，只不过我们认为这个"联结"的含义不仅是在逻辑意义上成立的，而且就是真实的政治形态。

也许真的是因为很难给政治下定义，现在更多的教科书干脆不

---

① 王浦劬主编：《政治学基础》，北京大学出版社1995年版，第8—9页。

再作这种定义了,也就是只把政治看做是一种不证自明的事实。比如,在王邦佐等人主编的教科书中,已经没有了关于什么是政治的章节,但是在说明"政治学的对象"时,作者认为:"一般而论,政治是研究社会政治现象的一门科学。"在说明"政治学的结构"时又认为,"政治学的结构依现实社会政治生活的发展而发展。"看起来,这里也提到了"社会政治生活",但是,全书的确在任何地方都没有把"社会政治"作为一个专门的概念作过任何解释,而且从上下文的表述来看,它的意思应该是指"社会中的"或"社会性的"政治"生活"。换句话说,该书不仅没有提出我们上面所说的"社会政治"这个概念,而且真的是在不证自明以及性质单一或一贯的意义上来讨论政治学概论的;至于所谓研究什么的科学、随什么发展而发展的表述,直接就是空洞的同义反复。由于说不清楚政治是什么,所以该书干脆接下来就从分类意义上谈到了"政治学的范围",认为在西方大致包括:外国政治、国际政治制度;国际法、组织和政治;方法论;政治稳定、不稳定和变迁;政治理论;公共政策的形成和内容;公共行政等。在中国,这个范围大致包括政治理论;中国政治;比较政治;公共政策;公共行政;国际政治;政治学方法论等。①

其实,王邦佐等人编的教材更有与西方主流政治学保持一致的特点。比如,宁骚在对他组织翻译的罗斯金等人写的《政治科学》的介绍中说:"这是一本被多个国家的高等院校广泛采用的政治学教科书,目前已出到第六版。"然而,这本教科书也没有回答"什么是政治"这个问题,相反却明确写道,"政治学作为一门学科还没有完全建立起来。"对于这个没有完全建立起来的原因,罗斯金等人认为是"传统的、行为主义的和后行为主义的"等主要研究"风格或方法"都各有缺陷或都不够全面,但是更根本的原因也许

---

① 王邦佐等:《新政治学概要》,复旦大学出版社2004年版,第2—4页。

在于，"政治是捉摸不定的，它不易受我们的智力观念的控制。"①
也许认为找出某种参照来说明政治更为稳妥，迈耶等人在其《比较政治学》中从比较的角度谈到了难以定义政治的问题。在他们看来，这个"比较"应该是关乎"政治"的性质的，也就是说，政治的真实含义总是在某种比较中生成和见出的。因此，"政治分析最终还是不可避免地成为比较性的，而比较分析作为一种方法，与建构政治解释的努力也没有什么分别。"②我认为迈耶关于比较政治学的这个看法是正确的和符合实际的，尽管他和罗斯金一样，使人很容易会想起柏拉图关于给"美"下定义的感叹：美是难的！然而问题在于，迈耶和罗斯金的观点典型地体现了政治学研究中的一个普遍现象，就是一方面把政治当成不证自明的事实，另一方面都不得不从各种角度、以各种方法涉及和分析政治与社会的关系，并且自觉不自觉地把这些关系就作为"政治"自身的构成部分、甚至是定性根据。比如，政治之所以不易为我们的智力观念控制，并不是因为它的捉摸不定，而在于我们总是在具体的社会中言说政治的；又比如，各种比较之所以可能，在于存在能够进行比较的普遍性联系。这样看来，政治总是在其生成和维系的联结处具有其真实含义的，换句话说，我们要讨论的"社会政治"其实已经隐含在政治学研究的现实困境中了。

通过教科书对于"政治"含义的说法可以看出，这个含义的模糊含混是政治学在中国和西方存在的共同问题。其实，造成这个问题的一个重要原因恰恰在于人们的故意，就是说，人们或者出于权力和利益的运作需要，或者出于对某种价值观的追求和坚持，就把概念意义上的政治特性悬置起来，只关注现实的或者被认为是应该的政治含义。也许可以说，这是一种工具主义的态度，即不去穷

---

① 迈克尔·罗斯金等：《政治科学》，林震等译，华夏出版社2001年版，第18、26页。

② 劳伦斯·迈耶：《比较政治学》，罗飞等译，华夏出版社2001年版，第8页。

究政治的概念含义反而更便于进行政治学研究和对政治的实际运作。正是这种态度，掩盖或回避了政治生成与政治维系的联结在政治学研究和实际政治运作中的意义。因此，尽管政治含义在西方和中国的变化是一个基本的事实，但简要叙述这一变化情况对于理解后继的分析还是有所助益的。

在西方，英语的"政治"（politics）在辞源上来自希腊语的"城邦"（polis）。其实这是查字典就能知道的常识，但是对于这种源出所表示的政治含义变化的意义，在西方政治学中却一直语焉不详，甚至很少提及。事实上，这种源出关系是以社会活动的某种特性为根据的，而且就是这种特性的形式联结。一方面，这种性质就是后来西方一直标举的民主政治，所以在价值观上有意无意地把它作为某种不证自明的政治特性；另一方面，这种联结就是社会运作（叫发展也可以）本身的需要，只不过政治学仅仅从机制的角度把这些机制的性质归属为政治了。用"城邦"来表示"政治"，是因为古希腊的城邦也是讨论公共事务的场所，甚至就是这种公共事务的实体形式，所以"政治"的真实含义主要就是指管理城邦公共事务的学问和技巧。这当然是典型的古希腊释义，而"政治"这个词或概念之所以在欧洲和北美都通用，是因为这种古希腊释义的一个形式联结，即民主。

我们知道，按照列宁的定义，民主是一种国家形式，而这种形式最早的完备实例，就是古希腊的城邦，尽管它的规模很小。由此，"城邦"所具有的"讨论"以及"公共事务"等主要因素和含义，就变成了后来叫做"政治"这种活动的基本特性和功能。相对说来，在这种变化中，管理或处置"公共事务"是出于权力和利益运作的需要；"民主"则在作为国家形式的同时，更成为所要追求和坚持的价值观；而"讨论"就是政治变化的基本形式联结，其典型的体现就是早期的会议和后来的议会。这样，不管怎样理解政治的核心问题（比如国家学、权力学等），从工具实用的角度来讲，似乎都不妨碍学者和政治家去言说和运作具体的政治问题或事务。但是，这种情况对于政治学作为学科的合理性却始终潜藏着一个致命的危险，就是政治学研究和实际政治运作很容易缺失它们看待问题和实施决策的前提，因为人们只是以自己当下的需要把政治看成某种不证自明的东西。更糟糕的是，西方政治学特别钟情于它们的"民主"，既把它看成是支撑不证自明的政治学的重要因素，又把它作为价值观来要求非西方的政治和政治学。其实，这一点鲁迅早就看出来了，所以他在1908年写的《文化偏执论》中认为，民主制度在西方的建立本来就是"不得已"的事情，如果把它"横取而施之中国则非也"；不仅如此，鲁迅接着还特别指出，即使在西方，民主制度一经建立就是一种过时之物了，这至少是因为西方决不以此民主来对待非西方国家和民族。其实，鲁迅讲的文化偏执，就是社会联结的不同内容以及对它们运用。

在中国，"政治"含义的最明显变化，主要是由于西方政治学作为学科的输入造成的，但无论这个变化前还是变化后，"政治"在中国的真实含义都与西方很不相同。我们知道，在西方政治学作为学科输入中国以前，"政"和"治"表示两种不同的含义，而且在概念上也一直是分开使用的。根据许慎的《说文解字》，"政"者"正也"，两者的意思一致或相通。在这里，"正"的含义更具本质性，因为它表示的是一种具有目的性的行为（在第七章第一节将专门分析这个目的性的伦理和道德含义），这就使"政"的含义可以随"正"来解释。《说文解字》对"正"的解释是："是也，从止，一以止。"这里，"正"作为动词，涉及三个因素或环节，即"是"、"一"、"止"，意思是多样繁杂的事务经过各种方式（正）而达成一致或同一（一）的过程（是）。所以《说文解字》又说，"凡正之属皆从正"，同时又引徐错的话为注解："守一以止也"。总括起来看，"正"的实际意思就是使多归于一。至于"治"，单独使用的含义变化不大，主要就是指管理。那么，把

"政"和"治"合起来作为一个概念，就是指把杂多归于同一的过程和方法，而当涉及现行政治学所说的权利和权力等因素的时候，中国"政治"的政治含义则是由这个过程和方法、并根据它们的功能旨向而形成的。因此，中国政治历来就是一种社会政治，或者说总是以社会政治的形态成立并具有意义的，也就是必须"正"才能"明"。同样，如果说"政治"在中国比在西方更明显具有"社会政治"的特性，那么今天的中国政治学更没有理由要以西方为学科标准，更不必说什么"接轨"。

事实上，按照本民族的话语含义来表示另一民族相同含义的语词，是语言互译的一般规律，但是，除了常见的实物（比如桌子、椅子），含义对含义的互译是很难准确的，因为双方（或多方）对某个东西的含义理解本来就只是用其各自的语言作出的。不仅如此，由于各种活动、现象、观念都有其形成的历史和特定的功用，某一民族或者只能以自己对它们的理解来判定它们在其他民族的含义，或者明知与另一民族的含义不同却宁愿按自己民族的意思来翻译。前一种"只能"显然是普遍的做法，问题在于后一种"宁愿"。因为在前一种"只能"中，翻译的含义很可能是准确的，至少它可以用不断的修正来使其尽可能准确；而在后一种"宁愿"中，它要做的恰恰是自觉保持这种含义的不同或区别，所以无所谓含义的准确与否，或者说，某个概念的含义准确与否不是根据翻译而定的，而是根据如何理解和使用已经翻译过来的这个概念来决定的。

比如，中国（经由日语）用"美学"来翻译西方的"感性学"（aesthetics）就很准确，因为"感性学"要研究的东西具有一种"没有比较级"的特性，而这个东西用"美"来表征是再合适不过的了：当你判定什么东西或现象为"美"的时候，它就是一种极致，不能多也不能少。相反，尽管鲍姆嘉通发明的"感性学"根本不是用来研究"美"的，但这个概念对于表征他所研究的东西并不合适,不如用"美学"更能准确反映这个研究及其对象的本质。① 又比如,共产主义在我看来译为"公共主义"更准确,不过,术语的译法并不妨碍这个学说的科学性、它的理想旨向,以及对它的理解。但是,如果一方面用"宁愿"的方式来翻译,另一方面又不自觉坚持这种"宁愿"所要表示的含义,甚至还用明知道和本民族含义不同的其他民族的概念作为本民族理解和使用这个概念的学科标准或规范,结果不是别有用心就只能是一团混沌。不幸的是,"政治"这个概念在今日中国的境况正是如此。

现在可以回到"导言"一开始讲的那番话了。尽管我并不要求所有人都同意,政治就是把我们的人搞得多多的、把敌人搞得少少的,但这种关于"多少"的理论和实践不仅真的就是中国历来的政治、或者说具有政治特性的活动,而且用来说明"社会"对于"政治"的发生学意义和作用也是很合适的。不管政治学怎样回避为"政治"下定义,至少有一点是各种观点实际上都承认的,即政治是围绕如何争取、分配和运作社会中的公共权力及其各种相关利益的活动。那么,不管实际掌握权力或占有利益的人是多数还是少数,从维持这种掌握或占有来讲,一个绝对的条件就是需要有多数人对这种掌握或占有的服从。因此,作为政治运行的自身规律,就是时刻、并尽可能争取多数的"我们",从而使"对手"(或敌人)成为少数。换句话说,是不同人群(或阶级、群体等)拥有的数量"多少"这个社会现实,以及拥有和改变这个"多少"的社会需要,产生并构成了实际的政治活动。至于把这种需要的旨向理解为权力、利益、还是其他什么东西,对于社会与政治之间的发生学关系是无关紧要的。更重要的是,这个发生学关系不仅仅是指政治从社会中的生成,而且还预示了就用这种生成构成现实的政治内容以及运作政治的方法。换句话说,这个"多"和"少"的

---

① 参见孙津:《在哲学的极限处——自由美学论纲》,中国文联出版公司 1988 年版。

运作所反映的，正是政治生成与政治维系的联结的典型的形式特征，而且也显示出政治传统中"杂多归一"的理念性质和目标要求。因此，无论对"政治"的理解多种多样、还是现实的政治本身就具有不同的含义，这些状况恰恰都表明了社会联结优先于政治内容的普适性和真实性。

总结说来，现实的政治之所以会有不同的含义，最基本的原因在于政治的成立是有前提的，即敌、我、友的划分及其关系处理本身是不一样的，而这种状况就是政治得以生成和维系的社会联结。因此，作为主观动因和客观要素的统一体，社会联结优先于政治内容。一方面，尽管具体的社会联结具有不同的含义或内容、而且其政治能指也是开放的或可变的，但它们直接、间接都是以敌、我、友的划分及其关系处理为根据，并围绕这个划分和处理来展开或进行的；另一方面，社会联结的运作使其结构和功能具有政治性，而上述各种"多"与"少"的关系所体现的，就是社会联结运作最具根本性和最具包容量，以及出现频率最高的形态。

第二章 现实问题

从上一章的讨论可以看出，社会政治的真实含义，就是指对具体时空中能够形成政治意义的各种社会联结的运作，或者说各种社会连接所生成及具有的政治特性。于是，一个现实的问题就在于，如果政治生成和政治维系的关系是由这种社会联结来体现的，或者说，是各种社会连接给出了具体政治活动的真实含义，那么现行政治学所说的政治就可能是不确定的、包含歧义的、或者是有局限的，甚至可能由于把政治当成不证自明的存在而使其含义失之空洞。

的确，现行的政治学教科书极少涉及社会政治的内容，不仅没有提到"社会政治"这个概念，而且对此也没有规范的认同。从学科分类的角度来讲，倒是有所谓"政治社会学"的说法，不过它或者被看成某个学科的分支，或者被看成所谓交叉学科，甚至其具体含义都是含糊不清的。比如，它既可以说是政治学的分支也可以说是社会学的分支，但这两种划分都搞不清楚它指的是社会中的政治问题、还是政治的社会性特征。造成这种情况的原因并不在于"社会政治"本身的不成立，而是现行政治学里有太多的误解和偏见，从而看不到或忽视了政治的社会联结。正因为如此，说明上述现实问题的一个必要前提就是必须澄清这些误解和偏见，从而才可以就社会政治本身进行有针对的分析和阐述。

澄清误解和纠正偏见包括许多学理上的梳理，不过，比较便捷的办法也许是有针对性地说明某些关键环节。这样讲主要有两个理由。其一，这里的"现实问题"其实是分析阐述社会政治所要理顺的逻辑关系，也就是为社会政治理论的建构提供其学科存在的合理性；其二，理论阐述的针对性主要是指最能够体现社会政治特性的那些社会联结，也就是构成社会政治理论的那些相互关联、甚至互为因果的前提性问题。由此，这一章的现实问题主要包括三个方面的说明。一是澄清政治学研究中的主要误解和偏见，从而说明建构社会政治理论的合理性；二是指出不同的政治性质及活动形态对范畴普适性的要求，从而说明社会政治具有学科意义的现实根据；三是阐述某些价值取向的问题，从而说明社会政治理论的基本概念及基本框架选择或设置的社会意义。

事实上，指出并说明这些现实问题仍然可以看做是具体讨论社会政治自身内容的前提，不过这个说明本身将进一步指出，结合了社会联结因素的社会政治不仅是真实的现实，而且也是对现行政治学的一种纠偏和补充，对于政治活动的理论和实践都至关重要。在此意义上讲，本章的讨论是建构社会政治理论体系（如果能成其为体系的话）一个必要的逻辑环节，即通过以下三个方面的讨论分别（当然是相对而言）说明社会政治本身的认识论、本体论以及方法论依据。

一、误解和偏见的澄清

误解和偏见可以归为两类问题，一类是学科的科学性，一类是范畴运用的标准。就学科的科学性来讲，问题当然带有普遍性，也就是指在怎样看待政治学的科学性方面存在着误解；范畴运用的标准涉及用什么根据来制定学术规范和价值导向的问题，也就是指这个根据本身存在着偏见。不过，我们对这些误解和偏见的澄清并不是要判定现行政治学的对错是非，而是要说明为政治学引入"社会"这个因素或维度的必要性及现实性，也就是为提出"社会政治"提供根据或理由。因此，这一节所说的各种误解和偏见主要是针对学科的科学性以及范畴运用的标准而言的，而"澄清"则是为了使下述讨论能有一个限定性前提，以达到自身的逻辑一致，并不等于真的把什么问题都说清楚了，甚至也无所谓学术界是否同意这个"澄清"。

先来看有关误解的问题。在这方面，最主要的问题出在两个互为因果的看法上，一是社会科学的科学性在哪里，另一是政治学作为社会科学是否可以保持其学术和价值上的中立性。

政治学是被作为"社会科学"的，而这种说法的根据则在于有一个先定的标准，从而可以依此赋予什么东西具有科学性，比如可以称之为或归属为"社会科学"。这个标准就是"科学"，从科学史的情况来看，其实也就是自然科学。大约在16世纪，当西方的"科学"概念传到东方时，中国和日本都把它译成"格致"。这是有道理的，因为《礼记·大学》就说："致知在格物，格物而知至"。如果说格物达到的"知"是自然科学，那么它的科学性也只能由"格物"来支撑，所以至迟到1885年，康有为从日文把"格物"改译成"科学"。在我看来，这种理解和翻译上的变化都是对的，因为它明智地回避了"真"本身的内容。用现在的话来讲，科学为的是"存真"，就是所谓发现或解释"客观规律"。为什么说它"明智"呢？我认为主要有两点理由。其一，如果存在客观规律，那么科学本身就是一种客观规律，你只能不断地"求"此规律的"真"，却不能说那"真"是什么，尤其不能认定某一个"真"为科学的全部。其二，各具体的存在、包括被认为"符合"了客观规律的"真"的东西各有其内容，而这些内容却与科学无关。

把 science 翻译成"科学"还有一个好处，就是突出了学科体系的分类特点，也就是"格物"本身的局限。实际上，科学的"科"大致就是指"局限"。什么局限呢？当然是知识的局限，因为自然作为客观存在本身就是最终的局限，对此来讲，各种知识再怎么"科学"也不过是自然的影子，甚至越是"科学"，它就越是这种影子，还不如天马行空的想象和沉思更有其自己的独立本位。具有讽刺意义的是，当"五四"新文化运动标举"科学"时，指的恰恰是做事情不要凭想象。但是，当科学不仅仅指自然科学的时候，它表示的是某种性质，而这种性质又必须用某种方式"说"出来才成其为明白确定的性质。所以，这"说"又是一个最终的局限。就对"某种"说法以及"怎样"说的共识来讲，叫做科学的东西大致应具备这样一些性质：系统的知识整体、对事实及事实之间的联系的说明与解释、证实某种真实性的结论、人类各种知识中抽象程度最高的知识，以及可重复操作而不出现错误的方法等。

由上可以看出，判定有无科学性（也就是科学的性质）的途径在于认识。正是根据这一点，历来都从认识社会这个意义上来理解社会科学并以此区别于自然科学。但是，怎么"说"其实是一个认知习惯，所以自认为相信科学的人才会把巫婆的话当成是不科学的胡说。因此，社会科学与自然科学的最根本区别在于，自然科学所"说"的东西是、或者被认为是对象性的，而且唯物主义还认为这种对象具有本原存在的第一性质；至于社会科学，一方面，社会当然是社会科学的认识对象，另一方面，社会科学的认识本身又是社会性的。所以，社会科学之所以具有科学性，并不在于作为认识对象的"社会"是否存在，以及这种存在从本原的意义讲是第一性还是第二性的，而在于认识主体能否"知道"他自身存在的社会性，以及从他与社会的相互关系来认识和把握各种社会问题。对于这一点，人们想出"软科学"这个词，好像社会科学的科学性不如自然科学那么"硬"。同样,人们也常常由此而误以为社会科学的许多问题只不过是仁智之见,并没有一定的标准,或者把"唯一"的标准推给"实践"。其实,实践如果是检验真理(也即科学性)的唯一标准,那么这个唯一性恰恰就是它的社会性,否则这个表述就可能成为一个伪命题,因为真理之所以成其为真理,就在于它本身是无需检验的。再者,无论从工具理性还是道德要求来讲,我们都不能用某件事情的成败来表明实践的这种检验结果。就工具理性而言,是指不能由于某件事情没成功,就说指导这件事的理论一定是错的或不科学的;至于道德要求,就是所谓不以成败论英雄。这里的根本原因,就在于做事(即实践)和理论都是社会性的,尤其在于它们永远只能共时性地同处于一个社会当中。

其实,这里的道理并不难明白,误解只在于对于不同的对象性关系和状况的忽略,或者说,在于用简单或单项度的主体—对象关系来对待由社会联结而生成的各种复杂关系。假定自然科学的活动真的可以分为认识主体和研究对象两个方面,那么,对象对于主体来讲就具有一种客观的外在性,而某种认识(或理论、学说等)的科学性只在于认识内容与对象存在的"符合"程度。之所以说"假定",是因为这种简单的认知状态只是一种抽象的关系表述,而在现实中是不存在的,因为至少科学家作为认识主体必然已经是社会性的了。但是,这种抽象的关系表述并不是没有意义的,恰恰相反,它提供了社会科学具有科学性的基本根据。按照这种关系,我们可以把社会科学的真实性看成一种具有连续统性质的"场域",就是说,认识主体和社会存在(包括历史)的关系永远表现为一种系统状态。

具体说来,社会科学中作为主体认识和运作的对象包括两个部分。一部分就是具体认识活动中的对象,这种对象不管是本原意义上的物质,还是第二性的社会性存在(比如我们常说的文明和文化），其对象性都可以说是"客观"的。另一部分比较复杂，它实际上是包括主体和对象的某种"场域"形态的存在，如果一定要用一个词来表示这个对象，而这个词又不能和"社会"重叠，那么最恰当的就是"世界"。事实上，社会科学的"科学性"是由这个世界的主要特性支撑的，因为它们是使得某一理论或学说能够合理有效的基本要素和条件。这些特性至少包括三个方面，即认识内容与对象的相关性和一致性，认知形式和认识水平的客观性和历史性，认识对象、认知形式以及认识水平对认识（包括行为）主体的客观制约性。

事实上，不仅社会科学，自然科学也是如此。这样讲的道理在于，就科学的内容作为某种知识来讲，科学活动的基本形态总是由主体和对象构成的，而认识（或者叫"格物"）就是这种关系的功能。但是，认识中的主体和对象并不总是某种确定分离的存在，而且它们各自的存在根据和真实位置也都受到认识自身功能的制约。因此，以为自然科学更具有科学性其实是一种误解，因为它没有看到，社会科学的科学性更加复杂和丰富，在认识与存在的一致性方面也更加真实。

对于主体与对象的这些复杂关系，可以用下面的图示作更清楚的表示。当上述所谓"世界"的三个特性方面同时起作用的时候（实际上它们在认识活动中总是同时起作用的），认识活动中主体与对象的关系便由一种简单形态转化为系统形态。这个图示包括两部分，即由主体与对象关系构成的简单形态，以及由认识与社会（历史）和主体（包括认识的手段和工具）的关系构成的系统形态。由此不难理解，在社会科学中，认识具有自己相对独立的存在。一方面，认识对于主体来讲实际上是一种间接的对象；另一方面，认识又有其具体的对象和作为"世界"的对象。由于"世界"的存在，主体实际上不可能直接达到对象，因为主体本身一方面对象性地处于"世界"之中，另一方又借助或通过认识而成为这个

"世界"的构成部分。所以,从认识的过程和结果来看总是有一个因素,与认识活动既平行存在又相互作用,可以形象地称之为"世界的其余部分",而至少从认识论的角度讲,它就是各种社会联结的存在形态,也是社会政治在学科意义上成立的认识论依据。

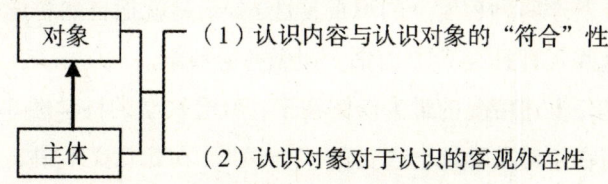

图1　由主体与对象关系构成的简单形态

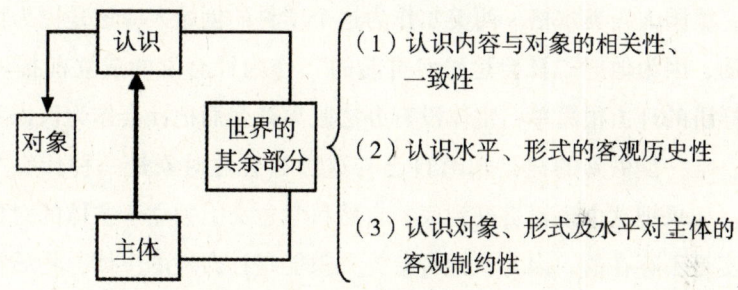

图2　由认识与社会(历史)和主体(包括主体的认识手段和工具)
的关系构成的系统形态

由上可以看出,社会科学的科学性并不在于"科学",而在于"社会"。人们之所以把某一类观点、学说、理论等叫做社会科学,其实是出于某种带有误解性质的习惯。首先,早期的研究不分学科,但研究本身是一种对象性活动,所以就从主体和客体的关系来谈认识,主体就是人,而客体是物质还是精神对于主、客体关系的成立来讲则是无所谓的。比如,哲学和物理学其实就具有同样的科学性,因为那个"物"的"理"就是形而上学。其次,当出于分工的要求而对各种认识作学科划分时,客体的物质性被当成科学的可靠性和可信性载体,于是科学被理解为某种"存真",即对于对象的性质、结构、功能、形式、特征等方面的说明。这种说明是否为真以及是否可靠的重要（甚至是唯一）标志，就是它的可重复性，也就是反复操作而不出错误。显然，这种可重复性对于物质性对象来讲最有可能做到，所以就叫做自然科学。接下来，由于无法否认对其他（也就是所谓社会）方面的认识也可能具有可行性和可靠性（甚至某种程度上的可重复性），于是就把自然科学的科学性挪到这些（即社会）方面来，叫做社会科学。

但是，上述情况的最大误解在于，社会科学的科学性并不在于存真，而在于对某种社会含义的"知道"。在此意义上讲，法国人孔德作为社会学的创始人也是出于这种误解，因为他或者把社会作为自然一样的对象，或者把人与社会作二元对待的理解。比较起来，德国人盖奥尔格·西美尔作为这个学科的创始人应该是更为恰当的，因为他把"社会是如何可能的"作为社会学的成立前提。[①] 这样讲的理由很简单：主体没有办法脱离社会而把社会作为认识对象，唯一能做到的只是知道自己与这种社会性对象是一种什么关系。如果把这个逻辑贯彻到底，自然科学意义上独立于主体的对象其实是不存在的，因为认识者首先并只能是社会性的主体，物质存在以及各种客体（包括被认识的主体）只能在此基础上被对待才可能作为认识关系中对象性的一方。在这个意义上讲，真实情况应该倒过来：是社会科学给了自然科学以科学性而不是相反！不管是因为误解还是偷懒，在学科科学性方面搞诸如卡尔纳普式的拒斥形而上学，都不过是一幅指望拔着自己头发就能上天的讽刺画。

明白了社会科学作为科学的社会性根据就不难看出，就政治学作为一种认识的理论化来讲，上述"世界"中的三方面内容（即认识内容与对象的相关性和一致性、认识水平和形式的客观历史性、认识对象和形式及水平对主体的客观制约性）都明显具有社会联结的性质和功能，并由此规定着政治学的具体含义。正是对政

[①] 参见孙津：《社会学研究规范对象的变化及其知识境况》，载《社会学研究》，2004年第1期。

治学的科学性理解有误，有关政治学在学术和价值中立问题方面的误解很容易就会变成各种偏见，或者本身就有偏见的因素在起作用。

比如，虽然把政治学说成权力学和国家学的看法是过于简略和粗糙了，但是政治学毕竟是围绕着对权力的研究展开的，而其研究对象的实际单元也的确就是国家。正是这一现实，带来了政治学是否与能否价值中立的问题。主张价值中立的根据似乎是一种普遍主义，或者说是对实体的抽象化和范畴化。其主要根据在于，由于这个世界上到处都有权力的存在，而且最高权力是由国家制定、掌握和实施的，所以可以在普遍性概念的意义上来对待它们。用我们熟悉的话来讲，就是怎样认识和把握关于权力（以及国家）生成和运作的规律性。主张政治学非价值中立的看法正好相反，就是否认可以抽象地对待权力和国家，认为政治性的权力和真实的国家都是有其具体的价值取向的。在这方面最为特征化的做法，就是我们曾经在西方的政治学文献前面加上"资产阶级"这个定语。事实上，政治学非价值中立的根据，在于抽象化和范畴化了的东西（不管是实体还是事务）都要经由社会联结的转化才具有真实内容或具体含义。

事实上，证实并在研究实践中维持政治学的价值中立即使不是完全不可能，也是极其困难的。对此，可以用一个明显的、时时都会碰到的情况来说明，这就是民主国家与市场经济的关系。改革开放以后，中国说市场经济资本主义可以用，社会主义也可以用，但是，当中国实施"社会主义"市场经济的时候，每时每刻都有一个如何和世界"接轨"的问题，而这个"世界"其实就是资本主义国家。反过来，这个"世界"在接纳中国（比如加入世界贸易组织）的时候，考虑的主要条件正是所谓民主（包括"人权"等等）之类的政治问题。就连所谓"中国威胁论"也是如此，比如印度的情况（在幅员、资源、人口、科技等发展因素方面）和中国有许多相同或相近的地方,但是西方从来没有人说什么"印度威胁论",其根本原因,就在于印度按西方的政治学来讲是属于"民主国家"的!

但是,从"科学"的角度来讲,误解中的、或误解本身的偏见的实质并不在于明明有价值取向却偏要说没有,而还是在于不能自觉认识社会与政治的关系。实际上,如何在范畴的意义上对待这个关系,直接影响到对于政治学价值中立与否的判定,所以我们前面说这方面的误解是一个范畴运用的标准问题。

就误解和偏见本身来讲,要想维持政治学价值中立的看法,无非有三种根据,而这三者都涉及社会与政治的关系,或者准确地说都是如何对待政治的社会联结的具体体现。第一种根据就是上面说过的"科学性",因为从逻辑上讲,科学的存真要求是排斥主观偏见的。然而问题在于,使得社会科学具有科学性的求真是以社会的存在为基本前提和时空载体的,而且政治只有在作为科学研究的同时,也作为这个前提和载体的构成因素的意义上,才是政治学的真实对象和内容。其实,从这个逻辑来讲,并不存在什么"自然"科学,只不过"自然"本身不存在价值判断和主观选择的问题,所以相对说来对自然的研究本身才被认为是"科学"的,从而也才会出现用所谓自然科学的那种"科学性"来看待社会科学的误解。第二种根据是说,学者可以只研究政治现象和理论,并不一定要参与政治。这个根据是符合事实的,但它所表明的是一个主体选择的问题,与政治学本身是否价值中立无关。不仅如此,这个事实更多表明的恰恰是相反的情况,即至少在操作层面上讲,政治学是可以非价值中立的,因为使主体选择成为可能的真实条件正在于社会与政治的关系。第三种根据最普遍,就是所谓"规律"。根据这个看法,不管怎样理解"科学性",也不管某种政治理论是否价值中立,以及某个学者是否参与现实的政治,反正所有这些性质、理论和活动的存在与运行总是有其规律的,那么这个规律本身是无所谓价值中立与否的，而政治学只不过是这个规律的反映、阐释以及应用等。事实上，正是在这个最普遍的看法中误解也最多，这里只说几个最关键的问题。首先，"规律"不管存在不存在，它从来并永远只是对人的理解或认识具有意义，否则它或者是神，或者毫无意义。其次，如果存在规律，社会与政治的关系无疑也是其中的一个规律，对此视而不见当然就无从安置各种社会联结了。其三，由某种反映、阐释和应用所体现的规律，其本身即使不是非价值中立的，要做到价值中立看来也极为困难。最后，根本无法判定政治学价值中立与非中立哪一个更具有规律性，或者更符合某个什么规律；如果从实际效果和某种现象出现数量的多少来看，恐怕在政治学研究中还是非价值中立的情况更明显一些（这一点在以后的论述中还可以看出来）。

从上面的讨论可以看出，误解和偏见虽然有很多原因，但是最根本和最直接涉及政治学的科学性的问题都与如何看待社会与政治的关系有关，而且，不同的看法就会有不同的范畴运用标准。因此，尽管社会与政治关系包括许多方面，对具体关系方面的理解也还会是各种各样的，但是正因为如此，在范畴运用的意义上提出"社会政治"这个概念，就具有对这种关系本身进行理论把握或对待的合理性。简括说来，合理性之一是便于澄清误解和偏见；之二则是可以为研究分析包括"政治"在内的"社会"的政治性（特定地说，就是政治的社会联结）提供学科意义上的普适性。

二、范畴的普适性根据

范畴是具有普适性的概念，但是这种普适性本身需要有其成立并可供比较的根据，所以，概念上是否同意"社会政治"这一说法是可以讨论的，但它的范畴普适性根据却在于不同的政治性质和活动形态所具有的学科意义。如果说，"世界的其余部分"提供了社会政治的认识论依据,那么,范畴的普适性则在功能实现的意义上提供了社会政治的本体论依据。

有一种情况无论从常识还是逻辑上讲都是不难理解的,那就是说,人类虽然有一种叫做政治的活动,然而在不同地方、不同社会和不同历史时期,政治的性质和活动形态并不相同。这种情况并不妨碍人们把某种研究叫做政治研究,而且,即使各人所理解的"政治"含义不同,这种不同恰好也可以成为政治学研究的对象或内容构成之一。因此,当我们把政治学作为一门"学科"的时候,主要是从比较的角度来说的,就此而言,前面说的那种对政治的不同理解并不重要,重要的是以什么来比较、怎样比较。不同的研究领域总是有其相对固定的对象范围,同时某种研究也会有自己的目的、方法、特点等等,并且所有这些方面会体现出这个研究的特定性质。这样,在比较的意义上确定某方面的研究是一个"学科"的时候,得以进行比较的标准就被作为某个学科的"规定性"(包括性质、方法、旨向、特征、甚至内涵和外延等)了。同样,由于认识、知识、各种技术手段的发展以及分工的复杂等原因,学科越分越细、越来越多就是一个很正常的事情了。这种分化和划分大致可归为两类情况,一类可以基本上认为是创立新的学科,比如环境科学、信息科学、甚至未来学等等,另一类情况更为普遍,就是从传统学科中分出许多相对独立的学科,比如政治学就分出了政治社会学、政治神学、政治哲学、政治心理学等等。不管哪一类情况,不同学科都要设置一些与其他学科不同的概念以使自己得到独立。但是,由此形成的各自区别如果是有意义的,必须满足两个基本条件,即普适与可比,而这也正是范畴运用的前提。

很显然,对于学科的分化原因和划分根据来讲,社会变化、实际需要、学科本身的发展,以及不同学科的交叉综合等等都是其重要的因素。如果社会政治的学科意义也以此为根据,那么也许可以把社会政治看做是从政治学中分化出来的。但是从上面的讨论不难看出，社会政治得以成立的根据有一个重要的直接针对，即是事实上的、并被理解的政治的各种"不同"，或者准确地说就是为什么不同，以及这种不同的含义何在。因此，对于历史和当下的各种政治在性质和形态上有哪些不同的说明，都可以作为社会政治的研究内容，但这些不同、尤其是由政治和其他领域或方面相互作用所产生的这种不同本身，才是社会政治有可能作为学科成立的现实根据。从学科意义来讲，这个根据的本质特征在于，社会政治是在与政治学平行的同时与政治学交叉互补的，而其特定的研究针对则是政治的社会联结。换句话说，在这个学科中，政治的社会联结把各种不同的政治性质和活动形态归纳统一起来，并根据不同的情况给出其具体的含义定性，"社会政治"只是用来表征这种归纳统一以及含义定性的术语罢了。

如果社会政治具有学科意义，那么它与政治学的交叉互补是比较容易理解的，问题在于平行。所谓平行，当然是指没有隶属或包含关系，也就是说，社会政治自有其范畴的普适性以及学科成立的现实根据。对此，可以从逻辑关系和理论创新这两个主要方面来分析。

首先，这种平行是一个明显的逻辑结果。从上一小节的澄清误解和偏见来看，现行政治学研究虽然一直与大量的社会因素纠缠在一起，但这种研究也一直在学科独立的意义上刻意剔除这些社会因素，实在挡不住了，就分化出一个"政治社会学"来，而这个学科是在保持与政治学明显的隶属和包含关系的同时，与社会学交叉综合的。但是，这种情况恰好说明，既然"社会"一直在现行政治学得以成立的根据之外，加上这种政治学并没有明确认识到"社会本身的政治性"所具有的独立含义，尤其是它几乎完全没有看到社会本身的政治性对政治学的支撑意义和作用，那么"社会政治"的学科意义显然是在现行政治学的范畴适用和把握能力之外的，而我之所以说这个"引论"具有学科创新意义的根据也就在于此。

至于理论创新，它既是知识延续和发展的主要动力，也是这种延续和发展的形态特征。事实上，某一个学科或者具有学科意义的理论得以产生的现实根据，就在于理论创新本身。和其他学科一样，政治学研究中也不断地有各种理论创新，很难说哪一个创新理论为社会政治作为相对独立的学科存在提供了现实根据。在此意义上讲，提出社会政治就是一种理论创新，这种创新既提供了社会政治的现实根据，也是和这种现实根据相同一的。因此，问题并不在于由于我们的认识反映了哪些新的现实存在，又应对了哪些新的现实要求，所以社会政治才具有了现实根据，而在于必须说明这种创新的具体内容针对，社会政治作为一种理论创新才具有了现实根据。这种内容针对包括三个主要方面，即学科的边界、核心问题的转换，以及抽象形态的认同。

某个学科的边界到底在那里，这个问题当然不是由谁说了算的。不过，当学者们在维持某种相对认同的学科边界来进行研究的时候，常常发现有些看起来是本学科的重要问题却超出了这个学科的边界。出现这种情况主要有两个可能，一是学者们对界定本学科的看法或标准本来就不一致，另一是现实问题本身超出了既有学科的界限。事实上，这两个可能是互为表里的，因为它所体现的归根到底只是认识与存在的关系。从实际情况来看，和政治学联系最紧、或者说最常纠缠在一起的学科，大概就是经济学和社会学了。我们知道，经济学比社会学古老得多，所以当这两个学科在边界上与政治学纠缠交错时，大约在17世纪初就有了"政治经济学"的说法（尽管我个人认为只是在马克思那里才有了真正意义上的政治经济学），而"政治社会学"差不多是20世纪初、甚至二战以后才成为一个相对独立的学科。从普遍意义来讲，这种情况当然表明了在既有学科边界之外产生新学科的合理性与现实性，不过，就我们这里讨论的特定意义来看，把经济和社会"归并整合"到政治里来、或者说把经济和社会中带有政治特性的某些因素和方面从政治中"分化延伸"出去,其各种根据的共同之处都在于"社会"对它们的维系和支撑。

其实,社会学这个学科之所以年轻,一个重要的原因正在于"社会"的复杂性是逐步为人们所认识的,即"社会"是一个既相对独立、又涵盖一切的领域,其边界确定取决于它对别的领域的作用。一方面,相对自然科学来讲,人们划分出了社会科学,另一方面,社会科学里面又可以分出社会学这个学科。但是,社会学的诞生其实是缘于一种错误的观点,就是想赋予社会某种"科学性"。孔德创立社会学的时候,就是想找到一个办法,使得对于人性和秩序这些非物质的东西的研究能够像自然科学的研究那样,做到精密准确的证实。所以后来西美尔指出,孔德这种想法是办不到的,因为根本不存在一个可以还其本来面目的"社会",一切都在社会之中。① 另一个错误是美学的诞生,不同的是,鲍姆嘉通并不认为感性的东西可以如何精密准确地加以证实,恰恰相反,感性比理性更缺乏表述的精准性,所以只能把它列入另册,算做哲学的一个分支。后来科尔纳普之类的"拒斥形而上学",说到底也都是因为对"社会"的误解。

然而,正是这种起源错误以及社会学研究今天的实际状况表明,"社会"的复杂特性隐含着一种发生学和方法论的统一机制。比如,在今天的政治学和经济学研究中,学者们常常一方面要求注意各自研究中的社会因素,另一方面又常常说他们引入了社会学的方法。在我接触到的著述中,美国加州大学的奇尔科特(Ronald H. Chilcote)在他的《比较政治学理论》和《比较政治经济学理

---

① 参见盖奥尔格·西美尔:《社会学——关于社会形势的研究》,林荣远译,华夏出版社2002年版,第一章。

论》①这两本书中,已经十分清楚地表明了政治学边界的变化情况,就差在学科独立的意义上把"社会"与政治的关系及其对政治的作用或意义作专门的理论抽象了。真正涉及社会政治问题的,是沃勒斯坦。②不过,他是从人类知识的整体角度来分析社会科学的发展变化的,而且,也许由于他研究问题的社会学角度,所以并没有专门谈到政治特性和形态,更没有提及社会政治的概念和内容。

对于什么是政治学的核心问题,虽然看法不一,但一般来讲包括权力、利益、国家、制度等却是没有问题的。不仅政治学研究对这些问题的看法是不断变化的,实际上这些问题的自身含义和目的针对也是在不断变化的。但是,这两方面的变化也是从一般意义上讲的,而我们要指出的是这些变化作为社会政治的现实根据是什么意思,或者说它们是怎样成为这种现实根据的。结论在于,政治学核心问题的含义和状况不仅在变化,而且同样的问题可在某种情况下转换成另一个问题或另一种含义及其作用,而这种转换之所以构成了社会政治的现实根据,则是因为转换得以形成的主要原因和条件都与社会有关,甚至就是社会本身。

比如,从理论上讲,联合国作为一个实体组织,其政治认同的程度应该最高,但即使在联合国自身,政治学的核心问题并没有消失,而且它们在正常变化的同时,有些问题还可以一方面保持原来的含义,另一方面却被转换为另一个问题。从实践角度看,这种情况更为真实和常见。比如安全,它的学术含义、甚至实际作用并没有变,但是它必须转换成另一些问题才是真实的,或者说原来的含义和作用才是可理解的。另一些问题可以是从安全"增生"出来

---

① 奇尔科特:《比较政治学理论》、《比较政治经济学理论》,高铦等译,社会科学文献出版社 2001 年版。

② 参见伊曼纽尔·沃勒斯坦:《所知世界的终结——21 世纪的社会科学》,冯炳昆译,社会科学文献出版社 2002 年版,第二部分。

的,但更多的情况是,这种"另一些问题"几乎总是在各种因素(或问题)的相互转换中才与安全有关,并且就成为安全问题。这种"另一些问题"很多,比如有国际秩序、主权让渡、核威慑、反恐、地区结盟、甚至农副产品的贸易谈判等。

就现实而言,最主要的转换也许就发生在政治和经济两大领域之间,就像学术界几乎都已看到的,国际上的经济竞争就是当今的国际政治。然而问题在于,正是由于这种转换已成为政治活动的常态,所以人们反而没有对维系和支撑这种转换的"社会"的本体存在或意义引起重视。一个国家也是如此,比如中国的一个基本事实在于,改革开放从开始就一直把以经济工作为中心作为最大的政治,却有很多人还是糊里糊涂地说什么政治改革"滞后"了!这并不是说把经济搞好就没有政治问题了,恰恰相反,解决政治的、经济的以及政治和经济相互作用的问题只能取决于对各种问题"转换"的理解和把握。在我知道的著述中,说明这种转换的一个合适例子,是美国华盛顿大学费丽莫(Martha Finnemore)的《国际社会中的国家利益》了。[①] 作为讨论问题的前提,作者用了多种社会学和政治学的理论和方法,仔细说明了她所说的"社会"的意义,以便正确看待和理解国家利益的转换这样一个事实。比如,根据作者的分析,科学作为资源属于国家利益的范畴,但这个利益的真实含义和作用已经取决于科学是由国家还是国际社会(比如联合国教科文组织)来组织和实施了。费丽莫似乎比奇尔科特对"社会"的复杂特性有更清醒的认识,但也许是限于论述的旨向,费丽莫也没有谈到社会政治的问题。

作为理论创新的内容针对,抽象形态的认同与学科的边界和核心问题的转换有一个显著的不同之处,就是这种认同并不一定有确定的成文形式。这种情况并不奇怪。因为抽象的认同本身虽然可以

---

① 费丽莫:《国际社会中的国家利益》,袁正清译,浙江人民出版社2001年版。

形成某种理论，但也可以作为观点散落在各种专门领域或问题的学术著述中；更重要的是，理论创新的被认同在社会层面就是一种文化。在这个意义上讲，对理论创新的抽象认同并不意味着、也不一定要求某个社会结构的变化，但最终总是要以文化的形式或形态来体现自己是否在社会层面得到了的确证。在这方面，文化作为抽象认同的社会形式并不是仅仅或专门针对政治学的，但恰恰是文化的政治特征与各种社会因素有着最为密切的联系。不仅如此，在支持或反对某种政治的时候，采取社会的文化形式往往是最便捷和最有效的选择，而不管行为者是否自觉意识到了这一点。事实上，由文化体现出的抽象认同，在内容针对方面总是以这样那样的方式包含或反映了学科边界的变化和核心问题的转换。英国学者史密斯（Mark J. Smith）写有一本书《文化》，副标题就是"再造社会科学"。① 从这本书中可以看出，不仅文化的变化要求社会科学的再造，而且文化本身就是这种再造的形式载体。作者还以英国的情况对此作了一些实例分析，比如 70 年代的"文化走向政治"，以及撒切尔时期"文化与政治变迁"的关系等。

无论是逻辑关系还是理论创新，这些角度和做法本身都在对政治作不同理解和阐释的同时，生成了新的政治内容及其学科意义。这个过程包括对政治的不同性质和形态的研究，但它在观念和具体时空上也是与这些不同相重合的。作为这种重合得以维系和可能的"社会的政治性"，一方面成了社会政治的现实根据，另一方面则以其具体的内容来体现范畴的普适性。

由上可以看出，所谓范畴的普适性，主要就是指在学科意义上使用"社会政治"的合理性。这种合理性表明的其实就是社会联结优先于政治内容的原则，而这个原则作为社会政治的本体特性，包括两个互为因果的含义。一方面，"政治"在不同历史时期、不

---

① 史密斯：《文化——再造社会科学》，张美川译，吉林人民出版社 2005 年版。

同的社会结构以及不同的旨向针对中可能具有不同的含义;另一方面,这种不同之所以都可以叫做"政治",正在于其中的各种社会联结。关于这一点,罗森伯格对于现实主义国际关系理论的批判可以作为一个恰当的说明实例。①

在罗森伯格看来,现行政治学对国际政治的理解是不对的,因为这种理论赖以成立的"主权"在历史上并不存在,而只是19世纪才逐渐形成的。因此,根据"主权"概念的形成及其变化,国际政治所说的"政治"其实具有各种不同的本体论含义。罗森伯格指出,现代资本主义的"主权"特征在于,国家对于各种领域的控制与直接接管剩余劳动的榨取过程是分开的,而生产的私有化才是这个过程的主要领域。换句话说,主权是资本主义国家特有的一种政治形态,即政治权力在社会中被划分为公共领域和私人领域,而在此之前的社会中,这种划分并不存在,国家(或具有国家功能的最高权力集团)以其政治权力和等级地位直接控制和榨取剩余劳动。作为具体的理论分析,罗森伯格认为,16世纪法国人博丹的主权论是一种绝对主义,目的是捍卫君主专制;1648年的《威斯特伐利亚和约》只是在打破教会统治意义上具有国家主权的形式表述,其含义却在于确立君主的权威;被认为确立了现代国际体系的《乌德勒支条约》(1713年)不过是解决了西班牙的王位之争,并不具有普遍的法律意义和约束性。真正具有现代意义的主权理论是霍布斯提出的,因为它要说的是由法律平等的个体所组成的纯粹政治的国家秩序问题,但是由于英国没有出席维斯特伐利亚和会,这一思想也没有对和会产生影响。

由此,罗森伯格明确指出,政治制度和实践(无论国家政治还是国际关系)所反映的,无非是特定历史社会结构所赋予的社会力量形式。如果将罗森伯格这个观点作逻辑延伸就不难看出,政

---

① 贾斯廷·罗森伯格:《市民社会的帝国——现实主义国际关系理论批判》,洪邮生译,江苏人民出版社2000年版。

治权力之所以能够划分为公共（民主政治）和私人（市场经济）两个领域，并且又能在具体的政治中将它们联系起来（尤其是以"市场规则"的名义和方式来占有或分享剩余劳动），就在于各种社会联结的运作。换句话说，不同的社会联结运作所形成的主权概念及其实际作用，生成了不同含义的国际政治概念及其活动领域。

三、社会政治的价值取向

从学科创建的角度讲，当然需要说明"社会政治"的一些基本概念，从而可以为进一步讨论提供一个更清楚的框架。不过，整个"引论"其实都是在说明这些东西，而且是否能表达清楚，我还不敢说，因此，这一节只简要说明一个问题，即是提出社会政治的价值取向。之所以要说明这个问题，在于历史上曾经有过的涉及社会政治的各种观点，都程度不同地表示或隐含了某种价值取向，它们一方面是创建社会政治理论具有道德为善的需要的事实根据，另一方面也从比较的角度体现了提出"社会政治"这个新的政治学概念所具有的社会意义。从前面的论述可以看出，政治学即使不能说应该非价值中立，至少实际做到这一点是极其困难的。这种情况为我们提示了另一种思路，就是说，"价值取向"的含义并非只是主张哪一种政治理念或意识形态，它还包括"为什么要这样做"的意思。换句话说，在保持学科的科学性和范畴的普适性的前提下，对提出"社会政治"的社会意义进行说明，本身就成了一个具有价值取向性质的现实问题了。事实上，社会政治的价值取向并不是某种外在性的功能延伸，而是和它的范畴普适性互为表里的特性方面，只不过在具体的运作中它们往往显示出不同方法论的选择特征。

所以，这里的问题并不在于把价值取向作为某种新的概念，或赋予某些新的含义，而是对社会政治本身特性的又一个方面的说明。其实，无论从创建一种新的政治学理论、还是对现行政治学的纠偏和补充来讲，并不需要、事实上也很难创造什么新的概念。这样讲的理由有两个：其一，正如前面的讨论所看到的，现在的困难是学界对问题的理解有误而不是概念本身的不够用；其二，本书要提出和阐述的是一些新的政治学含义而不是概念的替代。所以，严格说来，需要定义的概念只有一个，那就是"社会政治"。然而无论怎么说，下定义总是件不保险的事情，除了给学生讲概论，我以为最好不要下什么定义，而且它的实际意义也不大。所以，比较实际的和有根据的办法是大致了解一下"社会政治"已有和应有的含义，然后再结合本书提出的主要观点，对"社会政治"作一个限定性的表述。

一般说来，政治学中很少把"社会"和"政治"连起来作为一个专门概念，这一点从权威的百科全书中没有这个词条就可以看出来。事实上，的确曾有过涉及社会政治的观点和理想，不过，那是从社会的演进形态来讲的，指政治性的社会发展到某种高级阶段的政治状况或形态。这种社会政治虽然和我讲的社会政治含义不同，却也从发生和演进的角度提示了支撑政治存在和持续的某种社会性因素。所以，对此的了解一方面有助于理解提出"社会政治"所具有的学科创新意义；另一方面也可以看出"社会政治"理论本身的价值取向。

从思想史的角度看，与"社会政治"密切相关的概念是"政治社会"。在已知的文献中，这种情况至迟在亚里士多德的《政治学》里就有明确的阐述了。在他看来，社会中有许多社团，而层次最高以及功能涵盖面最广的一种社团就是城邦。由于当时的城邦就是早期的国家形制，所以国家就成了"政治社会"的典型，也就是说，由国家来体现的社会就是政治社会了。这个意思并不难理解，因为从时间上讲，肯定是先有社会，而后国家才逐渐生成的，但这并不是说国家生成之前的社会没有政治活动或不具有政治性，而是说，有了国家这个社会的政治才有了最高级的统辖和最集中的体现。所以，"国家"在中国的含义不仅指"国"以"家"的伦理秩序来构成，而且表示"国"是"家"的社会性形态。同样，政治学之所以长期以来以国家（及其权力）为核心问题，以及由国家这种政治形式来表示社会的政治性，就在于这两者是互为因果和互为表里的。

显然，在上面这些观点的传统里，"政治社会"是从社会演进的阶段角度来讲的，表明的是政治在社会中的地位、程度和状态等等。但是，"政治社会"并不是用两个词组成一个复合词的专门概念，而是拆开来表示社会中的政治、社会的政治性等共时性的普遍现象或道理。在这里，政治社会和社会政治具有明显的发生学的关系，就是说，看起来政治社会中的"社会"是一个名词，其实更多是在形容词意义上使用的，表示由社会性活动所形成的政治状况。

沿着社会演进这个线索，摩尔根和马克思的确提出了"社会政治"的理念，不过也没有明确把"社会政治"作为一个专门概念。根据摩尔根在《原始社会》里的观点，原始社会的政治生活可以叫做"社会的政治方式"，只是有了国家之后，其政治生活方式才表明社会已经是一种"政治社会"了。在这里，摩尔根的社会演进思路和亚里士多德是一致的，即社会在先、国家在后。不同的是，摩尔根看到了阶级的作用和意义。在无阶级社会，政治是社会性的、甚或是从属于社会的，所以叫社会的政治方式；而在阶级社会中，即使不谈国家这种政治形式，政治的重要性以及政治活动本身的分工程度，都使社会成了政治性的社会。所以，不管摩尔根是否从阶级的角度涉及了社会政治应有的含义，但是作为明确的概念，使用的还是"政治社会"，而且是指某种比原始阶段更高级的社会形态。

很显然，不管是不是专用概念，社会政治中的"社会"在摩尔根那里还是一种形容词的含义和用法，表示了社会与政治之间在逻辑上和事实上的一种发生学关系，即政治从社会中生成又作用于社会。在马克思用历史唯物主义和辩证唯物主义观点阐释了社会与政治的关系以及社会的演进规律之前，黑格尔做了一个过渡性的工作，就是用"市民社会"这个概念把某种社会性政治分离出来了。在黑格尔之前，尽管有各种社会演进的思想，但在政治学里社会、政治、国家等仍是含糊不清地搅在一起的，或者说是作为同属于一个社会或政治的共同体来对待的。黑格尔是从他的资产阶级政治伦理的角度来讲市民社会的，也就是理想的国家应该是国家这个普遍性与个人自由和福利这个特殊性的统一体，而保证这个统一体实现的关键要素就是市民社会。这样，黑格尔不仅分立了一个与国家相对的社会（即市民社会），而且这个社会是包括制度化的法律等机制在内的一种社会经济关系的总和，因此其政治特性也是一种社会性的政治（当然，他也没有使用"社会政治"这个专门概念）。不难看出，市民社会其实就是一种社会联结，只不过它以某种实体的形式，突出了权力来源、利益分配以及法治运作等方面的关系制衡。

经由摩尔根和黑格尔，在《共产党宣言》和《家庭、私有制和国家的起源》等著述中，马克思和恩格斯表述了与人类历史演进和共产主义理想相一致的一种社会政治含义。从逻辑角度讲，既然无阶级社会的政治是一种社会政治，那么共产主义的无阶级性决定了它的政治也是一种社会政治；从历史（包括将来意义上的历史）角度讲，共产主义不会自动到来，而是要经过很长时期和极其艰苦的努力才可能达到的，因此社会政治实际上是对理想政治状态的一种特征化表述。对此，列宁在《国家与革命》等著述中谈到"国家消亡"问题时清楚地认为，不仅在阶级和国家出现之前就有社会，到了无阶级、无国家的时候仍然有社会，那时不仅没有个人和集团的私利，而且支撑利益分配和维持公共秩序的各种权利也将由道德习惯所取代。这当然是一种理想，无论马克思、恩格斯还是列宁在此都没有陷入不切实际的乌托邦，相反，他们使一种公正的、公平的、人道的政治具体化了，而这种具体化作为奋斗目标和奋斗手段的统一体，其特征只能是社会化的。

由上可以看出两点：其一，虽然已有的各种涉及社会政治的观点并不是这里所说的"社会政治"，但是却从逻辑和历史的一致性角度为提出"社会政治"这个概念提供了合理性，即社会与政治之间不仅具有发生学的关系，而且政治的社会性是任何真实的政治都具有的普遍性。其二，无论从与已有的涉及社会政治的各种说法相比较，还是从现行政治学几乎不提社会政治的情况来讲，今天对于"社会政治"的提出都具有学科创新的意义。

从理论上讲，由于上述那些有关社会政治的观点与这里提出的"社会政治"既相区别又有合理性联系，我们可以将这个事实根据作为某种逻辑的和历史的前提限定，并根据第一章关于社会政治的说明，对本书作为概念的"社会政治"作一简洁概括的含义表述：一种普遍的功能性和机制性政治形态，表示各种体现了政治生成与政治维系的联结的社会的政治性。

不难看出，从社会演进的意义上看待社会政治本身就具有某种价值取向：亚里士多德是从城邦制度值得采用的角度来确立某种政治社会为社会的政治性的；摩尔根是从批判阶级压迫（尽管这种批判只是一种隐含的趋向）的态度分析政治从社会中的生成的；黑格尔是从要求个体与社会整体自由的意义上提出并主张市民社会的；马克思主义则从社会演进规律与共产主义理想相一致的科学判断，明确指出了社会政治本身的价值取向。这些都表明，创设并阐述社会政治理论离不开一定的价值取向。

就当今的情况来看，现行政治学的基础理论（即所谓主流政治学）都不涉及"社会政治"的情况有两个方面的原因，而这两个原因同样都与某种价值取向直接相关。一个原因是把政治制度或体系（主要由国家的形式来体现）所坚持的政治理念说成是某种普遍的规律；另一个原因则是把社会主义当成某种人为的和不现实的意识形态。通过对这两方面的分析就不难明白，创建社会政治理论本身同样有其明显的价值取向，而且这个价值取向的针对和"社会政治"的学科根据是一致的。

就第一个方面的原因来讲，被认为普遍规律的东西就是"民主"（如果从政治与经济的法律关系来讲还有"市场"）。按照列宁的说法，民主是一种国家形式，因此，资本主义国家和社会主义国家的民主其实是有本质区别的。但是，无论资本主义还是社会主义，这两种政治制度不同的国家都表示自己是拥护民主的。那么这个"民主"到底是什么呢，难道它可以对不同政治制度的国家都通用吗？实际情况当然不是这样，所以社会主义明确宣称自己主张和实行的是社会主义民主或"真正的民主"，言下之意，资本主义的民主是（至少有可能是）假的或虚伪的民主。社会主义的这种说法是有真实根据的，毛主席在《新民主主义论》、《论人民民主专政》等著述中对此有很精辟清楚的阐述。问题在于，除了涉及政治理念和政治制度等重大而专门的问题时，一般只是从道德为善和价值可取的意义上直接标举民主，并不作资本主义或社会主义的区分。比如陈独秀在反驳各种对《新青年》的指责时就曾很聪明地说，他和《新青年》不过是在宣传科学和民主（即德先生和赛先生），有胆量和有本事就去反对科学和民主，否则，仅仅指责《新青年》就显得不得要领了。

显然，社会主义不仅不回避不同性质和形式的"民主"的存在，而且明确宣称自己要创建人类真正的民主。但是，社会主义也和资本主义一样，认为民主本身是（准确地说是"应该是"）好的和符合道德的，所以就在价值认同的意义上直接拥护民主，而不用在任何时候都在民主前面加上"社会主义"四个字。当然，从实践的真实情况来讲，社会主义这样做有其历史的原因，这就是各国的社会主义在夺取政权建立新的国家形式的过程中，都经历过形式不同的反独裁和反专制斗争，所以标举民主就是一个必然的政治、甚至逻辑要求。因此，当"民主"被抽象为某种好的道德或价值的时候，资本主义和社会主义都不会去反对它。不仅如此，就具体的民主含义及其真实实施来讲，资本主义和社会主义各自对自己的民主状况的肯定和夸饰，其实都是以指责对方在"民主"方面存在的不合理、不全面、不彻底、甚至是虚伪性等缺陷和弊端为前提或根据的。

问题在于，社会主义民主在时间上比资本主义民主出现的要晚，而且是以批判和扬弃资本主义民主（尤其是作为国家形式的资本主义民主）为其确立前提的，所以必定是一种在批判的同时进行创建的工作；相反，资本主义由于要抵制社会主义的确立和发展，必然要坚持自己的民主传统和形式，并以此为中心的价值观和各种民主形式（其实也包括性质）的衡量标准。在这种情况下，社会主义因为其创新建设的困难而有一个相对的比较弱势：一方面，社会主义不得不沿用资本主义发明的"民主"这个词（甚至概念），所以多少有一种对资本主义认同（或"接轨"）的感觉；另一方面，资本主义则以所谓"民主国家"自居，动辄指责社会主义在民主方面做的有什么不够，甚至违背了民主的原则。

正是由于上述历史的和现实的情况，不管是别有用心还是习惯使然，资本主义就把它所认为和坚持的民主作为一种客观规律或当然合理的运作规则。在这种情况下，现行政治学（或主流政治学）根本不谈什么资本主义民主与社会主义民主的区别，字里行间或明或暗地都在表示一个观点：民主就是指资本主义民主！比如，几乎所有政治学在讲到"传统社会"的专制或不民主的时候，其批判的标准或武器都是资本主义的政治制度及其民主；同样，不管分析资本主义政治制度的什么问题，理论和实践上都假定了一个不用赘说的前提，就是这个制度已经是民主制度了。这方面的文字和话语实在太普遍，引述已经没有必要，上述没人说"印度威胁论"的例子就很能说明问题了。在这种习惯和心态下，一个常见的说法就是用"民主政治"来代替资本主义国家的政治，在谈到政治制度的具体缺陷时，也总是忘不了用比较的口气说"即使是民主政治"也会如何如何。比如，伊斯顿明确说他要为政治生活作一个科学的或技术性的系统分析，似乎是价值中立、不偏不倚了，但是在他的《政治生活的系统分析》中，以西方民主为标准的情况和口气比比皆是。① 实际上，这里隐含的正是一个价值取向的矛盾：一方面处处标举某种价值观，所以把特定的政治（即资本主义）当成普遍的政治学道理，另一方面却避而不谈价值观问题，所以对造成这种情况的原因、也就是政治生成与政治维系的关系视而不见。

如此明摆着的事实却从不见进入现行政治学的视界，如果不是因为价值取向（当然也就是政治或意识形态）方面的偏见，那只能是学理上的缺损，也就是没有看到社会与政治之间的生成和维持关系。从普遍性来讲，任何政治都是具体的，其中最关键的规定因素，恰恰是政治制度本身的选择；从特殊性来讲，社会主义必然要创设许多有针对性含义的、新的政治概念和范畴。就"社会政治"的学科创新意义来讲，普遍寓于特殊的道理也是适用的，所以对其从特殊性和普遍性这两方面问题的厘清和阐述，既是提出"社会政治"的必要前提，也是它的社会意义之所在。换句话说，这其中的价值取向主要在于：不仅在学理上要说明"政治"在中国与在西方的不同含义和特征，更要自觉创建能够说明（以及知道）中国特色社会主义的政治学理论。

也许需要指出的是，无论从一般意义还是所谓"主流"政治学来讲，研究活动本身的非价值中立不管可能与否，与这里讲的价值取向并不是一回事。比如，有学者就专门论述过政治学研究中价

---

① 戴维·伊斯顿：《政治生活的系统分析》，王浦劬译，华夏出版社1999年版。

值中立的可能性。在他看来，政治学研究可以分为"发现"和"验证"两个过程，在发现阶段没法做到价值中立，但在验证阶段却可以做到，因为不仅学者们可以遵循同一套演绎逻辑，而且命题的操作化程度的提高和观察的直观性的增强，都可以使价值观不同的学者在验证过程中得出同样的结论。① 不过，这种看法显然是针对政治学研究一般意义上的方法论而言的，所以并不涉及政治学的本体性质以及学科的特性，而学界普遍没有认识到"社会政治"的价值取向问题，也正是因为只从现有政治学的方法论来考虑问题，并没有想到研究不同含义"政治"所具有的学科创新意义。

　　就第二个方面的原因来讲，一方面，社会主义或者历来被作为并不具有普遍性的某种政治制度，或者只是在意识形态的意义上来加以介绍；另一方面，由于社会主义国家的改革、尤其是许多曾经是社会主义的国家的瓦解或制度改变，社会主义干脆被当成一种不成功的政治实验。就后一种情况来看，学术和非学术的观点大多是一种模糊的心态，还很难说有定型的理论。然而前一种情况差不多已经成为有定论的看法，尤其是在西方国家（或主流政治学），并且在权威的百科全书中也有明确的表述。比如，《布莱克维尔政治学百科全书》"社会主义"条的两篇著述分别说，社会主义是"欧洲工业化过程中出现的一种政治学说。……与后来的种种社会主义学说相比较，单一的经典社会主义是不存在的。真正的社会主义，与真正的自由主义或真正保守主义一样，也是不存在的。""社会主义与其说是单一的学说，还不如说一系列相互联系在一起的观点，无论学术注释者还是政治支持者和反对者，在关于社会主义'本质'要素的鉴别或存在的问题都存在着分歧。"② 又比如，《不

---

　　① 参见沈友军：《政治学经验研究和分析性研究中价值中立的可能性》，载《武汉大学学报、哲学社会科学版》，2006年第3期。
　　② 戴维·米勒、韦农·波格丹诺编：《布莱克维尔政治学百科全书》，邓正来译，中国政法大学出版社1992年版，"社会主义"词条。

列颠百科全书》的"社会主义"词条说:"极难给社会主义本身下定义。"这种判断其实是有些道理的,而且很具有代表性,因为从这个词条的整个阐述来看,西方的政治学一方面在理论上不把社会主义当成一种具有普遍性的道理或学说,另一方面,也缺乏从国家形态的角度把社会主义作为政治制度来理解的普遍认同。所以这个词条把社会主义说成是"一种社会组织体系","在这个体系中私有财产和收入的分派受制于社会控制,而不由追求自己利益的个人或资本主义的市场压力决定。这个名词也用于旨在将这种体系付诸实施的政治运动。"[1]

不难看出,尽管社会主义的国家形态已是一个事实存在,但政治学只在谈论政治制度的时候把社会主义作为某种实体或实体的机制,却不愿意把它作为一种自为独立的政治理念和政治形态。究其原因,不仅仅是学理上对具有不同含义的"政治"这个情况的忽视,更在于从价值观上对社会主义的排斥。事实上,这里的偏见从两个方面被延续和巩固。一方面,20世纪80年代以前那种国家形态的社会主义的变化,也就是大多数国家不再坚持对过去的社会主义的延续这个情况,使得学理上容易只从某种政治观点的意义上对待社会主义;另一方面,资本主义制度的延续、尤其是它没有像社会主义经典著述所预言的那样在普遍的危机中崩溃,使得政治学很容易把资本主义的政治(包括理念、制度以及价值观)当成政治本身的含义或内容。

在上述对待社会主义的看法中,偏见固然体现出对某种价值取向的选择和认同,但其学科意义上的问题却在于,这种选择和认同得以成立的根据并不仅仅出于对社会主义(包括观念和实体)的排斥或否弃,而且还在于没有看到"社会"对于"政治"所具有的发生学作用,从而把现实政治的存在和持续作了单一性质的规则

---

[1] 《不列颠百科全书》第32卷,中国大百科全书出版社2002年版,"社会主义"词条。

化理解。反过来说，提出"社会政治"的价值取向也不在于它特别关注了社会主义政治，而在于政治生成和政治维系的关系本身是具有价值取向的，即不得不以某种现实的"社会"（包括观念和实体）作为言说"政治"的前提。进一步具体地说，如果社会主义的真实含义是指如何公正公平地使一切来自社会的东西（主要指财富）都回到或用于社会（尤其是社会的每一个个体），那么社会主义的价值取向表明，社会主义学说和实践必然是最具有社会政治特征的一种政治形态。

第三章 概念关系

　　从学科角度讲，社会政治作为一种具有体系特征的理论当然有其特定的一些基本概念，或者说，应该能够以概念的形式分别表明各主要的社会联结内容及其连接形态。但是，由于社会政治所具有的生成和维系同时共存的一体化特征，它的真实内容或含义其实是由各种概念关系来构成或体现的，或者说，基本概念的真实含义在社会政治中是以概念关系来体现的。因此，提出"概念关系"而不沿用"基本概念"的分类方法，其实是为了更准确地说明社会政治的两个基本情况。一方面，概念关系就是学科意义上社会政治的各基本概念，另一方面，这样设置基本概念为的是说明由若干概念关系所标示的社会联结。

　　就第一层含义来讲，无论是新创设一个学科，还是提出某种有创新意义的理论，对所论概念的说明都是一个必要的前提，同时这也很可能是构成某种理论的立论根据和逻辑起点。然而从前面的讨论、尤其是对现实问题的分析来看，社会政治并不是一个生造出来的新概念，而是政治活动中原本就存在的客观现象和真实含义。因此，把这种现象以及含义提炼抽象为叫做"社会政治"的概念，是指对其基本含义的界定表述具有范畴的普适性。事实上，本书的各主要概念都是在这个意义上成立的，因此，无论从理论本身的内容结构（或者人们常说的"体系"）来讲，还是为了表述的方便，我们需要弄明白的首先都是各主要概念及其关系。就第二层含义来讲，由于社会政治是在政治生成和政治维系中存在的，因此其概念关系所体现的实际上就是各种社会联结的内容，或者说是对于概念含义的确定所起的作用。从社会政治的主要含义来讲，这些概念关系表明，真实的政治活动是在某种社会联结中存在的，所以叫做"政治的社会联结"，而对于这里所选择的各个概念关系的分析，其实就是分类说明具体的社会联结方面。因此，社会政治的基本概念是由某些最常出现的联结关系来承载或体现的，而当我们把这种情况叫做概念关系时，指的是某些作为基本概念的关系，或者说，社会政治的基本概念是以某种关系的形式而具有意义的，并且就由这些关系本身来承载的。更直接地说，社会政治的基本概念和现行政治学并行不悖，但是它们必须由各种关系来构成概念的含义。

由上可以看出，本章所说的概念关系包括两方面内容。一方面，它们都是社会政治理论的基本概念，所以既是这个理论结构的基本要素，也是对这个理论各主要方面或部分的抽象表述。但是更重要的是另一方面，即这些概念在政治活动中的社会联结方面。作为对某种现实的政治活动的理论表述和说明，社会政治所运用的概念显然不止这些，但之所以选择它们来进行理论表述和说明，在于它们之间的关系最为突出、或者说最为特征化地体现了"政治的社会联结"的含义和作用。由于社会联结总是在某种关系中见出和生效，又由于必须把众多复杂的社会联结进行归类和抽象才能够对其进行阐释和分析，因此，用概念的形式来说明经由社会联结所构成的社会政治理论的各主要问题，或者说，以概念为单位来说明政治活动的哪些主要方面，以及它们由什么关系生成并标示着社会政治的理论形态，可以更方便地看出"政治的社会联结"的普遍意义。

　　事实上，提出一个具有学科创新性的理论总免不了对它的一些基本概念作出说明，但是，除了个别需要说明的地方，本章这些概念各自的含义和它们在现有政治学中的含义并没有多少区别，因此，问题的关键是为了指出并说明由它们构成或体现的"关系"本身，也就是说，对"政治的社会联结"的一些主要方面作概念式的阐述。这些方面大致包括体系、制度、机构、政治生成、政治习惯、专门政治、一般政治、政治系统、政治运作、意识形态、文化政治、现代化等等。显然，这些方面各自都可以作为一个概念，但是除了有特定的用法需要对某一方面的含义作概念性说明或界定外，我们这里注重的是这些方面的关系。换句话说，为了把握和区别政治活动的不同方面，需要把它们作理论意义上的概念区分，但这种区分和界定本身仍是一种手段，为的是能从理论上说明政治活动不同方面的关系。毫无疑问，我们要讨论的并不是政治活动的所有方面，而只是与说明"社会政治"最直接相关的那些方面。同样，从概念意义上讨论它们的关系时，侧重的也是这些方面的社会政治含义，包括发生和持续（即"政治的生成"和"政治的维系"）两个方面。

　　不过，对这些方面作概念性理解并不等于它们仅仅都是某种独立的概念，也不等于构成某种关系的概念都是一一对应的。因此，在讨论这些概念的关系时，有两点是必须注意的。其一，这些方面得以作为概念的根据和旨向都是不尽一样的。比如，现行政治学中并没有"专门政治"和"一般政治"这两个概念，但它们却又都不是新创设的概念，相反，它们的根据恰恰就是一般所说的和真实存在的"政治"，而它们的旨向不过是由"专门"和"一般"的比较所显出的关系含义。又比如，"文化政治"的确是新造出的概念，但它的根据并不是把通用的"政治文化"颠倒过来，而是社会政治运作的某种机制形态，其旨向主要在于说明它自己相对独立于既定政治制度的可能性。其二,由于是讨论关系,所以就会涉及某些对应的概念,但是这些对应并不是固定的和专有的,而是有条件的、相互影响的,以及可以相互转换的。比如,"专门政治"和"一般政治"是对应的,其条件是同一种"政治";而用不着太多的道理就能够明白,"专门"和"一般"是相互影响和可以相互转换的。又比如,"现代化运动"和"社会政治"的关系就是另一种情况了:它们没有固定的或专有的对应关系,但正因为如此,它们是在相互影响中构成具体的关系的,这种关系不仅有历史的和现实的因素,而且各种因素在特定的情况下既可以体现为某种运动的现代性,也可以体现为现实的社会政治。

由上可以看出,尽管本章大多数小节都采用"与"这个词来表示要讨论的主要概念关系,但这种划分或分类并不是唯一的,而不过是因为某些概念之间的关系相对比较直接或明显罢了。因此,上面所说的相互影响和可以相互转换也是就所有各种概念而言的,比如"文化政治"不仅明显和"意识形态"有关,而且也会很方便地转换为"政治习惯"。

一、体系、制度与机构

当我们说"学科"的时候,指的是对某种具有自己特性的活动的界定,通常也在更宏观或更概括的意义上把它叫做"领域",比如经济、政治、军事、文化、艺术等。然而,不管区别和划分这些领域的标准是什么,作为现实的活动,它们总是在"社会"中存在和运行的。因此,在同一个概念中,最重要的关系就是所指领域的活动形式或层面。一般说来,这些形式或层面由三个主要的和基本的部分构成,即体系、制度和机构。政治活动也是如此,而且由于政治自身的功能往往是全局性的,和其他活动(比如经济)比较起来,政治在这三个形式或层面的社会特性似乎也更加明显。

这是因为，体系、制度和机构在政治活动中虽然相互区分，但其实际作用并不总是按照这种区分来发挥，所以理论上的区分其实是一种结构性的识别标志，而在真实的政治活动中，使得不同结构的功能能够协调互动的那些因素，大多都是社会性的。换句话说，作为概念的体系、制度和机构，其真实的政治含义和作用，往往是由某种社会性因素或关系来体现的，而体系、制度和机构所标示的也就是最为固定的"政治的社会联结"层面。

简括说来，在政治活动的形式或层面中，"体系"在概念关系上是指某种最起码的、或者说最低水平的认同形态。依靠这种认同，可以对不同的人（或阶级、群体）作两个方面的区分，一是广义的政治态度和价值取向，另一是政治的组织形式。当然，这两方面的区分不是固定的，比如持同一态度和取向的人可以分属不同的组织形式，反之亦然。所谓最起码和最低水平的认同，是指具有一致目标的政治活动并不要求其组成各方在政治态度和价值取向上取得一致，甚至得以认同的原因以及认同的内容针对也都可以不是政治性质的，只要能够由这种认同聚集到相当数量和相对固定的人来参加或参与某种政治活动，并且能够按预期使这项活动得以持续就行。由此也可以看出，无论从观念还是实体来讲，划分敌、我、友以及所谓左、中、右的最基本、同时也是最宽泛的标准，实际上就是体系。"制度"比较好理解，不过，它在这里的含义也很宽泛，主要指能够相对规范地约束某一体系中的人的行为的功能性机制，比如不仅是成文的法律和政策规定，还包括各种权威、习俗、道德等等。至于"机构"，就是能够使某一政治体系得以运作的各种权力实体和职能实体，其中最主要的形式就是政党组织和政府。由于体系、制度和机构各自的政治结构和功能，它们之间的概念关系体现为不同的社会联结特征。

首先，体系是政治活动最真实的社会空间。不同的政治活动总是分属于不同的政治体系，而不同体系的关系构成不仅是以具体的社会为其空间形态的,而且是通过各种社会联结而具有真实含义的。如果说,人类的各种活动都是在"社会"中进行的,那么这里的"社会"只是表示了各种活动在时空上的某种自然状态,或者说,"社会"在此是自然的、无定性的。在这个意义上讲,体系的作用就在于它使某种社会活动具有政治性,或者说,政治以体系的形式从社会中生成。因此,体系虽然有其自身的结构和功能,但是它的存在明显具有对外部(即社会)因素的依赖性,不仅体系的实际作用总是指向社会的,而且这些作用是随着社会的需要、接受、参与、抵制等情况而变化的。其次,制度的设置相对说来是体系内部的事情,并由于两个主要原因而使制度本身具有比较固定的形式。其一,任何制度一经形成就要便于实施,所以不可能朝令夕改,即使是各种改革和调整,也是在体制的延续基础上作出的。其二,在特殊情况下,比如暴力革命,某一体制可能会被打碎或废弃,但是社会运转的需要使得新的制度很快就会建立起来,所以新的制度不仅仍会对原有制度在内容和形式上有程度不同的延续,而且那些新创设的内容和形式恰恰是以对原有制度的批判和扬弃为针对的。从理论上讲,政治体系和政治制度应该是一致的,但是由于不同的社会联结,这两者实际上却可以允许某种程度的不一致。在这方面,最为恰当的实例也许就是"一国两制"了,其他诸如各种"特区"的设置、先试点后推广的改革方式、甚至不同政治体系之间的制度借鉴以及不同制度之间的和平共处等等,其可能性与现实性都在于某种社会联结。最后,作为各种实体的政治机构具有最多的社会联结因素。相对说来,政党的机构完全是内部性的。但是,党与非党的关系需要这种内部机构明确规定和适时调整它和各种外部机构的功能关系,比如改革开放中的党政分开。至于权力机关处理的是公共权力,政府机关实施的是公共事务管理,等等,其在结构和功能方面的社会联结特性就更加明显了。

由上可以看出,体系、制度和机构在概念关系上的社会联结因素包括很多领域和方面，不过，最突出的应该是作为政治共同体的国家、政治体系内部，以及不同关系本身的一致性和选择性等。

首先，国家是最高政治层面的社会联结因素，因此也就构成体系区别的最基本、同时也是最大的实体形式。相对国际社会来讲，国家是一个独立的主权实体，某一国的政治则是由这个实体的各组成部分构成的一个完整的体系。但是，这个体系自身并不必定要求，实际上也并不总是在政治理念上完全一致，或者说，体系的真实性往往是由各种社会联结来体现的。比如，中国在抗日战争的时候，国共合作的基础并不是两党的政治理念有了什么趋同的变化，而是民族矛盾的尖锐和紧迫所提出的要求及其社会联结的运作可能和现实条件。虽然民族矛盾说到底是阶级矛盾，但在矛盾表现为国与国的冲突、尤其是战争形式的冲突时，不仅某一国政治体系内的阶级矛盾可以暂时隐退或搁置，而且可以由激化了的社会性矛盾（比如民族危亡）来替代或协调政治理念的矛盾。在这种情况下，"国家"仍是一个政治实体，但是它在体系、制度和机构等方面的作用主要不是以某种政治理念为根据的，而是以更具有社会特性的认同需要为根据的。根据这种认同需要，对于体系、制度和机构的取舍判断和实施选择才具有了真实的政治含义和作用。比如，抗日战争中，中国政治是一个大的体系概念，但这个体系实际上是由共产党和国民党所代表的两大（或主要）不同政治体系构成的。在这种构成中，由共产党所倡导并且在其中保持自己政治独立性的抗日民族统一战线，才是抗日战争时期最为真实有效的政治体系，但它本身同样也存在着共产党和国民党两大政治体系争夺领导权的斗争。

其次，是政治体系内部的社会性联结因素。比如，中国历史上有过三次国共合作，但每次的合作基础都不一样。第一次最具有政治理念的一致性，就是反对帝国主义和打倒军阀。但是这种一致不仅具有最低的认同水平，而且事实很快就表明这种认同也是虚假的，所以国民党（由蒋介石导演）的叛变就是必然的了。所谓最低的认同水平是指不同政党的政治理念而言的，因此其中的一致性其实是某种社会因素，即民众对变革的要求。不过，在当时这种要求在目标上太不明确，在组织上又太缺少坚强的领导和有效的网络，因而未能形成对政治体系的有效支持。同样，蒋介石所背叛的革命是指新三民主义，而不是共产党的新民主主义，因为他从来就没有认同过新民主主义，更不要说社会主义了。第二次国共合作，也就是抗日统一战线的情况，上面已经讲过了。第三次国共合作的社会联结因素最突出，就是要民主、要稳定、要吃饭。但是，这里历来存在很多误解，而这些误解都与如何对待社会联结直接相关。比如，要民主看起来是最具有普遍性的社会因素，然而它的真实含义和作用都只是革命一方（共产党和民主党派）的政治要求和手段。进一步说，在革命力量内部，共产党是要创制一种新的民主，而民主党派在相当程度上讲的还是西方的民主。因此，体系内部的政治活动也是在与各种社会联结的互动中，才形成和显示其真实含义和作用的。就现行政治学来讲，忽视社会联结造成的一个最大误解，也许就是把抗战胜利后的国内战争看成是反政府武装与政府之间直接的权力争夺，甚至把三年国内革命战争称为"国共内战时期"！这个误解没有看到一个基本事实，即当时中国不仅存在着两个不同的政治体系，而且在中国国内还同时存在着两个有效的合法政府。这里的"合法"是指两个不同的法理、法统和法制，因为干革命本身是非法的，叫做造反，但是共产党在其控制的地方（比如解放区和根据地，甚至一些游击区）已经建立了民主政权。所以，在国家层面建立单一政治体系并不完全是一种政治行为，从大众认同和国民解放的意义上讲，这种行为的合法性甚至不是政治性的，而是社会性的。从普遍性来看，某种政治体系的合法性是一个选择问题，这种选择的根据如果仅仅在于政治本身的合理性而缺少相关的社会联结因素，那么这种合法性即使不是一种同义反复或自我论证，至少也是极不完整的。

第三，不同概念的政治属性，表明了这些概念关系本身的一致性，但是这种一致还只是针对"政治"的规定性而言的，而构成各种一致的具体含义，仍是由某种社会联结因素来承载和体现的。具体说来，在单一并且稳定的政治体系中，体系、制度和机构的各自运作及其相互关系需要有某种共同的维系因素，而社会联结就是这种维系的真实形态，并由此来保证和协调运作机制的一致性。比如，改革开放以来，各项政治改革的目的都是旨在加强体系的能力而不是削弱它，但是各项改革又不可能不要求体系的政治理念以及制度的设置不采取相应的改变。事实上，制度方面的改革和创新要求一再表明它在政治理念上存在着某些与体系不一致的地方（比如所以才说要"以人为本"、"和谐社会"等）。机构改革的制度变化情况就更加明显，不仅政府，而且各种企、事业单位甚至军队和社会团体都要求进行机构改革，而所有这些都不可能不涉及制度的变化。但是，体系、制度和机构在理念和行为等方面的这些不尽一致并不妨碍它们的良性有效运转，甚至由不一致所产生的改革要求正是对达致良性有效运转的根本促进和保证，而构成这种促进和保证的绝大多数因素都是社会性的。换句话说，社会联结本身在此起着某种机制作用，所以才可能达到改革、稳定与发展的良性互动。

第四，各种社会联结提供了并保证着选择的多样性。这种选择的多样性有两个含义。其一，体系、制度和机构在决策性选择上并不是相同的，选择带来的变化也不是一一对应的，即并不是体系、制度和机构的某一方有了什么变化，其他各方就一定会有相应的变化或反应。其二，对于体系、制度和机构来讲，它们无论作为一种整体的政治形态、还是作为各自独立的政治领域，各项改革决策或政策调整都不是某种非此即彼的选择。这种选择的多样性的体现也是多层含义的，包括层面或对象本身、不同层面或对象的关系、某一或某些层面的关系，以及对象的作用，等等。比如，反对或支持可能是针对体系、制度和机构整体的，也可能只针对其中某个或某些方面；选择某种（比如社会主义的）体系、制度和机构，并不等于排斥另一种显然是对立的（比如资本主义的）体系、制度和机构；对于同一个共同体（比如某个国家），可能赞成其某一或某几方面（比如体系、机构等）而反对另一或另几方面（比如制度、机构等）；以及观念或理论上持反对态度，但在实践或行为上仍采取遵从规则或起码的合作方式，等等。所有这些选择的多样性之所以可能，都在于各种社会联结因素的支撑作用。比如，不违法以及按法律规范活动是共同体（即国家）成员进行政治活动的合法底线，而这个底线得以成立的现实性就在于它提供了一个基本的社会联结。正是这个联结的存在和作用，给出了政治活动可以选择持什么态度，以及采取什么行为的真实时空。

二、政治生成与政治习惯

政治生成与政治习惯所标示的，是使得具体政治活动具有真实含义的"政治的社会联结"的功能性层面。就各组概念关系来讲，政治生成与政治习惯这一关系的社会联结也许是最为紧密的，甚至可以说，社会联结不仅在政治得以生成的原因、生成的过程以及对生成了的政治的确认等方面都有明显的作用，而且社会联结本身还会以某种习惯的形态，成为社会自觉不自觉认可的政治内容或含义。然而正因为如此，这种关系往往带有很大的主观性，其结果可以从两个主要方面见出。一方面，政治习惯很可能产生各种政治误解，即以自己的需要想当然地对待和理解某种事物或现象的政治含义；另一方面，政治生成本身也需要习惯的支持，并且由此形成了某种习惯，这样就可能由于政治生成和政治习惯的相互混合而蒙蔽了或模糊了真实的政治目标。

事实上，某种政治总是有一个逐步生成的过程，而它的真实含义则总是以某种习惯方式、甚至就作为习惯本身才能够得到确立，所以越是在社会变革的时候，各种社会联结因素或方面的作用在政治生成与政治习惯的关系上体现得就越是清楚。这种作用的体现方面可以说是包罗万象，不过从社会联结本身来讲，最重要的有两个层面，一是不同领域的转化，在此主要是指政治与其他领域的转化；另一是指政治的发出方与接受方在政治生成和政治习惯关系中的实际状态，比如要求和认同的差异，以及凝聚和导向的意义等。

由于这里说的任何活动都是指某种社会性活动，因此活动领域之间的相互转化可以说是社会联结作用的最高层次体现；又由于任何转化都会有一个生成和习惯的过程，因此政治与其他领域的相互转化才可能集中体现了政治生成和政治习惯关系的社会联结作用和特点。从普遍意义上讲，活动领域的区别划分和相互转化都是由各种社会性的因素来维系的，并以此作为区别划分的参照或相互转化的联结，这样讲的主要根据就在于，各种活动都是在社会中进行的。对此，至少可以从三个方面来分析。

第一，出于分工的需要。毫无疑问，人类活动是繁杂多样的，不仅某个人作为个体不可能什么事情都亲自去做，社会本身的构成也必须在某种秩序的意义上被理解和把握才能够运行。因此，分工成为不可避免，而无论从分工的依据还是分工的结果来看，社会活动就被划分为各种领域了，比如政治、经济、文化，等等。但是，这些领域的划分并不是绝对的，而且根据特定的需要，它们的含义是可以相互转化的。比如，红军长征召开遵义会议时毛泽东就特别强调，当时的军事问题就是政治问题，解决存在的军事问题以确定新的军事路线就是真实的政治。

第二，为了方便。各领域之所以能区别开来，当然是因为它们具有各自的特性和功能，但是从分类学角度讲，领域的划分标准更多在于表述和运作各种活动的方便。因此，这些特性和功能的确立及变化在很大程度上其实取决于某种习惯，而这种习惯就具有社会联结的功能。这种功能主要包括三个层面：其一是某种整体性的功能划分，也就是从类型的角度所作的活动特性区别，上述政治、经济、文化等就是这样的领域；其二是某一类型内的划分，比如政治可以分为行政、法律、国际关系等许多领域，经济可以分为贸易、金融、财会等；其三是交叉或衍生性的划分，比如政治经济、政治文化、社会发展、环境保护等。不难看出，这三个层面是相互关联的，也就是说，分工以及划分的可能性其实在于联结。随着分工越来越细密，划分出的领域也就越来越多，这样，各种活动之间就出现了更多的联结因素和环节。在这种情况下，所谓隔行如隔山的说法就不准确了，因为不仅"行"与"行"的间隔越来越近了，而且不同的"行"大多也是你中有我、我中有你的。事实上，领域连接的形态和分工需要的程度是一致的，比如在学科分化的初级阶段，一切都是哲学，好像是一根绳子，不同的学科只是这根绳子上的一系列节点；而随着学科分化的日趋复杂，知识体系才像一张网，各个网眼框出了不同的学科领域。社会联结就是那一系列节点和众多的网结。

第三，从分工角度所说的领域划分往往被叫做"学科"，但这只是某种静态的表述，即使是所谓交叉学科，也还是对由某种因素合并或混合生成的学科的静态表述。这当然是对于理解、把握以及运作各种活动的迫不得已，否则人们连相互表达意思都成为不可能了。问题在于，分类的静态表述之所以可能并不是因为不同领域的截然区别，相反却在于它们的相互联结，否则区别就会因为没有参照而难以成立或失去意义。正是因为这种联结的存在，在实际活动中，各种领域所具有的真实含义以及某种静态表述所反映的实际领域，往往处在一种相互转化的状态中。因此，这种相互转化不仅体现了社会联结的某种功能方面，而且就构成了某种社会联结的实际含义和作用。其实，静止本身可能是更为真实的社会常态，但是这种静止本身就是一种关系,从中国古时候讲的"飞矢不动"到现代物理学的"波动二相性",其实都表示了静止的常态运动关系,是对于动态的静态表述。在这个意义上讲,社会的运作就是某种联结的功能发挥,因此动态的社会也就是各种联结的结构常态。

各领域的相互转化也是不难理解的,不过就这里的话题来讲,需要分析阐述的是由某种转化所表明的政治生成与政治习惯的关系。比如,政治和文艺是两个不同的领域,但是当文艺表达了某种意愿、要求、观点的时候,它们就有可能转化为政治。对于这种情况,现在都把它归之为政治运动的"左倾"或"扩大化",但是怎样"倾"、如何"化"却取决于某种社会联结、甚至就是一种社会联结本身。正因为这样,同样的小说或剧本,在某一时期被作为政治态度,在另一时期则是文学创作或作品。在这个转化中,具体的政治观点只是领域本身的要求表示或实施导向,但是促成转化的因素,以及转化本身的含义,都是某种政治生成与政治习惯的关系体现。因此,领域的转化成了政治生成本身,与此相应的政治习惯又确定了这种政治的含义和维系,而这两者的关系则体现了具体的社会联结。这样也就不难理解,同样的东西在此为政治在彼为文学的根据和可能,都在于社会联结发生了变化。

虽然政治与其他领域都有联系,不过在这些领域中,历来与政治关系最为密切的也许是经济,所以政治与经济的相互转化应该最能够体现上述政治生成与政治习惯的关系特征。比较说来,当前这种转化在中国和国际上恰好是两个相反的特征化体现,即在中国是改革开放中的政治经济化,而在国际上则是经济活动的政治化。其实,这种看似方向相反的转化,根据的却是同一种社会联结,即竞争的需要和机制。在中国,政治的经济化是由于改革开放的转型需要;而在国际上,则是由于西方主导的竞争规则对中国(以及其他发展较快的发展中国家)的遏制。

具体说来,所谓政治经济化主要有两层含义,一是指用经济的口号和做法来实现政治目的或要求，另一是指在这样做的同时的确也促进了经济的发展。这两个含义互为表里，互为因果，不可分割，因为如果只讲第一个含义，政治经济化就成了技巧、甚至权术，如果只讲第二个含义，政治经济化就不存在了。事实上，政治经济化表明的是理解和处理政治与经济关系时的一种机制特征。具体说来，改革开放以前的"计划经济"实际上是指用政治计划经济，针对这个关系，改革开放的转化就是生成了"以经济工作为中心"的政治。但是，这一转化并不等于割裂了政治与经济的联系，也不是用经济来取代或消解政治（尤其是意识形态）。相反，以经济工作为中心本身就是政治，是政治要求和运作的重心转移。从现代化建设来讲，政治经济化这种做法的必要性在于，中国的改革开放一要改变过去的政治运作模式，二要把本来不是经济学意义上的"计划经济"转变为经济运作机制意义上的社会主义市场经济。从实际情况来看，这种转变在很大程度上正是利用了政治生成和政治习惯的关系。具体说来，在真实的"用政治计划经济"中，"政治"这个主语是不出现的，所以习惯上就一直叫做"计划经济"；这样就给了生成一个方便，就是由不出现的主语（即政治）直接转换为已经习惯了的经济（即市场）。在这个转换中，各种社会联结作为生成与习惯的同一形态，使得市场经济作为一个经济范畴掩盖了计划经济原本具有的政治特性。

但是，当"发展是硬道理"逐渐被接受为某种政治习惯之后，这种习惯本身却可能是对政治生成的某种误解。从普遍性来讲，什么叫"发展"需要在各种参照中才能确定，而且在形式和价值上"发展"的含义都不是清楚无误的。不管是现代化竞争，还是全球化合作，真实的发展都只有在社会联结中才是可能的。从特殊性来讲，在理解政治改革和经济改革方面存在一个很大的误解，即认为中国政治改革一直滞后于经济改革。其实，事实正好相反，中国经济改革不仅始终是由政治改革开启和推动的，而且就这种关系来讲，中国改革根本就是一场政治改革。之所以有上述误解，是因为中国采取的是政治经济化的做法。它的历史根据在于，改革开放以前政治运动不断，改革开放中止了这段历史，转而以经济工作为中心。这种转变本身就是纯粹的政治改革。就现实情况来讲，政治经济化做法的真实含义，就是以生产关系和上层建筑的变革来解放和促进生产力。因此，无论从历史还是现实来看，中国的政治改革和经济改革也许直到今天才开始具备同步进行的基本条件或可能。所以，以经济改革的形式保证政治改革的平稳渐进，恰恰是"中国特色"的一大发明。

当然，这种政治经济化的做法并不等于不需要政治改革，也不是说政治改革没有自己专属的内容，但是政治生成和政治习惯之间的社会联结表明，中国政治改革的现实根据在于，政治改革不能与经济改革相互分立，而且政治改革在相当长时期仍会是以服务于经济和社会发展为目标。同样，不管怎样以经济建设为中心，要坚持社会主义就必须讲公有制，所谓公有制占主导或主体地位就是这个道理。但是，怎样才算是主导或主体了？关键既不在于经济成分的国有，更不在于这种国有在整个国民经济中的比重，而在于某种"国控"，就是说，社会主义性质的国家对于经济的控制能力和形式是怎样的。于是又不难理解，这种控制能力和形式既是针对社会联结而起作用的，也是社会联结在政治与经济方面具体的转换形态。

事实上，正是由于政治生成和政治习惯之间的社会联结内容不同，西方国家在政治和经济的关系方面才会有一个明显与中国不同的特征，叫做经济政治化。这个特征的主要体现是，国际竞争中的经济问题、或者说国际经济的竞争就成了政治问题。具体说来，经济政治化是西方政治生成和政治习惯相互关系的一个重要机制，其中的社会联结作用或意义主要包括三个方面，即市场经济与民主政治的关系、资本主义政治的历史传统，以及现代化竞争的世界格局。

　　市场经济本来就是资产阶级商人发明的，目的在于建立一种私有产权之间的交易标准，因为市场经济的真实含义不过就是以平等的方式所获得的某种平等权利的让渡和交易。由此，市场经济必然要求建立相应的民主政治，以确认和保护市场经济的合法性和规范。从历史过程来看，市场经济和民主政治的这种关系已经成为一种不言而喻的政治习惯，所以当政治在处理各种利益分配的时候，权力好像就是用来为经济服务的。不仅如此，经过至少四百年的长期经营，资本主义政治体系在吸取各种经验教训的基础上，一方面使得社会主义以打碎国家机器的方式推翻资本主义制度的条件日渐失去，另一方面造成这种条件失去的做法正是把市场规则扩大渗透到社会活动的每一个领域。其实，这正是社会联结本身的作用，它使得民主政治与市场经济的一致性仿佛已经是一种政治习惯，根本不需要专门提出诸如以经济建设为中心之类的说法，经济建设就当然是政治活动自身的基本内容了。至于现代化，它实际上就是世界范围穷国追赶富国的竞争过程，或者说是这样一场追赶运动。因此，所谓现代化竞争格局，无非就是各国已形成一个由贫富等级构成的序列，排序靠后的国家要赶上来，而前面的国家则要遏制这种追赶。毫无疑问，在这种格局中，制定和运用规则的优势在排序靠前的极少数国家手中，也就是在西方国家一边。①

　　在上述三个方面，社会联结作用于政治生成和政治习惯的共同特征，都是经济政治化。在这种经济政治化运作中，传统意义上的政治领域更加固定（大致相当于下面要分析的专门政治），而大多数政治实际上都是涉及经济问题，或者本身就是经济活动。事实上，经济政治化对于西方来讲至少有两个巨大的好处。其一，避免了利用各种优势谋取霸权或进行政治压迫的恶劣形象；其二，把市

---

① 此一自然段的详细论述可参见孙津：《打开视域——比较现代化研究》，社会科学文献出版社2004年版。

场经济规则说成是各国都应该遵守的文明导向和价值观。正因为如此，某些政治生成和政治习惯已经成为见多不怪、甚至理所当然的现实了。比如，世界上每天都在为经济竞争开各种会议，在看似共识的"和平与发展"这个主题下制定规则、争取优势、漫天要价、坐地还钱；对某些违背自己意志的非经济问题采取经济制裁；以人权、民主制度等政治标准来衡量某一国家的市场经济程度，等等。从上不难看出，西方国家在世界上搞经济政治化不仅不妨碍其国内资本主义政治的运作，而且还有助于维护它们在国际政治中掌控规则的既定优势。

因此，如果说政治经济化是中国特色社会主义现代化建设的明智选择，那么，经济政治化则是西方国家对其竞争优势的自觉维护，而这两种政治生成和政治习惯的存在根据及其相互关系所体现的内容，则是不同的社会联结。不过，社会联结也是相互影响的，比如在中国出现的所谓"政治改革滞后"的误解，在很大程度上就是受了西方学者的影响，或者是有意无意地以西方政治体制为参照的结果。①

政治生成和政治习惯关系中另一个层面的社会联结作用，就是由政治发出方与接受方所体现出来的要求与认同之间的差异，以及凝聚和导向的作用或意义。不难理解，政治生成在发出方（比如统治者、革命先行者或者某种意识形态的倡导和宣传者等）总是一种自觉的意愿和行为，为了保证政治生成的预期能够实现，不仅需要有导向地培养某种政治习惯，还必须设法抵制有悖政治生成预期的政治习惯。正因为如此，所以（比如说）列宁在论证共产主义要克服时刻产生出的小生产时才会感叹说，千百万人的习惯势力是最可怕的。然而，无论习惯的作用有多大，它所形成的政治习惯总是和政治生成的预期相互作用的，这不仅是因为从逻辑上讲政

---

① 参见孙津：《中国现代化对西方的影响》，河北人民出版社1999年版。

治预期总是在先的，更因为政治发出方的意愿或要求总是真实的政治的规范或参照。因此，政治生成的要求和政治习惯的认同之间总是会有各种各样的差异，而这些差异不仅对政治发出方所希望达到的社会凝聚具有制约作用，甚至就体现了社会凝聚的真实状况以及政治导向的实际意义。

事实上，政治生成的要求与政治习惯的认同之间的差异是政治生活的常态。这样讲的原因至少在于，在一个政治共同体（主要指国家）中各地的自然状况、资源条件、文化传统、财富来源等情况都是不一样的。尤其明显的是，不同的群体和部门更是有着各自的利益取向，所以这些地方、群体、部门对于同一个政治理念（包括其要求、口号、导向等）必然有不同的理解，甚至会故意采取对自己有利的应对反应。俗话所说的"上有政策、下有对策"固然是这种差异的恶性体现，但是政策和对策的关系只不过反映了政治生成和政治习惯互动机制的一般结果和运作形态。发出某种政治就指望得到普遍一致的认同，这只是一个美好的理想，因此，姑且不说这种可能性在现实中是很小的，如果真得如此，其结果将是两种状态。其一，这个社会只存在一个头脑，或者只有一种声音；其二，社会的各部分将无法协同运转，就像一架机器没有润滑油一样。

这样讲并不是说"令行禁止"不对或不好，而是说那个"行"和"止"对于"令"和"禁"来讲都是有条件的。这些条件虽然具体而复杂，但其共同的特性，就是社会联结。不过，政治要求和认同的差异在政治生成和政治习惯关系上的反映也有一个限度，就是以不对基本的社会凝聚和政治导向构成威胁为底线。比如，中国改革开放以来最根本的转型就是实施了社会主义市场经济，这个转型要求改革、发展和稳定的协调一致。尽管理想状态中的协调一致很难达到，甚至根本就不存在，但是要求和认同之间的差异不能大到否定达到协调一致这个目标本身的程度，否则社会凝聚就会削弱或涣散，政治导向就会模糊或偏失。在这里，政治生成和政治习惯关系的社会联结，主要就是对社会主义市场经济的理解和创制。从发生的角度讲，市场经济当然是资本主义的东西，但是政治生成的发出方认为市场经济是一种经济运作机制，资本主义可以用，社会主义也可以用。这里的社会联结就是新的创制本身，也就是对于不同于一般意义上（即资本主义）的某种（即社会主义）市场经济的逐步理解和认同，包括它的合理性、合法性、现实性以及有效性。

在上述实例中，要求和认同之间的偏差是明显存在的。比如，西方一般都很难理解"社会主义市场经济"这个概念的真实含义，甚至认为这两个词合并在一起本身就是矛盾的。从实际情况来看，国内的学术文章以及日常话语也很不重视"社会主义"在这个完整概念中的意义，大多都是只讲"市场经济"。当然有一种可能，就是这个概念的词太多，使用时往往采取省略的方式。事实上，根据我的了解，绝大多数情况恰恰不是出于省略，而仍是以资本主义的市场经济作为评判和要求中国市场经济的标准。不过，更重要和更为本质的问题还不在于此，而在于社会联结的理论根据，也就是说，不管是出于认识误解还是为了表达简洁，被省略掉的总是"社会主义"而不是"市场经济"。从概念的表述来讲，"社会主义"在此是一个形容词，但作为概念的真实含义，这个形容词是对其所指内容（即市场经济）的定性。从实际情况来看，社会主义市场经济的运作机制和特征恰好和其他（也就是资本主义）国家的市场经济相反。比如，在其他国家，政治是为市场经济服务的，但作为政治承载者的国家或政府并不是经济运作的主体，国家和市场是对象性的、或者相分离的调控关系；在中国，社会主义市场经济是由具有明确政治理念和导向的共产党（经由政府和企业）作为运作主体的，上述政治经济化特征说的也是这个意思。因此，社会主义市场经济这个概念如果成立，其必要条件恰恰是某种社会联结，也就是对创制的认识选择和具体实施。

这些社会联结的具体因素或内容当然很多，不过这里的分析讨论是为了指出，从政治生成和政治习惯的关系来讲，这些社会联结的政治性质在于，它所形成和体现的就是这个关系的社会政治形态。具体说来，这个社会政治的真实含义主要在于，如果把社会主义市场经济的创制看做中国社会转型最根本的内容，那么政治要求和政治认同之间的差异程度，就是对社会凝聚状况和政治导向意义起直接作用的最大制约因素。不过，这种差异并不是社会在认同方面的故意，也不是因为多数人都比较愚笨或不明事理，而是政治生成和政治习惯的关系自身具有的特性。某个政策可能正确，也可能不正确，其贯彻实施可能很容易，也可能很困难，但是，多数人愿意服从某个决定事实上并不完全是因为它的正确合理与否以及实施的难易与否，甚至也不是因为害怕它的权威，更多的成分是出于习惯，即认为这样做是应该的和对自己有利的。这种习惯当然包括历史、文化等多方面因素，但是就其对某种政治的含义确定所起的作用来讲，这种习惯的结构性质和功能形态都应该属于政治的社会联结范畴。不过，这个问题还关系到政治系统的合法性与政治运作的合理性，对此我们将在下面专门讨论。

三、专门政治与一般政治

前面说过，政治是在其生成与维系的共时性坐标中成立的，但是如果把这个逻辑推到极端，就会使言说政治变得十分困难，甚至成为不可能。因此，作为概念关系，这里的区分主要是为了给社会政治所说的"政治"以某种范畴的确定，或者说，从学科和功能两个方面指出相对固定的"政治"领域，以免由于概念的过于泛化而无从把握其关系了。比如，从学科上讲，现行政治学所说的政治当然也是社会政治的政治，但是社会政治所说的政治还包括各种活动在实际功能上的政治含义或作用。这两方面虽然并不意味着一为专门政治、一为一般政治，但它们共同构成了真实的"政治"领域。

我们已经谈到过不同领域的划分和转换，即使在叫做"政治"的领域内，各种活动所具有的政治特性也有是否固定、程度高低以及刚性强弱等区别。因此，可以把政治特性较为固定、程度较高、刚性较强的活动叫做专门政治，把其他的政治活动以及非政治活动所具有或体现的政治性叫做一般政治。为了有效地实现政治意图或目标，就需要随时处理专门政治和一般政治的关系。因此，专门政治与一般政治的关系所标示的，大致是使得并保证政治意图或目标实现这个意义上的"政治的社会联结"。

在一般的政治学概论里，对于政治这个概念似乎并没有"专门"和"一般"的区分，但是仅仅从政治生成和政治习惯的关系就不难看出，能够形成某种政治含义的因素或活动原来并不一定被作为政治，所以它们就显得不如那些"固定"被看做是政治的东西那么专门，或者说其政治属性不那么专有。其实，我们在经验上就可以知道，有些体系（比如社会主义和资本主义等）、制度（比如议会制和多党合作等）以及机构（比如政府、党组织等）的是"固定"具有政治属性的，或者说是各种专门的政治。但是，既然具体政治活动的真实含义在很大程度上是由各种社会联结的情况决定的，那么这些联结因素或者本身就具有政治特性，或者可以转化成为某种特定的政治，因此相对专门政治来讲，可以把它们叫做一般政治。在此意义上讲，政治其实是无所不在的，至少社会各个方面、或者说"整体的社会"也以各自的方式反映和体现着不同的政治含义。因此，这一章对于专门政治和一般政治的区分包括两个层面。其一，从学科划分的理论表述来讲，政治学概论所说的属于"政治领域"的政治就叫做专门政治，而属于"社会领域"的政治就叫做一般政治。其二，从政治活动的实际状况或形态来讲，直接涉及、或者本身就是关于权力占有和分配及其运用的活动叫做专门政治，而其他政治活动以及各种社会活动和社会因素所具有或体现出的政治性就叫做一般政治。

很显然，这个划分不能算做严格意义上的不同概念，因为两者不仅都是政治，而且还可能相互转换，比如敌我矛盾和人民内部矛盾的相互转化就是其典型形态。但正是这种"不严格"表明，专门政治和一般政治的关系再一次集中体现了"政治的社会联结"的重要作用；反过来说也是一样，即"政治的社会联结"规定了专门政治和一般政治这个概念关系的现实性。属于专门政治的领域或方面虽然很多，比如政权、法律、行政、意识形态、政党、政治团体等活动和运作，但是就政治的"专门"特征来讲，无论在学科划分上还是日常经验中，人们总是知道什么是政治，尽管可能并不总是清楚什么不是政治。至于一般政治，很大程度上取决于某种动态的理解和把握，比如说，除了按学科划分标准的政治和法律，其他领域恐怕都可以算做是一般政治，或者具有一般政治的属性。不过这样讲并不准确，这不仅因为学科划分主要只是根据研究内容的一种特征分类，很难说哪个领域就没有政治的内容，而且这种划分还不考虑各种活动可能具有或生成的政治特性。所以，怎样看待政治，或者怎样区分专门政治和一般政治，其根据也取决于各种社会联结的作用和状态。

因此，这里分析讨论的针对应该是专门政治与一般政治这一概念关系本身的社会联结，而且只有这样，才有可能"回过头来"认识这两种政治形态的真实含义。这些社会联结的具体内容当然也很多，不过它们大体可以分属于四个层面，即体系、制度、机构以及转换机制。相对说来，前三个层面主要是结构性的，也就是根据所谓"固定的"政治属性来确认专门政治和一般政治的关系；后一个层面主要是功能性的，也就是专门政治和一般政治得以转换的社会联结机制。特别需要注意的是，分层面来分析主要是为了方便，而关系的具体状态和转换联接因素应该都是相互作用和相互影响的。

先讨论体系这个层面。前面已经说过，相对制度和机构来讲，体系的涵盖面最广，指导性也最强，但是就体系本身的结构来讲，其最高层次或者最具规定性的特性，应该是它所宣称并坚持的政治理念。这种理念通常都有某种学说意义上的理论体系的支撑，并且由某种"主义"来表示，比如资本主义和社会主义。事实上，各种主义往往就是某个政治体系的特性标识，因为各种政治体系总有一个基本的核心理念，它不仅用来指导各种政治目标的确定，而且在原则上规定着实现这些目标的机制或方式，包括制度选择和机构设置。但是，体系本身也是变化的，而这些变化必然涉及专门政治和一般政治这种区分的边线调整，因此也就体现出专门政治和一般政治这个关系本身的社会联结。

体系变化的内容和形式都包括许多方面，但是变化的底线应该在于政治理念和宣称（也就是"主义"）本身的性质规定，因为如果变化达到了原来那个主义已被废弃或者名存实亡的程度，就等于是生成或创制出另一种体系了。比如说，中国共产党就认为社会主义是不断完善和发展的，所以不仅可以改革开放，而且不断完善和发展的政治体系在性质上也只能是中国特色社会主义。但是，既然马克思早已批判过各种非科学的社会主义，那么，各种具体的或真实的社会主义根据什么说它们仍然保持或具有与科学社会主义这个体系相同或一致的政治属性呢？反过来也一样，不管中国的情况发生了多大的变化，为什么它都必须宣称自己是社会主义呢？无论从逻辑还是现实来讲，这个根据只能在于某种具有较大包容性的维系性联结，由于这种联结，既定的专门政治不仅能够接受、吸纳可能给自己带来变化的某些因素，而且还可能使这些变化保持与既定政治理念的一致性。显然，至少从被认同的角度来讲，这种维系性联结不仅只能来自各种社会需要，而且就是各种社会连接本身的功能。

更重要的是，不同政治体系也是相互影响的，这些影响必然会以各种形式成为某个政治体系的变化因素，也就是说，不同、甚至敌对的政治体系也会把对方的某些东西吸纳到自己的体系中来。比如，资本主义国家的经济计划、高福利政策等就是从社会主义吸纳或借鉴的因素。因此，作为变化维系的社会联结并不仅仅局限于某一个政治体系，而且还包括使得不同体系的相互影响或借鉴成为现实的那些因素。这些因素所涉及的领域可以说无所不包，其具体的作用和定性主要依它与政治的连接因素而定。比如，这些因素可能本来就是政治性的，或者属于专门政治（比如制度安排、机构设置等），也可能是非政治性的、社会性的，或者属于一般政治（比如文化传统、行为习惯等），但是它们都能够经由对社会联结的运作（即连接），或者就以社会联结的形式成为体系变化本身的内容因素。

从现实情况来看，社会主义和资本主义仍是当今世界两个最基本的政治体系。但是，无论社会主义还是资本主义，它们大概都不完全符合各自主义得以确立的经典表述。换句话说，现在并不存在纯粹按经典学说建立的社会主义或资本主义国家。但是，这并不等于经典本身说错了，相反，即使说现实存在的国家都是某种混合型态，比如社会主义和资本主义你中有我、我中有你，那只能更加证明叫做社会主义和资本主义的两种政治体系是确实存在的、并且是相互区别的。因此，混合形态本身就是社会联结在政治体系上的具体体现。

上述所谓的"非经典"情况是一个基本事实。按照经典说法，人类社会演进的低、高级顺序应该是封建社会、资本主义社会、社会主义社会。但是，所有的社会主义国家都是由封建社会变革而来的，而迄今为止，所有资本主义充分发展了的国家（即所谓发达国家）都完全看不出有变革为社会主义国家的迹象或可能。就社会主义国家的建立来讲，中国是从半殖民地、半封建社会变革而来的；虽然按列宁的说法，苏联的革命是在当时资本主义链条最薄弱的环节之处成功的，但是这个"薄弱的"资本主义充其量只是指工人阶级相对集中的莫斯科和彼得堡而已，整个俄国无论如何不能算做是资本主义社会。然而马克思没有错，列宁也没有错，因为经典的学说体系本身就是针对社会主义与资本主义的关系来讲的，所以社会主义和资本主义都是封建社会之后人类社会演进的变革选择。

社会主义和资本主义都属于专门政治的范畴，然而在如何看待上述事实方面，有两个可以叫做一般政治的情况表明了社会联结的作用。一个情况是，社会主义的出现在资本主义之后，这就使人们容易接受社会主义是比资本主义更高一级社会形态的观点；反过来，当社会主义国家普遍改革之后，人们又很容易认为社会主义失败了，至少是严重受挫了。另一个情况是，资本主义并没有在各种危机中瓦解，更没有被社会主义变革所替代，于是人们很容易对社会主义学说、至少是它的经典表述的正确性产生怀疑。但是，这两种情况之所以并不能抹杀社会主义仍然存在和发展着这个事实，在于有着支撑体系变化的社会联结，而这种联结的实际作用比体系的规定性更为宽泛。这就表明，一方面，社会主义作为一种自觉的政治选择，与它实际上是否符合其经典的表述并没有必然的关系；另一方面，资本主义和社会主义并存的现实所表明的是现代化不同模式的选择，而不是政治体系区别的非此即彼根据。[①]

事实上，由于政治体系自身的包容性以及可能的变化，资本主义政治体系的内容和性质在西方政治学中也不是纯粹单一的。比如，美国历来就认为自己的农业政策是社会主义性质的；又比如，人们普遍认为凯恩斯主义拯救了美国大萧条，实际上还有一个更为

---

① 参见孙津：《转型的中国》，成都科技大学出版社1994年版，第二章。

重要的"拯救"因素，恰恰是美国对斯大林的计划经济的借鉴和引进。在这种联结转换的意义上讲，甚至人们所认为的当今资本主义的优势，其实正得益于或者就在于它同时吸收了许多社会主义的因素。连接政治体系的这种混合意义可以从许多方面来理解，比如，把不同时期的政府作"中左"、"左派"、"中右"等区分，或者从某一时期，针对某些方面来理解资本主义国家中的社会主义因素，等等。在制度或政策的层面上，甚至某个有左派倾向或色彩的政党上台，国有企业在某些部类方面所占份额的变化等情况，也都会被作为某个资本主义国家中的社会主义倾向或标志。同样，这种政治学也是在混合的或变化的意义上来理解社会主义的，比如它往往更倾向于把北欧国家看做社会主义，把法国看做半社会主义，把苏联看做共产主义或斯大林主义，而对于中国，由于把握不准就干脆不作主义的限定。

上述情况表明，由一般政治以社会联结形式所产生的作用，会使体系意义上的专门政治边线变得相对模糊，或者说有了更大的包容空间。支撑这种相对模糊或包容空间的主要因素、甚至构成这些变化的内容，就是政治的社会联结，而且是采取了将一般政治的要求、含义渗入转换为专门政治的形式。在这个意义上讲，体系变化的情况必然会直接影响到制度和机构的变化，因此，专门政治和一般政治在制度和机构层面的关系转换与体系本身的变化具有某种一致性，而社会联结的运作就是这种一致性的机制作用。

就制度层面来讲，这种社会联结作用主要体现为制度运作的适用域，或者说，制度实施的张力。中国实行的是社会主义政治制度，因此，最能体现这种适用域或张力的社会联结，可以说是改革开放提出的"接轨"要求，因为接轨的针对主要就是资本主义的游戏规则，但是接轨的目的和作用显然不能违背社会主义的原则。于是，"接轨"的社会联结含义就在于，它用作为一般政治所允许的形式，保证在达到预期目的的同时不违背专门政治的原则。由于现代化程度的差距，更由于国际竞争的规则大多是由资本主义来定的，所以那些要"接"上去的"轨"也就是资本主义的现代化水平和各种游戏规则。但是，基本制度作为专门政治必定有其不可改动的刚性原则，因此"接轨"如果具有合法性和合理性，只能是指某些运作机制和形式。

在此，可以从两个方面来理解这些机制和形式对于专门政治和一般政治关系转换的作用。一方面，这些机制和形式或者以其对政治体系和制度的影响而成为一般政治，或者本身就属于一般政治；另一方面，它们作为各种社会联结或者以其对政治体系和制度的影响成为专门政治，或者本身就是专门政治和一般政治关系转换的内容。比如，根据"接轨"的原则，中国的企业被要求按照所谓"现代企业制度"来进行组织、管理、经营和运作，但是，这个"现代"的真实含义其实就是企业制度的资本主义性质和模式。在这种情况下，作为专门政治的社会主义不可能认同资本主义性质，但却不一定不能在操作的意义上接受资本主义的企业模式或者这种模式的某些方面。由此可以看出，"接轨"在这方面的合法性和合理性恰恰是由专门政治和一般政治的关系转换来体现的：如果仅仅把这个现代企业制度当成某种运作模式，那么其对于体系和制度的影响属于一般政治，而如果由此从"借鉴"的意义上创制中国特色的企业制度，那么它不仅就是一般政治本身，而且还会程度不同地渗入转换为专门政治因素，甚至就成为相关的专门政治的构成部分。如果说，中国改革开放的基本战略是以经济建设为中心，那么，上述对现代企业制度的要求可以说是特征化地体现了专门政治和一般政治关系转换的经济政治学。事实上，一般政治向专门政治的转换多数是功能性的和不固定的，也就是说，这种转换本身保证了某种政治（有时候也包括非政治的）意图或目标的实现。但是，从逻辑上讲，转换前的一般政治并不由此就成为专门政治，而是在转换中生成了某种预期的结果，比如接轨是为了增强竞争能力，对话是为了创制国际新秩序，引入外资的优惠政策是为了发展自己，等等。

就机构这个层面来讲，专门政治一般体现为相对固定的结构序列，一般政治则更多是这个序列的功能形态或某种延伸。比如，不管在什么制度中，政府都是专门政治的机构载体，其职能的确定也都具有较为固定的普遍性，但是从道义上讲，政府要为公众谋利益、要为社会服务就属于功能性的一般政治了。在这个结构和功能的关系中，一般说来并无体系意义上的政治区别，也就是说，不管社会主义还是资本主义都是如此。但是，相对说来，机构和制度之间的关系比较直接，因为在专门政治和一般政治的关系转换中，制度的功能变化和机构的结构变化是互为因果和互为表里的。对此可以区分出三种情况。一种是专门政治机构在职能上包括并统辖着一般政治的功能。在这方面最明显的情况就是政府，因为政府作为专门政治机构同样要面对和处理许多一般政治的事务，比如倾听公众抱怨、化解社会矛盾、应答舆论质询等。另一种是专门政治和一般政治在同一个机构中的混合并存。还有一种情况，就是需要根据机构设置之外的其他情况或条件来确定专门政治和一般政治的含义及其转换。相对说来，第一种情况形式比较固定，也较为容易理解，后两种情况则比较复杂，而且相互之间也多有混合交叉。

不过，上述三种情况的区别也不是绝对，甚至在一个机构中可以同时并存这三种情况。比如，中国人民政治协商会议属于专门政治机构，但是它的"协商"职能既是固定的专门政治，也是整合社会各界政治因素的一般政治，而其专门政治和一般政治的具体含义更是由如何协商、怎样整合、要达到什么目标等情况和条件来决定的。不仅如此，这些因素的共同作用和关系转换还为政协的性质确定、机构设置、职能分工、运作形式等提供了依据。从理论上讲，政治协商是中国的一项基本政治制度，而且在新中国成立之日（实际上是之前）就建立了，但是，随着社会发展的需要，这种政治协商越来越重要，也就是其功能作用越来越明显，政治协商会议的机构设置和组织建设才越来越规范化、制度化、法制化。1989年，中共中央颁发了题为《关于坚持和完善共产党领导的多党合作和政治协商制度的意见》的14号文件，2005年颁发了题为《关于进一步加强中国共产党领导的多党合作和政治协商制度建设的意见》的5号文件，2006年又颁发了题为《关于加强人民政协工作的意见》的文件。这三个文件的精神是高度一致的，但前两个文件主要是针对多党合作的，后一个则是同时针对政治协商制度和政治协商会议组织机构的。对于机构来讲，2006年这个文件的重要意义还在于，这是第一次以中共中央文件的形式，对政治协商会议这个组织机构的性质、任务、工作形式等作了具体的法定规范。这些文件在形式表述上采取的都是"意见"，然而事实上，中国的大多数文件、尤其是中共中央的文件本身就具有法律效用，而这个情况同样也体现了专门政治和一般政治关系转换的特点（对此在下一节还要专门讨论）。因此，中共中央文件颁发之后，各省（自治区、直辖市）、市、区、县的党委很快都制定了各自各级贯彻落实中共中央相应文件的《实施意见》。

事实上，机构的设置、变化和调整历来就体现着专门政治和一般政治的关系转换。这种转换既有常规的形式，也有特殊的要求。所谓常规形式，就是指具有专门政治属性和职能的机构，主要包括党组织、政府、人民代表大会、政治协商会议，以及公安、检查、司法等部门；而特殊要求是指无论专门政治机构还是一般政治机构甚至非政治机构，它们实际上都会因为某些要求而具有和发挥专门政治、一般政治以及两者混合的功能。具体的转换情况极为复杂，不过大致可以从以下几个方面或类型来分析。

第一，专门政治机构的一般政治职能。实际上这种转换比较容易理解，因为专门政治机构甚至不需要什么转换也可以具有和发挥一般政治的功能。比如，人民政协是专门政治机构，但是从它的实际工作、尤其是社会层面的统一战线工作来看,所要处理的很多都是属于一般政治的事务和问题。如果从政协是多党合作的主要场所来看,它既是固定的专门政治机构,更是靠社会联结在一般政治的意义上起作用的功能形式。当然,无论从共产党的领导职能还是执政为民的社会要求来讲,几乎所有的专门政治机构在实际工作中都不可能不做一些属于一般政治的事情,也不可能不在处理大量社会因素的时候发生专门政治和一般政治的功能转换。

但是,也有一些机构,它的设立根据就是这种转换本身,或者说由这种转换支撑着这些机构设立的合理性。比如,各级党委都有纪律检查委员会、政府都有信访局(或办公室)和监察局,这些部门从结构上讲都属于专门政治,但是其机构功能却是专门政治与一般政治的混合体。或许,信访机构在这方面的特征最为明显突出,因为信访这个形式以及大量的信访内容都属于一般政治,而且对信访的处理方式基本上都是各种"解释"和"转呈",并不能直接"解决"问题,但是这种机构的"设立"在结构和功能上都是属于专门政治的。因此,这类机构的实际工作效果,或者说它的职能的真实含义,都是在专门政治和一般政治的转换中实现或成立的。

第二,专门政治和一般政治职能相混合的机构。事实上,上述专门政治机构在处理一般政治方面的做法已经明显具有这两种政治相混合的特征了,不过那主要是从功能角度讲的。还有一些机构,其法定的功能(也就是职能)与它的结构位置是一致的,或者说,机构设置的根据和它的作用是完全重合的。这类机构实际上多具有某种过渡性质,而且在形式上可能并不局限于某个单一的部门。但是,过渡只是指机构设置的某一方面性质,并不等于时间的短暂,相反,却能够更加突出专门政治和一般政治关系转换的重要性;不局限于单一部门也不等于没有机构形式,相反却能够更清楚地表明,两种政治的转换不仅可以发生在若干部门之间,而且相应机构的设置就是为了利用或发挥这种转换作用的。事实上,这种过渡性质和多部门形式本身就可能是互为表里的,或者说由同一个实体来承载的,而这恰恰表明了专门政治和一般政治关系转换的某种特征。

比如,村民委员会的设立具有某种过渡性质,因为它一方面要填充人民公社制被废止后的权力真空,另一方面要承担责任制情况下的村民管理。但是,这种过渡显然不是指机构设立在时间上的短暂,恰恰相反,村委会这种组织形式是从属于村民自治这个政治性质的,其发展完善还将有一个相当长的时期。从机构本身来看,村委会的成立根据就是专门政治和一般政治相混合的,因为作为基层政权,它是专门政治机构,然而从村委会组织法来看,它只是群众自治组织,既没有政权职能也不是一级政府。如果再从村委会的实际工作来看,其职能内容更是两种政治的混合了。

又比如,改革开放的机构改革有一项内容,就是撤销一些政府职能部门,把它们转为事业单位或企业单位,或者仍以各种形式作为政府部门或事业单位,但是大都实行企业化管理。还有,在机构改革中往往会产生许多新的机构,它们性质不同、职能各异,部门利益甚至相左,但是却由于和专门政治的关系(特别是和其改革前所属机构的千丝万缕联系),它们会共同产生并享有专门政治和一般政治的关系转换。在这方面,最具特征的是农业局的改革。在中国的大、中城市辖区内,一般都把区、县一级的农业局撤销了,代之以各种与农业有关的"中心"。这些中心一般属于事业单位,也有正式编制,因此至少从人员结构上讲是属于专门政治的序列,但在职能属性上却又不是行政部门那种专门政治。另外,由于普遍的人员不足,中心也自己雇用一些人员;又由于经费不足,中心也开办自己的经营实体。这些显然都不属于专门政治,而真正的两种政治相混合更是体现在具体的工作中,因为原来农业局的职能许多都交给中心去实施了。在这方面,最大的矛盾是主体的缺位,其弥补途径或机制只能是各种社会联结。比如说，政府每年都要对农村进行各种执法检查，因为没有了农业局，这些检查（尤其是日常的执法检查）工作有许多就要由中心来做，但是中心不是政府部门，不具备执法主体的资格。当然，从理论上讲，政府（一般是它的农委）可以授权委托中心来作执法检查，但实际上很少有这样做的，而且操作上也不现实，因为突击或集中检查可以委托授权，但每天随时碰到的执法问题却没有实施的依据。于是，更多的情况是政府职能部门和中心（它自身包括事业、企业以及个人等各种成分）共同执法，包括成立形式多样的所谓"综合执法大队"。

事实上，这种既具有过渡性质又涉及多种或多个实体的机构形态并不必定效率低下，相反却有着很强的实用性和适应性。之所以能够如此，一个重要的原因正在与它们不断产生着专门政治和一般政治的关系转换，并且持续分享着这种转换的便利好处。同样，这种转换和分享丝毫也不排除和妨碍机构的进一步改革和完善，相反却能够提出这种改革和完善的途径选择。

第三，不在专门政治常规机构之列的各种团体。这方面的情况极为复杂，而且在对各种政治边线的把握和处理方面也最富有中国特色。为了简化类别，我们把这些团体分为两类，一类叫人民团体，其他的就叫社团组织。总的说来，这两类团体属于专门政治还是一般政治，以及这两种政治的关系转换机制，在很大程度上都是由其机构的结构和功能的具体情况来定的。但是，广义的社团组织是各式各样的，而且在属性上也分为两类。一类是登记注册（主要在民政部门登记注册）的团体或组织，另一类是所谓民间组织，而这类组织虽然按规定也要在相关政府职能部门登记备案，但事实上绝大多数都没有登记。对于这些团体的政治特性，人民团体有比较相应的法律或办法（即专门法规）规定，而社团就不一定了，民间组织更多的则是各行其是。所以，为了集中说明问题，这里只就人民团体的情况进行分析（其组织名称等自然概况见下表）。

名称	成立时间	联系对象	成员
中国共产主义青年团	1922	先进青年	团员
中华全国总工会	1925-5-1	以工资为主要生活来源的劳动者	单位的个人
中华全国妇女联合会	1949-3-24	各界妇女	无
中华全国青年联合会	1949-5-4	各族各界青年	无
中华全国工商业联合会	1953-11-12	非公有制经济界人士	全国性和地方性团体会员
中国科学技术协会	1958	科技工作者	无
中华全国归国华侨联合会	1956-10	归侨、侨眷以及海外同胞	团体会员
中华全国台湾同胞联谊会	1981-12-27	台湾同胞	无

"人民团体"在中国是法定的规范名称，而且上面的表格中的组织或机构的数量也是法定的，就是这八个。但是，这些团体的政治特性属于"专门"还是"一般"，则需要具体分析。首先，这些人民团体虽然都有各自的独立性，但其基本职能都是针对各自所联系的社会群体或人士，宣传和贯彻党和政府的各项方针政策，并使之更好地为党和政府的中心任务而工作。在这个意义上讲，它们都是专门政治机构，比如，共青团就明确规定自己是共产党的外围组织和后备力量，而科技协会的职能实际上具有准政府的性质和特征。但是，它们作为人民团体还都有一个特殊的职能，就是维护各自所联系对象的权益，而从实际工作的情况来看，这一职能属于专门政治还是一般政治，主要取决于其功能发挥的具体形式以及所要解决的具体问题。其次，人民团体有八个，它们成立的历史各有长短，尤其有解放前、后之分，但在机构设置上它们的存在都是法定的和排他性的，也就是都具有专门政治的特性。第三，从结构上

讲,各人民团体内部又有专门政治和一般政治的区别。比如,每个人民团体都有自己的组织机关和成员,有的团体(比如共青团)其组织机关和所有成员在其存在性质上都属于专门政治。但是,有的团体(比如妇联、台联)其组织机关属于专门政治,而其成员由于是作为联系对象的自然人,他们的意愿和行为基本上只能属于一般政治。又比如,人民团体和其团体成员的关系在常规情况下(比如业务领导)基本上属于一般政治,而在特殊情况下(比如贯彻党中央文件精神)则可能属于专门政治。第四,人民团体的组织机关设置本身就有专门政治和一般政治的区别。比如,各组织机关的人员构成都分为两类,一类是干部和公务员,另一类是非公务员系列的事业编制和研究人员等。在一般情况下,这两类人员的工作性质看不出什么固定的区别,但这种设置本身却是与专门政治和一般政治的转换机制相一致的。正因为如此,一些不是政府或党务部门的事业单位,其构成人员的工作性质、身份确定、职能设置,以及升迁退休、公共福利等问题,才可能以所谓"参照公务员"的方式来管理和运作。

上述情况在一般的社团组织中也都有程度不同、形式各样的体现,不过它们又有各自一些专门政治和一般政治相互混合的特征。首先是社团组织的结构设置就不一样,主要体现为有无国家设置配给的人员编制,包括行政的和事业的编制。有些社团,比如中国文学艺术界联合会、中国作家协会等,不仅有国家专设的人员编制,而且还有和党委及政府一样的行政级别(全国一级是副部级)。从这种结构上讲,它们应该属于专门政治机构的序列,而且其机关大多是"参照公务员"来确定性质和进行管理的。但是,不仅这些社团在结构上还有许多事业人员编制以及自己雇用的工作人员,而且从各种属性的人员的工作内容来讲,基本上都属于一般政治的性质。

然而,这些还不是判别社团政治特性的最根本标准,因为关键要看造成两种政治转换的具体原因和特定条件，也就是具体的社会联结因素。比如，对于某些文学艺术作品的政治倾向的识别和处理、总体意识形态的导向、甚至组织举办某些活动等，都可能生成各种专门政治和一般政治的关系转换。其次是社团的内容特性或活动对象。有些社团的名称就是政治性的（比如政府创新研究、体制改革等），但它们存在和活动的政治特性主要是由具体的政治关系转换来决定的，而不取决于这些名称本身。这种情况在被称做"民间组织"的所谓第三部门体现得更加充分明显，因为它的设立和主旨就是以专门政治为基本参照的。比较而言，诸如钓鱼协会这样的社团在一般情况下可能连一般政治机构的性质也不具备，但允许成立这类社团本身却是某种专门政治的选择，而且没有理由排除这类社团不会以组织的形式表达各种政治意愿以及参与各种政治活动。

事实上，虽然专门政治和一般政治在体系、制度和机构等层面的内容各有区别，但它们不仅相互影响，而且维系着这三个层面的结构稳定和功能有效。从上面的讨论可以看出，转换机制是一个具有普遍性和统领性的层面，它集中表明了社会联结对于政治边线的作用。在这个意义上讲，各个层面都体现了两种政治关系转换的一般规律，而本章其他各小节的概念关系中也都有各自的转换机制，所以为了节省篇幅，我们将在遇到转换机制的具体内容时再作专门讨论，这里只限于指出这种机制对于专门政治和一般政治关系转换的基本作用。

简括地说，转换机制所表示的主要是专门政治和一般政治在实效上的功能作用，也就是通过社会联结来安置这两种政治相互转换的位置。不过，从转换方向上讲，更重要的是由一般政治转换为专门政治，因为专门政治允许并有能力直接运作一般政治，其中虽然也有转换的社会联结，但它们往往已成为专门政治自身的内容了。在这方面，最根本、也最具有普遍性的原则和实例，就是各行各业中的坚持共产党领导。就转换机制的类型来讲，它们在作用于专门政治和一般政治的关系时大致有三种情况。首先，从普遍性功能的角度讲，专门和一般两种政治的特性都是由社会联结来区分和转换的，因为社会联结是转换的机制构成或形式，经由对社会联结的运作被包容进来的东西才是真实的政治。这些东西可能原来就是一般政治或专门政治，但它们具体的定性是在实际作用的针对之处形成的。比如，以经济建设为中心、科学发展观、和谐社会、以人为本等要求都是专门政治，但它们的实现往往需要采取一般政治的形式。其次，社会联结不仅可以在体系、制度和机构等层面生成，而且由社会联结所转换的政治可以是体系，也可以是制度，还可以有相应的机构承载。第三，所有政治的社会联结都有其具体的特性规定，或者说它们对于专门政治和一般政治关系转换的作用实际上是有一定规范的。比如说，有法定的关系转换（比如机构改革），有导向性的关系转换（比如要求政府创新），也有习惯上的关系转换（比如爱国主义，包括用此来对待台湾统一问题），等等。

由上讨论可以看出，首先，政治活动中"专门"与"一般"的区分和转换是一个普遍的事实。但是，它们完全不在现行政治学的理论框架和分析视域中，而对此的忽视严重削弱了理论解释的真实性，比如割裂了政治意图和整治过程的联系，以意识形态偏见取代矛盾转换的多样性和含义能指等。其次，在整体的政治活动中，意图或目标与其实现之间的逻辑关系在很大程度上是由专门政治和一般政治的关系来解释的，而从操作的角度讲，前两者之间的一致性更是由后两者的关系转化来保证的。第三，实际的政治成效又为专门政治的结构划分和功能转换提供了合理性与合法性。最后，专门政治和一般政治的转换是以同属一个政治体系为前提的，否则就可出现一种情况，即转换生成的内容是为既定政治体系所不允许的某种政治，从而使这种转换失去了与专门政治和一般政治预期目的相一致的共存意义，也就是生成与维系本身成了矛盾。

四、政治系统与政治运作

我们已经看到,本章第一小节主要是从不同的活动层面这个角度来分析体系、制度和机构的关系的,相对说来,这一小节则是把系统从体系中独立出来,分析系统存在与其运作的关系。因此,这种分析的前提首先是要说明政治系统与政治体系的区别,从而才可能有针对地说明,对政治系统与其运作的关系维系产生作用的社会联结是什么,以及它的这些作用又是怎样的。但是,作为概念,在说明"政治系统"的含义方面有一个词语上的困难,即"系统"和"体系"在英文中是同一个词。不过,这并不是担心翻译起来容易造成误解,而是因为既然现行的政治学是以西方为标准的,那么在碰到概念的使用有新增含义的时候,对它的说明就应该有相应的话语表述。因此,比较可行的办法是另找一个参照来说明此处"政治系统"的概念含义。

这个参照就是政治运作,因为无论从逻辑还是现实来讲,这里要讨论的主要是政治系统与政治运作的关系,政治系统的概念含义是从这两者关系比较中见出的。相对说来,政治系统主要指某种政治的实体构成,而政治运作主要指这种政治的功能机制,所以政治系统的目标是由政治运作来保证和实施的。在这个基本关系中,"结构"和"机制"作为通用的概念,其含义一般都比较容易理解,也都比较固定,由此,我们可以根据政治系统和政治体系分别所具有的结构和机制特征来说明它们的区别。

首先,政治系统是根据政治体系的要求来设置的,就此而言,系统的体现形式大致类似于第一小节中的制度和机构。但是,系统作为独立的结构也有其自己的运作机制,只是系统的结构和机制设计在原则上都是由体系来指导的。其次,体系和系统虽然都包括某种实体形式,但是这种实体对于体系来讲只是它的承载形式,体系本身不仅不会因为某种承载实体的失却而不成立，而且还是创设这种实体、包括系统意义上的实体的前提。比如，中国革命是从输入和宣传马克思主义开始的，而这个主义的体系在革命初期并没有系统的实体支撑，相反，这个主义体系的中国系统及其实体形式的载体，都是在对主义本身的坚持和实现中逐步形成的。再次，和体系一样，系统的构成也可以包括观念因素，但由于体系可以就是观念本身，因此就载体形式来讲，体系可以选择各种载体（比如书本、团体、政党等），或者说与载体的关系是对象性的，而系统本身就需要有相应的载体来成立和运作（比如议会、政府、法院等），或者说与载体的关系是内在自身的。比如，中国政治可以在观念的意义上成为某种体系，也可以连同它的载体来理解和把握，但作为政治系统，就必须有相应的物质结构才成其为系统。最后，正因为系统和载体的内在联系，系统就不仅仅是在某种观念指导下的物质结构，它还具有某种方法论（比如系统论）的性质。不过，这并不等于系统本身是一种方法，而是说，必须从系统的特性来理解某种政治存在的结构设置和机制功能。比如，机构改革很可能带来系统的结构变化，但这些变化的限度，在于只允许它在机制功能的意义上促进系统的目标实施，而不允许系统本身对其既定或已选择的体系（比如某种主义）的背离。

　　从上述关于政治系统和政治体系的区别可以看出，前者性质存在的独立性比后者弱，但前者功能作用的规范性却比后者强；前者的意愿空间不如后者宽泛，但前者的结构关系却比后者紧密；前者的意识形态表征没有后者突出，但贯彻实施的形式更加多样。比如，政治体系的性质确定是自我证明的，否则它可能会失去其指导性，或者将无法区别于其他体系；但是，这种性质确定的物质支撑却是由政治系统来保证和体现的。又比如，政治体系可以制定宏观的和长远的目标，但其逻辑关系和阶段接续都是由政治系统来实施的。再比如，意识形态当然需要自我宣称，但总是要由系统的具体施政来坚持和落实的，而且包括各种直接、间接的灵活方式，也就是更多在于社会联结的运作。

事实上，政治系统和政治体系的区别是针对政治的合理性与合法性而言的。一方面，合理性在相对区分开来的政治体系里是自我证明的，而其合法性却是无从保证的；另一方面，作为相对独立于政治体系的某种政治现象或活动，政治系统的合理性与合法性主要都是由它的具体运作来体现的，而且这种体现的真实性甚至可能改变政治体系的性质确定。正因为如此，这里区别政治系统与政治体系的实际意义就不仅仅是为了给讨论政治系统与政治运作的关系提供某种概念性前提，也不仅仅是因为社会政治对这两个概念的运用有了新增含义，所以需要加以说明，更重要的还在于，这两个概念区别在现行政治学中是模糊不清的（比如体系、系统、甚至体制都可以是一个词），而这种情况大大局限了关于各种政治合理性与合法性的说明根据。

政治合理性与合法性可以从许多方面来分析，但是，无论从观念的最高统领还是物质的有效载体来讲，这种合理性与合法性根据的根本或最终针对都是体系和系统。仅此来说，体系和系统的不加区分是有道理的，然而问题在于，体系和系统的运作形式及其作用实际上都是不同的。因此，把政治系统作为单独的概念提出并加以分析的意义就在于，如果系统总是在具体的运作中实现其自身功能、甚至才成其为某种系统的，那么这种政治现象或活动的合理性与合法性的真实状况，就表明了社会联结对政治系统与政治运作的关系维系作用，或者说某些社会联结就是这种关系维系本身。

不过，任何领域或方面的系统都有大小之分，政治也不例外。那么，就像小系统可以是大系统的子系统，也可以是另外一个独立的系统一样，不同的大系统在结构和功能上也都会有各自的不同。所以，要说明政治系统与政治运作关系的一般意义，就要选择某种合适的政治系统作为分析对象。简单地说，这个政治系统就是国家，因为它是最大的政治系统中最具独立性的系统形式，也是最具自变量的系统环节。如果从人是一种政治动物来讲，当今世界最大的政治系统毫无疑问要算是联合国了，按《联合国宪章》的说法，不仅构成联合国这个最大政治系统的实体单位是国家，而且国家主权才是真正独立的和具有自变性的权威。在此意义上讲，国家中的各政治系统（比如政府、政党、非政府组织等）只是国家这个大系统的子系统。事实上，由国家构成的联合国与其运作的关系同样存在合法性与合理性问题，不过这些可以作为系统与运作关系的特殊意义，在国际政治的适当领域来讨论（比如，第七章的"比较政治"就是在国际政治的系统意义上讲的）。

政治系统与政治运作的关系在国家层面的体现至少包括三个基本的作用方面，即功能权威、组织构成以及运作机制。相对说来，功能权威所体现的是合法性与合理性的关系；组织构成表明的是结构与功能的关系；运作机制主要是指不同体系的连接。当然，从作用的不同针对作这种划分只是为了分析的方便，因为如果现在就来回答为什么这三个方面能够体现政治系统与政治运作的基本关系，那么各种说明将是十分琐碎繁杂的。不过，通过下面的分析将不难看出，这种关系的其他问题大致都不同程度地从属于这三个方面的内容，或者可以作为这三个方面的不同转换形式。

第一，作为合法性与合理性同一的功能权威。

这里的同一，主要指某一政治系统所具有的合法性与合理性是互为支撑的，也就是说，由此形成的功能权威包括两个方面的含义。一方面是指政治系统和政治运作都有制造、维持以及运用权威的功能，另一方面是指这些功能就作为权威的本体形式。比如，国家以其政权、法律、政府、军队等实体形式制造、维持和运用着它的权威，而这种运用本身就是权威的真实形态。这种功能和权威的同一性之所以可能，主要在于政治系统自己宣称具有某种合理性与合法性，而且这一宣称事实上是被系统成员所同意的。

但是，上述情况只是一种理论状态，在实践中，合法性与合理性各有其不同的针对。某一政治系统的存在是一种静止的自然状态，因此，系统存在的合法性不仅仅在于系统成员（通过某种形式）对系统存在的认同，更重要的还在于它必须体现为系统成员对系统运作的服从性参与。换句话说，合法性应该是指某种能力，如果系统认为某种道理或状况表示了具体的合法内容或含义，比如洛克所谓的统治者的合法性在于被统治者的同意，那么，具有达成这种同意的能力才叫做合法性。但是另一方面，作为合法性的能力不能违背系统所认定的道理，否则合法性就不合逻辑，比如暴政的能力显然就和上述"同意"相悖。因此，系统成员的服从也是有条件的，这个条件就在于系统的运作必须是合理的。

由此可以看出，功能权威必须在合法性与合理性的同一中才是真实的。仅就系统的存在来讲，其合法性可以由某种理论来支撑，但是对于成员来讲，无论是否同意这些理论，在心理和行为上的服从主要是出于习惯。这些习惯当然有其具体内容，不过，在没有新的异议提出的正常状态中，服从本身就是习惯，否则体系的运作将成为不可能，作为能力的合法性也就无从体现。因此，仅从系统的运作来讲，参与运作的成员不能只是服从，更重要的是各种形式的参与必须对成员有好处。无论这些好处的获得是否只是一种预期，甚至也不管这些好处的具体内容是什么（比如仅仅是由于经验告诉他不服从是有危险的或者是对自己不利的），有好处本身已成为某种整体无意识了。所以简括地说，系统和运作关系的功能权威是由实践中合法性与合理性的同一来保证和体现的：成员对系统的服从一般是出于习惯（系统的合法性），而使系统得以运作的成员参与则是由于成员认为这样做对自己有利（运作的合理性）。

上述合法性与合理性的同一所标明的，就是政治系统与政治运作这一概念关系的社会联结功能。这样讲的根据在于一个简单的事实，即政治系统的合法性本身并不能保证它对某种政治运作的实施具有合理性，因为即使不谈实施运作可能出现判断和决策等方面的失误，仅仅从时间上讲，合理性的证实是在合法性的具有之后的。所以，系统成员是由许多社会联结来维持合法性与合理性的同一的，比如经验、预期、信念、甚至是对情况的不了解等等。对此，可以通过改革的情况来说明。

之所以用改革做例子，主要因为两个原因。其一，改革是全球范围的课题，不同政治制度的国家都在进行改革；其二（这一点更重要），尽管各国改革的内容和形式不同，但其相同的一点在于，各个国家的改革涉及的主要对象就是系统自身。毫无疑问，每个国家的改革尽管有自己要解决的事情，但是比较起来，还是有成败与否、或者说成效大小的区别。一个常见的情况是，人们在改革中并不怀疑系统的合法性，甚至在改革出现失误、或者成效不大的时候，人们至少出于某种期待、信念以及过去的经验等原因仍然不至于很快就排斥这种合法性。如果说，这种情况之所以可能或常见，主要是出于习惯，那么，系统本身却不得不考虑如何尽快改善这种局面。这种改善如果是合理的，必然有两个针对，一个是调整系统本身，一个是改变运作方式，而不管针对哪一方面或者两方面同时进行改革，合法性已经是由合理性的获得来支撑了。

事实上，系统和运作到底哪一方面应该对改革成效负责是很难分清楚的，因为其中的合法性与合理性是以社会联结的运作方式成为同一的。在改革成效方面，中国被认为比东欧要显著。对于这种情况有许多比较研究，其中一个较为普遍的看法，是认为中国的成功在于它采取了渐进方式，也就是说，政治系统的改革不大或者变革不剧烈。这种看法不无道理，不过从全球范围来看情况可能就不是这样了。比如，在政治系统方面有的国家实行了改革，有的则没有改革，但是，很难看出或明确证实，各国在经济上的衰退或发展与它们是否实施了改革到底有什么以及多大关系，而且，即使在政治系统实施改革的国家中，其经济状况也有衰退的和发展的区别。

按照这种情况，一般把改革中的经济衰退或发展归因于战略目标的正确和有效与否的看法可能是不准确的，关键应该在于各国政治系统的结构不同。比如，在分析中国政治的传统因素、中央集权、甚至新权威主义等因素所起的作用时，多少都是把系统和运作分开来对待的。显然，这些看法是某种结构决定功能的观点。但是，如果这个看法是符合实际的，那么结构对功能的决定及其转换作用，仍是通过社会联结来实现的。因为在这里，作为结构的系统是已经取得或具有合法性的，不管它是否决定了运作的功能，但运作的合理性是以不否定系统的合法性为前提的，尽管这种合理性是可以根据实际情况调整的。下面的讨论还将说明，在中国共产党执政能力建设中要解决的一个重要而关键的问题，正是系统与运作关系的合法性与合理性同一。

第二，政治系统与政治运作关系的组织构成。

系统与运作都有各自的结构与功能，但是，就像合法性与合理性的同一体现了系统与运作的功能权威一样，这一节是从组织构成的角度来分析系统与运作关系的结构与功能的。从逻辑上说，如果系统和运作是相互作用的，那么这些作用在其真实的时空中都会有某种结构和功能；然而从实践层面来看，为了使这种结构和功能的变化调整不至于破坏系统与运作的基本关系，或者说为了使有效的运作能够贯彻、体现、至少是不违背系统的政治原则或品格，需要某种能够有效控制系统与运作关系的组织形式。因此，这种有控制力的组织形式，就是针对系统与运作关系而设置的某种相对固定的组织构成，其作用方面包括关系的结构和功能，而这种组织构成之所以具有社会联结的特性，主要在于它要把体系得以运作的政治因素和非政治因素整合起来。

当然，这里的政治因素和非政治因素是相对而言的，而且对这些不同因素的整合同样会发生各种政治转换，类似的道理我们在专门政治与一般政治一节已经讨论过了。问题在于，转换的成立本身就依赖不同因素各自互有区别的独立存在，包括性质、特征、形式、作用等方面的区别，因此，整合与转换的根本不同，在于整合以某种组织形式，把转换的功能纳入组织的构成中来，并以此用各种组织形式来承载不同的政治因素。在此意义上讲，具体的功能、至少功能的取向似乎是由某种预先设置的结构来规定的。我们不可能列举出整合所针对的所有政治和非政治因素，但是对于任何一个国家来讲，最基本的整合对象是政党与国家（以及社会）的关系以及党与非党的关系。在政党（以及由政党运作的国家和政府）与社会的关系、党与非党的关系中，政治与非政治因素的区别是比较明显的。在政党与国家的关系中，国家当然也是政治因素，而且从政府的角度来讲更是属于专门政治，不过就这里讨论的话题来讲，由于政党对国家的运作，这两种政治的区别就在于政党是进行整合的主体。比如，在所谓的党政关系中，政党对系统与运作关系的整合显然起着主动的和积极的作用。

在上述两个关系中，中国政治和其他（主要指西方）国家的政治有着根本不同的性质。简括说来，作为政治体系，西方的政党和国家自身都没有运作的党性或政治原则（至少它们都是这样宣称的），相反，它们都把自己交给法律，也就是政党和国家都不能超越法律之上。看起来，法律似乎是某种进行整合的主体，但这个逻辑是贯彻不到底的，因为法律也是人定的，法律本身并不能支撑合法性。所以，即使不作逻辑追究，这里的社会联结也不是法律，而是如何"交给"法律。至于党和非党，几乎就是两个系统，它们在运作中的关系也是根据选择而定的，而且选择的主动权似乎更多在于非党方面，比如是否参加某个政党，以及投哪个政党的票，等等。因此，对于党和非党这两个系统的运作关系来讲，其中的社会联结就是"选择"本身。在中国，情况正好相反，国家、政府、社会以及非党的个人都接受共产党的领导，因此社会联结主要就是指这种领导的方式，从相对固定的结构和功能来讲，也就是某种组织构成。"领导"本身是一种功能性机制,作为社会联结,其结构当然不是指共产党的组织形式,而是指政党这个体系在运作政治时所采用或体现的各种组织构成。对此,我们可以从以下一些主要方面来分析这种组织构成的社会联结作用,或者说,分析它对各主要因素的整合机制。

首先是党的代表性,即共产党的领导地位及其性质的排他性。就民主原则来讲,政党执政的合法性在于公民的同意,所以某一政党在领导地位和性质上并不具有排他性。在这方面,西方政党的合法性不仅是由选举来体现的,而且是由选举来保证的。但是,这并不等于中国共产党的这种排他性和民主性是矛盾的,更不在于一党制和多党制的区别,而在于这两种政党制度所具有的不同性质,即代表和代议。在西方,某一政党通过选举获得了执政的合法性,但是它谁也不代表,而只是代理由大多数人让渡出来的那部分权力的运作,所以叫代议。在中国,共产党的领导地位和性质当然是历史地形成的,但它一经形成,同时也就转换为某种排他性的资格。事实上,共产党执政的资格在于它代表了最广大人民的意愿和利益,所以其合法性所体现的是人民主权,并且是由人民主权来保证的。具体的执政是否真的代表了人民的意愿和利益是一个实践问题,而且它可以由共产党自己来调整,不允许由此怀疑和动摇其领导地位和性质。因此,作为某种政治的社会联结,中国的代表制运作所体现和保证的,是政治系统中这种排他性和人民主权的高度一致,而在西方,代议制运作所体现和保证的,只不过是专门政治对自身系统的某种功能安置。不过,这一段的分析针对是共产党的代表性,至于政体意义的人民代表大会制度将在第七章最后一节专门分析。

其次是党与法的关系,即这两者在系统性质上的一致和运作程序上的转化。前面讲过,政党和法律在西方政治学中是分离的,甚至政党的行为也是由成文的政党法来规范的。在中国,这个关系要复杂得多,只有作为某种社会联结才可能加以解释和把握。一方面，共产党强调自己要在法律的规范下来行为；另一方面，宪法开宗明义指出要坚持共产党的领导。事实上，从上述代表性就不难看出，党和法律在系统的意义上有着逻辑的一致性，因为只有这样，党的领导对于国家主权的体现才具有合理性。相对来说，人民主权是内在自身的和不可替代的，而国家主权从根本上讲是一种选择；人民主权所提供的合法性和国家主权所提供的合理性，共同构成了党和法律在系统性质上的一致性。但是，系统性质的一致性还需要有相应的运作来保证，这就是程序上的转化，或者说，党的意志和要求是由一系列规范的法律程序而形成具体的法律的。在此，党与法并不是一个简单的同一体，而是说，在系统性质的一致和运作程序的转化中，党和法一方面本身就形成了不同层面的社会联结，另一方面，它们的具体关系也是由这些社会联结来保证的。也许，政策层面的情况更能说明这一点，因为至少从运作程序来讲，更多具有法律和法规性质及功能的规范形式，在中国是党的各种会议决议、政策文件以及建议办法。

最后是党与非党的组织构成。如果说，党的领导地位以及党与法律的关系从功能上规定了系统与运作的组织构成，那么，党与非党的关系更体现了组织构成本身的结构特征。换句话说，系统和运作的关系在此可以分为两大结构部分，一个是党的组织和个人，另一个是非党或党外的组织和个人。后一部分的情况十分复杂，可以说包罗万象，但也可以大致化简为专门政治和一般政治两类。在专门政治中，最主要的部分就是政府。与党和法律的情况不同，党组织和政府都是专门的机构，因此在组织构成上，不仅各级政府都由级别相等的党委领导，各级政府的最高首长、主要官员、甚至大部分公务员个人也都是由党员担任的。实际上，这种组织构成就是党政关系中最为合法、最为规范、也最为常规的社会联结。在一般政治中，最主要的部分就是群众，也就是非党员身份的公民。在这个最广义和最一般的社会层面，党一方面通过各种政策和宣传导向来实施领导,另一方面则由专门或非专门的基层组织(比如党支部或社区委员会)来实施领导或者提供示范表率。但是,无论在政府还是其他地方,党内和党外都是严格区别的,也就是党的组织构成都要求其成员不要把自己混同于非党或党外各种身份的个人。对于这种组织构成的社会联结特性,毛主席曾有一个最为形象的比喻,即共产党人好比种子,人民好比土地,这样党才能在人民中生根开花。同样,无论对于专门政治的政府、民主党派、人民团体,还是对于一般政治的群众团体、民间组织、公民个人,这种组织构成本身作为社会联结保证了非党与党在政治上保持一致的最低限度,即主要由党对非党的领导来体现的系统稳定和运作有效。

第三,政治系统的运作机制。

前面说过,体系在观念上的合理性是自我证明的,但是体系在实践中的合法存在却是由系统的具体运作而成为真实的。因此,某一系统虽然有其自己的运作机制,但是就概念的层面来讲,系统的运作机制主要应是指不同体系的连接。这样讲的道理在于,真实的系统虽然可能在观念上属于某一体系性质,但是在运作中却要应对不同的体系关系,甚至自身就包含着不同体系的整合。比如,社会主义经济是一个体系,而公有制和各种其他非公性质的所有制则是这个体系中的不同经济系统。各系统的运作都有自己的机制,但这些机制的协调互动则是针对社会主义经济这个体系而言的,也就是必须保证体系自身的性质规定。这样,形式上是各系统的区别,性质上却是体系的确证和生效。在这个意义上讲,政治系统运作机制的社会联结,主要就是指在体系和系统关系中既能保证体系性质的坚持、同时又能支持系统运作的有效的那些基本因素。

如果把国家实体作为系统的最大基本单位,那么这个系统其实既要面对各种不同的体系,也要整合自身内部的不同体系。比如,各国的政治制度不同,主导的政治理念也不同,因此各国作为独立政治系统打交道的时候必然会涉及如何处理体系间关系的问题。又比如，一国内部不仅有许多作为子系统的政治系统，或者说亚政治系统，而且这些系统的意识形态也可能是有区别的，也就是它们在政治理念上可能程度不同或形式各异地分属各种体系，因此国家或主导的政治系统又必须具有整合这些体系的运作机制。

从上面的情况可以看出，大体说来，政治系统的运作机制至少需要在两个主要方面作体系意义上的连接。一个是国内与国际，主要是处理制度层面的体系连接；另一个是党内和党外，主要是处理权利层面的体系连接。所谓国内与国际，是指体系的实体边界，因为不同制度是在国家层面上实施的；而党内与党外，则是指体系的组织边界，因为现代国家都是由政党来运作的。无论国内国际还是党内党外，作为运作机制这两方面的体系连接都是制度化的，但这些连接本身并不是制度，甚至在系统内也没有固定的结构位置，而是社会联结的功能发挥。在此意义上，这种功能发挥也就是政治系统和政治运作在机制层面所体现的"政治的社会联结"。或许，对此的说明以中国为例更加方便，因为共产党的领导地位，各种情况在涉及与政党的关系时，只要针对共产党进行讨论就可以了。

简括地说，至少相当长一段时期内，中国政治系统在国际（也就是对外）方面的运作机制是开放，在国内则是改革。当然，这只是相对而言的，不过也可以看出，政治系统在保持自身独立品格的前提下，不同的运作机制其实是有其不同的针对的。开放的针对可以说属于政治文明的范畴，也就是承认各国有选择自己政治制度的权利；而改革的针对大致属于民主政治的范畴，也就是国内体系对于不同领域或方面所作的职责及权利调整。就这种开放和改革的一致性来讲，"承认"和"调整"就是政治系统和政治运作的社会联结。党内党外也有着类似的体系连接，但主要是针对权利区分的：在党内，共产党的执政地位是体系自身的权利，在党外，接受共产党领导是社会参与体系运作的权利。相对说来，政治体系与政治运作的具体关系对于党内的意义是执政能力的体现，对于党外则是认同和利益的权衡;而就这种执政和认同的一致性来讲,"能力"和"权衡"就是政治系统和政治运作的社会联结。

很显然,国内和国际虽然有着实体的边界,党内和党外也有着组织的边界,但政治系统的运作机制不仅不局限于这些边界,相反,正是针对这些边界而起作用的。换句话说,如果存在静止的边界,完全是因为有相互区别的不同领域或范畴;而这个边界如果是有意义的,只在于它是边界两方(或多方)互动作用的某种标识。因此,政治系统必须能够使体系意义上的不同标识不至于妨碍系统的运作,即必须在那些分属于不同的体系(比如国内和国际),以及可能不同或有所区别的体系(比如党内和党外)的因素之间建立有效的连接,从而使具体的作用能够符合系统的预期目的或目标。一般说来,系统运作机制对于不同体系连接的借助或依赖,主要是通过社会系统的转换来实现的,也就是把边界的不同标识转化为社会的某种认同。

比如,市场经济和民主政治在国内和国际的含义显然是不一样的,至少是有很大区别的,但由于现代化作为世界范围的文明进程是由各个不同的社会系统为载体的,所以市场经济和民主政治就能够成为不同政治系统的主要运作机制。这种转换之所以可能,正在于体系连接本身是机制性的,或者就是作为机制而具有真实性的。从中国特色社会主义和发达国家的资本主义都有各自的市场经济和民主政治来讲,边界所标识的不同含义是体系性的,但是,不同系统(即国内和国际)的现代化如果是真实有效的,不同市场经济和民主政治的边界就不能是静止的和绝对的。因此,政治系统就把市场经济和民主政治在价值层面抽象出来作为不同体系的连接因素,从而针对这种连接来设置自己的运作机制,甚至就由这种连接来构成自己的运作机制。在这种抽象中,比如市场经济作为公平价值、民主政治作为正义价值而成为社会系统的具体因素,由此,如何把分属不同体系的具体内容转换成社会系统可接受和可操作的一般规则,就成为政治系统一个重要而又常规的运作机制。

又比如,政党执政是现代国家普遍的政治运作机制,于是对于运作机制的适用域和有效性来讲,就有一个党内党外的区别。在中国,政治运作机制的一个基本原则是共产党领导,因此,如果这种机制对于领导关系的构成各方(即党内和党外)都是真实有效的,就需要有体系层面的连接因素。这样讲并不是说其他国家的政治运作没有这个需要,只是这个特点在中国最为突出罢了,因为这个原则的合理性就在于共产党执政的合法性,而合法性作为一种能力,其真实性主要取决于对体系边界的把握和操作。作为边界的另一方,由党外人群或团体构成的社会无论如何认同党内这个系统,在体系归属上毕竟是(至少允许)不同于党内。因此,从政治系统的运作机制来讲,共产党领导的实际意义并不在于党内的权力结构和组织纪律,而在于这个机制对党外的适用域和有效性。具体说来,共产党作为一个政治系统当然要强调自身的执政能力建设,或者说是执政水平和实效的提高,但是执政是一个对象性行为,因此必须具有各种机制性的社会联结,使得党内和党外能够共同构成共产党领导的适用域和有效性。事实上,统一战线、政治协商、和谐社会等基本政治制度和要求,都是这种社会联结的机制体现。

五、意识形态与文化政治

相对前面讨论的那些概念来说,意识形态和文化政治更多具有某种工具特性,也就是说,它们的概念含义在理论上并不总是很清楚的,但的确又都真实地承担或发挥着某种政治作用。事实上,正是这种情况表明,意识形态和文化政治的真实含义和功能作用是由各种社会联结支撑着的。然而,长期以来,政治学一方面对意识形态有着严重的误解,并有意无意地在贬义上使用或对待意识形态,另一方面则几乎完全忽略了文化政治的存在、含义及作用。因此,通过对意识形态和文化政治各自含义及其相互关系的说明,可以比较具体地看出这个概念关系是如何在学科意义上作为社会政治的重要构成部分的。

第一,关于意识形态。

意识形态的含义并不复杂,而且也是通用的概念,但是,在对意识形态的看法和运用中却存在着一些根本性的误解和歧义。因此,这里的讨论并不在于给意识形态下什么定义,而是通过澄清和阐明这些误解和歧义,指出它作为社会政治所具有的真实含义。

按照我们一般的解释,意识形态是指对世界和社会有系统的看法和见解。不过,这种解释容易和"世界观"相混淆。从马克思和恩格斯对"意识形态"的运用来看,大体是指社会上占统治地位的精神力量。问题在于,马克思开始也是在批判的意义上使用"意识形态"这个概念的,但是后来又用历史唯物主义和辩证唯物主义的立场、观点和方法阐述了意识形态,这就使得作为概念的意识形态的真实含义有了一个历史的变化。开始,马克思把他所要批判的一种错误的哲学观点叫做"意识形态",因为这种观点自以为它所说的"意识"具有哲学的纯粹特性,是一种自足自为的形态。对此,马克思指出这种所谓自足自为的形态其实是一种彻底的唯心主义,并把"德意志意识形态"作为其典型代表进行批判。后来,意识形态在马克思那里成了另一种含义的专门概念,根据他用历史唯物主义和辩证唯物主义对这个概念的阐述,指的是上层建筑的某个构成部分,其范畴含义和功能在于它为说明上层建筑(包括哲学和宗教)的合理性和合法性提供了某种特定的抽象形式。①

这一历史变化表明,意识形态作为范畴的独立是和革命联系在一起的,即革命在变革生产关系的时候,需要有一套理论或学说来阐明这种变革的合理性和合法性。但是,意识形态本身并不是革命

---

① 马克思和恩格斯:《德意志意识形态》,见《马克思恩格斯选集》第1卷,人民出版社1995年版。

理论造出来的，恰恰相反，是由于已经存在着作为革命的对立面的意识形态，所以革命的要求不得不包括揭露既存意识形态的不合理性，同时提出革命自己的意识形态。正是在这方面，意识形态生成了一个其他观念形态都不必具有的政治特性，即意识形态不仅提出了其政治理想的兑现承诺，而且就把依这种理想的奋斗本身作为承诺逐步得到兑现的真实状况。当新的（即科学社会主义的）意识形态被提出来之后，不同的（主要是资本主义和社会主义的）意识形态不仅在理论上主张和辩护自己的合理性与合法性，更重要的是，这些意识形态有了各自的实体承载。这个实体就是国家，主要就是资本主义国家和社会主义国家（初期是各种社会主义或共产主义政党）。于是，本国的需要以及国与国之间的斗争使意识形态的作用越来越大，理论对立越来越渗透贯彻到对各具体行动（包括立法、政策、经济建设等）的实际影响和制约之中，并且终于使意识形态自身具有特定的政治功能。

这个"特定"主要就是针对社会联结而言的。一方面，对立的意识形态如果是有效的，它必须转换为社会认同或遵从的价值观、甚至行为规范；另一方面，某种意识形态要证实自己的合理性，往往会把它的政治理念说成是社会的普遍道理或规律。正是在这后一方面，社会主义与资本主义有一个根本的区别，即社会主义主张在改造客观世界的同时改造主观世界，也就是造就一种"新人"，而资本主义却是以迎合个体利益来说明其政治理念的正义性的，也就是自由主义。意识形态的这种功能特征在两大国际阵营的冷战中得到了集中体现，但是资本主义由于害怕自身的改造，就把自己的意识形态藏起来，只在贬损的意义上指责社会主义的意识形态，甚至使得"意识形态"成了用来指责所谓社会主义政治专制和思想禁锢的特征化术语。冷战结束后，这种误解和偏见不仅没有被自觉认识，相反，现行政治学或者是出于天真、或者是别有用心，竟然用大谈"意识形态消亡"来回避或诋毁意识形态。

从上可以看出，意识形态这个概念的真实含义至少应包括两个基本方面。其一，主要借助政治力量而形成的、并且在某一社会中和历史时期实际上占主导（或统治）地位的价值观；其二，作为一种政治理想，不仅承诺要改变现状（包括精神和物质），而且就把对此的贯彻执行当成其承诺的兑现。事实上，如果撇开具体意识形态在旨向上的不同，意识形态的最本质特性就在于对特定"承诺"的宣称和坚持，以及关于承诺"兑现"的含义理解和形式运作。不过，整体说来，这种价值观和政治理想之所以具有社会政治的特性，主要在于它们表明和实现着某种机制性的现实功能，即一方面是对包罗万象的关系的一种导向性政治抽象，用来表明各种社会因素如何在同一时空中活动起来的根本维系，另一方面是某种政治兑现的形态，即试图或者实际上以某种权威的方式规定着各种社会活动的政治形式和效用。

第二，关于文化政治。

就概念的名称表述来讲，从前面的"文化"就不难看出它的社会联结特性，但是真要说明它的含义却很困难，因为现行政治学里没有这个概念，只有"政治文化"。一般说来，政治文化被认为属于政治活动中的主观领域，包括对政治权威的态度、对政治理念的信仰、对政治归属的情感，以及价值观认同甚至各种政治认知等。这种看法是符合现实的，但它本身是表述性的，表示对于政治（包括其理念、制度、价值、形式等）的态度，其中的"文化"是名词。与此不同的是，"文化政治"主要是功能性的，即"文化"作为某种功能性的形容词，用来表示特定的政治是以什么方式来活动和生效的。事实上，虽然文化政治在现行政治学中找不到相应的概念，但它在各种政治制度和政治活动中都有着真实的体现。

简括地说，文化政治就是指以文化的方式或形态来运作政治，其基本特征在于以非权威强制的方式实施并达到某种政治意图或效果。从概念的角度讲，关于文化的定义本来就很多，而作为某种政治运作方式的特征化表述，文化政治中的"文化"含义大致类似于某种道德为善意义上的价值规范和行为习惯。因此，这种运作方式不仅借助大量的社会联结，而且其本身就是一种政治的社会联结。不难看出，文化政治的特性使它具有很宽泛的适用领域，为了便于问题分析的集中，可以从一般形态和特定作用这两个层面来讨论文化政治的功能含义或特征。不过，这两个层面的区分是相对而言的，因为前者实际上就是对政治文化各主要功能共同的形态特征的一般表述。

就一般形态来讲，文化政治大致可以看成是一种政治运作策略，其突出的特征在于内容与形式的同一。这里的"策略"主要是功能性的，即无论运作者自觉还是不自觉，文化政治总是在策略的意义上起作用的。至于内容与形式，当然是一种哲学表述，在此的意思主要是说，作为内容的政治理念总是有与此相应的形式载体。比如，在一个具体的政治系统中，如果政治理念（往往可以用某种"主义"来标识）作为内容，那么与此相应的制度和政策（包括政治、经济、社会、文化等领域）就是形式。文化政治的策略功能，就是使这种内容与形式得以作为具有同一形态的整体被对待，也就是说，政治理念所宣称或主张的内容与其运作形式是不可分割的。这种策略的有效性正在与它的一大特征，即处于文化政治这种运作形式中的人一般感觉不到、或者不去刻意考虑自己的行为是否是由某种权威所强制，就接受了这种权威的政治要求。

具体说来，无论什么样的政治制度和政治活动，都有其相应的内容与形式，但是，这两者并不总是协调一致的。造成这种情况的原因很多，比如对现实了解得不充分或不准确、决策上的失误、迫不得已的权宜、甚至是出于某种欺骗等。很显然，这种不一致对于政治的发出方是有危险的，因为这不仅有可能受到政治接受方的抵制或消极对待，以及其他的政治发出方的道义指责，而且还可能由于政治接受方的利益受损或不满，导致既有政治系统的不稳定甚至瓦解。因此,除了不得已的故意欺骗,政治发出方并不希望出现内容和形式的不一致,而且在任何一种不一致情况出现的时候,都希望能够得到接受方或其他发出方的理解或谅解,至少是不致遭到指责和反对。但是,由于程度不等的内容与形式的不一致几乎是不可避免的,而政治发出方又不希望出现因此而产生的指责反对或混乱瓦解,于是只有一个办法,就是使政治接受方(或者说公众)自己能够最大限度地为这种不一致负责。显然,不管具体的做法如何,要想达到这种负责的效果,接受方就不能对象性地对待内容与形式,也就是说,内容与形式对他们来说必须是同一的,所以一般才不会或不至于因为运作形式的缺陷或失误而指责或反对政治内容本身。

文化政治恰好具有这样的功能,因为它总是尽可能地以文化的形态运作政治,从而使具体的政治内容(尤其是政治理念)显得就是它的形式。比如,民主是一种国家形式,市场也是一种经济运作形式,但这两者同时又都是道义为善的价值内容。换句话说,民主政治和市场经济既是某种政治理念的主要形式体现,也是这个理念的核心内容构成。事实上,这种情况的形成与文化政治的运作是互为表里的:某种理念只有在文化的意义上才可能是内容与形式同一的;只有成为某种文化的政治才可能被主体(这里主要指公众)作为一个整体来接受或反对。比如,当市场经济在文化的意义、层面或形态上被接受的时候,不管某个政治体系或系统实施市场经济的具体做法是否合理有效,对这些做法的批评和建议都不会指向对这个政治体系或系统的指责和反对;反过来,当市场运作机制仍然在形式的意义上对应于作为内容的某种政治体系或系统的时候,赞成或反对实施市场经济的争议态度就会直接指向这个体系或系统。比如说,在中国,这种矛盾就叫做所谓的"姓资还是姓社"。在民主政治方面的情况也是一样:只有民主被宣称并被接受为政治改革的导向的时候,具体的改革内容和形式才可能以文化的同一形态来支撑和保持体系或系统的政治稳定。

　　需要说明的是，内容与形式的同一作为某种运作策略，在文化政治来讲既是自觉的行为，更是自然的状态。所谓自觉，当然是指策略的制定和运用，但这种制定和运用在文化政治来讲并不是对象性的，而是其得以成立的要素支撑；所以，从实际功能上讲，这种策略就是文化政治自身的一种状态体现。正因为如此，主体（主要指公众）的负责也是既自觉又自然的：一方面，某种政治是以内容与形式的同一形态成为主体自己的文化的；另一方面，主体几乎没有办法对此作内容与形式的分割或分离。

　　以上是关于一般形态的分析，现在来讨论特定作用这个层面。不难理解，内容与形式的同一是一种抽象的表述，用来说明文化政治运作特征的一般形态，所以对于文化政治的特定作用来说也是普遍适用的。但是，从功能的运作范围或实现对象来讲，这里的"特定"主要是指具体的政治领域或活动。因此，虽然需要分析的是文化政治在这些领域或活动中的作用，但却不意味着这些领域就是文化政治专属的、或者说文化政治只有对这些才能起到的作用。显然，政治领域或活动很多，不过就概念关系作为社会政治构成部分的重要性来讲，以下主要针对国家、政党以及社会变革等领域或活动方面来讨论文化政治的作用。

　　对于国家来讲，文化政治是其合法性的情感维系机制。在谈到这种情感维系时，现行政治学主要侧重的角度是民族凝聚和历史传统，但是，这些因素更适合用来说明对"祖国"而不是"国家"的情感维系作用。事实上，对祖国的热爱和忠诚并不等于认同这个祖国的国家制度，也不妨碍对这个制度的反对，甚至还可能是反对这个制度的动力或原因。事实上，马克思在号召全世界无产者联合起来时关于工人没有祖国的说法、列宁在呼吁结束第一次世界大战时把保卫祖国视为反动口号的做法，都表明了这种情况的真实性。这些做法的普遍正确性都是出于同一个道理，即一方面祖国的时空是确定而真实的,并且是国家得以成立的载体,但是另一方面,对于国家制度的选择并不能替代对祖国情感的忠诚。

因此,文化政治作为国家合法性的情感维系,比民族凝聚和历史传统之类的因素更为直接,也更加有效。因为它能在一种既重叠又区别的关系中建立文化层面的社会连接。所谓重叠,主要指现代意义上的国家保证并实现着祖国的存在;而区分则是指对国家制度、甚至是国土空间的选择(比如联邦、邦联、甚至分成若干个国家等)。在这种既重叠又区分的关系中,情感维系不仅是自然形成的,更有赖于自觉的培育和创制,并由此生成国家合法性的情感支持或凝聚因素。比如,"中华"和"中国"不仅在字源上有重叠的核心部分(即"中"),而且"中华民族"的情感维系只有经由、或者就作为一种文化政治的转换,区域民族自治才是与整个国家制度性质相一致的构成部分。不难理解,这种培育和创制是机制性的,否则国家的合法性将是不合逻辑的和缺失导向的。当然,国家的合法性并不仅仅来自情感,更不取决于情感,但是,情感因素在此的重要性却不仅仅在于它支持、丰富了国家的合法性,而在于它是必不可缺的。这种必不可缺的重要性包括两个主要方面,即国家的统一稳定以及国家和祖国的重叠一致。

与古代宗法制度和封建社会的君权神授或者政教合一不同,现代国家的合法性是由公民对国体性质和政体形式的认可来保证和体现的。至少从理论上讲,宪法作为国家最根本的成文法,并不能说明这个国家的合法性,因为法律本身的合法性和权威性是由公正(Justice)来支持的。从实践来说,超历史的或绝对的公正更是不存在的,而公民对国家合法性的认可程度和方式在不同的国家也是不一样的。因此,至少从形式上讲,在提供和支持国家合法性方面,情感维系就成了最宽泛也最恒定的领域或因素。所谓宽泛,不仅是指情感的具体针对可以无所不包,而且还在于情感的具体内容也可以变化各异。所谓恒定,不仅是指人总是有情感的,更在于国家和祖国的重叠一致必须由相应的情感指涉来保证。因此，在国家的统一稳定与国家和祖国的重叠一致方面，情感维系机制的主要作用，是使国民对国家的认同成为国民和国家双方共同的文化，而这种作用所具有的，正是文化政治的性质和功能特征。比如，与"公民"这个法律概念不同，"人民"就是一个文化政治概念，而这个概念的性质确定和内涵运用，就作为一种情感维系的机制，合乎逻辑地解构了国家政治体系中国家与国民的统治与被统治关系。就中国的情况来看，一方面，"公民"在这个解构中依然存在，而且基本上是和"人民"相重合的，所以才可以把人民当家作主的意义抽象出来，由此来提供、甚至等同于国家的合法性；另一方面，作为人民的对立面的人构成了专政的对象，尽管这些人可能仍然是法律意义上的公民，但更多的情况则是或者部分缺失了公民权，或者其政治权利是明确规定被"剥夺"的，而且这种剥夺是有明确期限的，比如被判处所谓"剥夺政治权利终身"。

在上面的实例中，"人民"概念的确定和运用本身就是一种文化政治，其中一个重要的社会联结，就在于为这个概念的法律和政治含义注入了明显的情感因素，而关于国家合法性的各种问题，也是以对"人民"的自我认同为前提的。比如，中国对"一国两制"的实行、在"一个中国"原则内解决统一问题的主张，以及中央政府关于把两岸统一寄希望于台湾人民的表示等，都是文化政治特定作用的具体体现，也就是使得对于不同政治系统的关系处理具有国家层面的合法性。在这里，情感维系的功能机制，主要体现为把国家政治融入诸如民族凝聚、历史传统、文化情感、甚至幅员确定等"祖国"的构成因素中。"人民"的情感维系作用还可以超越政治体系和系统的区别甚至对立，使国际政治的运作不致妨碍本国的统一和稳定。比如，在中美两个政治制度完全不同的国家需要表示相互友善的时候，双方都可以称对方的"人民"是"伟大的"。在这种文化政治中丝毫不存在虚伪，相反，"伟大的人民"对于这两个国家的合法性来讲都是真实的。

从政党的层面来讲，文化政治是公民对政党政治的认同形态。在现代社会以前，政党就是各种秘密团体或组织，而在今天，国家和政府的运作离开政党则成了难以设想的事情。换句话说，撇开具体的政治理念和政党制度不谈，政党的存在是现代国家运作的必要条件，因为至少由于各个领域活动的高度分工化、各种利益关系的高度复杂化，以及各方信息沟通的高度便捷化，公民整体的自我管理不得不由少数人来担任，而从专门职业和固定组织的角度来讲，这个少数人群为了某种政治理想和实际权力，不得不构成了政党的组织和运作形式。

但是，个体公民对政党存在的这种必须性并没有太多的关注，他们更多关心的是执政党的具体政策，也就是自己的利益诉求能否得到表达和实现。换句话说，公众的关心指向总是具体的政党政治，因为所谓政党政治，指的就是政党运作、政党制度、政党建设以及各政党之间的关系等内容。因此，政党政治不仅直接制约着执政党的具体政策，而且公众与政党政治的相互关系主要就是由这些政策的实施和实效来维系和体现的。因此，对于某种政党政治的合理存在与合法持续来讲，一个必要的条件就是，如果执政党的政策和公众（其实是不同的团体和阶层）的要求不一致，甚至由此损害了部分或整体公众的利益，也要有某种办法使得公众不至于反对这种政党政治，至少是不至于反对政党政治本身。

尽管上述的各种办法可以根据具体情况而多样各异，但它们共同的特性就是文化政治，也就是使这些办法本身在机制的作用层面上成为公民对政党政治的认同形态。这样讲的根据主要由三个方面。其一，公民对政党政治的认同成了一种文化。其实，这种情况已经是普遍的事实了，但是，不管政党本身自觉与否，这种认同只能在文化的形态上才是可持续的，因为对某种政党政治的反对并不会导致对政党运作的否定，而政党的消亡更是只有在观念意识和行为习惯的整体变化中才是可能的。其二，政党与政策的区分。几乎所有政党都不愿意遭到公众的反对，为此，至少需要把政党制度和政党间关系这两个因素与具体政策区分开来。这样，具体政策就成了某种相对独立的规范导向和功能机制，公众依据这些导向和功能与政党政治发生的关系就可能具有社会联结的特性，或者说维持在社会连接的运作或策略层面，而不致涉及具体的政治理念、政党竞争、甚至政治制度。其三，政党政治的责任。从前两方面可以看出，公众对政党政治的认同或者是习惯形态的，或者是抽象形态的，它的真实含义在于，政党应该对制定和实施对公众有益的政策负责，而且它有能力做到这一点。事实上，这是公众认同所赋予的一种特权，它以超越政党政治的文化形态维持着政党与公众的共存关系。

文化政治对于社会变革的作用比较清楚，简括说来，最主要有两点，一是提供准备条件，二是保持稳定。所谓提供准备条件，从时间上说既包括变革前的宣传鼓动，也包括变革过程中的观念导向，甚至还有对变革阶段的任务划分及其后继转向等问题的阐释。至于保持稳定，一方面是针对社会整体而言的，另一方面也包括专门政治内部。不难看出，这两方面是互为表里的，但在实际运作中后一方面往往更为重要。这种重要性也可分为两种情况。一种情况是剧烈的变革，比如革命，这时不仅专门政治必须有清楚明确的意识，领导群体更需要团结一致，而且只有在这种情况下革命才可能建立自己的秩序。另一种情况是改革，它本身的成立和实施就是以专门政治的性质延续为前提的，否则，改革将会由于缺失合理性和合法性而成为不可能。事实上，这些做法的共同特点，就是可以用某种文化形态来运作政治，或者说是文化政治的相对独立性。

第三，关于意识形态与文化政治的关系，以及这种概念关系作为社会政治构成部分的含义。

从概念上讲，意识形态与文化政治的关系包括三个主要方面。

首先，意识形态在工具理性的意义上使政治社会化具有本体性质，所以它才能够使其承诺不必由后继的结果来支撑，而是把承诺的宣称和实施就作为兑现本身。因此，文化政治并不必定从属于哪个既定的意识形态，但却可以为意识形态提供某种社会认同机制，从而使意识形态的强制性得到缓和。第二，意识形态使政治体系的观念内容得以坚持和维继，并对社会层面的思想和行为发挥导向作用；而文化政治更多的是为政治系统提供价值选择形式，从而尽可能减小政权（政府）与社会（公众）、各政党、各阶层或群体等方面的利益冲突。第三，相对说来，在同一个政治活动中意识形态是内容，文化政治是形式，但是，不仅这两者的联系有赖于各种社会连结，而且它们的概念关系就是一种政治的社会联结。

虽然意识形态和文化政治所起作用的领域或方面并不一定就是观念本身，而且事实上这些作用总是有其具体的和物质的结果，但是它们赖以起作用的功能却是观念性的，即从观念上对各种社会联结进行导向性引领或控制。换句话说，上述关系是以观念为对象的，或者说是观念层面的社会连接形态。因此，作为社会政治的构成部分，意识形态和文化政治的关系所表明的是政治系统在观念层面对社会联结的主导性运作。在此意义上讲，上述概念关系的三个方面所体现的，就是这种运作的功能作用，也就是说，意识形态和文化政治在政治活动中的不同功能构成并体现着社会政治的某些具体内容。毫无疑问，这种不同的功能区分只是相对意识形态和文化政治的概念关系而言的，而在实践中它们总是相互支撑的，并共同构成和发挥着某种社会政治的内容和作用。如果将这些功能作用作为社会政治构成的内容，那么，就可以从与上述概念关系大致对应的角度，把它们的含义概括为三个主要方面，即本体性质和认同机制、导向原则和价值选择，以及观念层面社会联结的内容和形式。

第一个方面，本体性质和认同机制。

所谓本体性质，主要是指意识形态把政治体系的理念本体化了，或者说是以理念本身的自足自为来确证某种政治活动的性质；而认同机制，是指文化政治为理念目标的贯彻和实现所提供的实施形式。上面说到，马克思批判了所谓纯粹的哲学，但是意识形态却由于革命的因素从此获得了独立。但是，这种独立并不是精神自己的运动，恰恰相反，是适应物质活动而相对独立的上层建筑的某种存在形态。因此，意识形态的本体化其实是工具性的，也就是把某种政治理念作为合理合法的观念导向，并使其推布和实施具有（至少是潜在的或暗含的具有）某种强制性。这种强制性的主要体现，就是承诺和兑现的一体化。具体说来，意识形态不同于一般观念、甚至不同于所属体系的政治理念的地方在于，它总是有一个明确的承诺，即指出要对既存的部分或全部现状作哪些改变，以及要变成什么样子。问题在于，这个承诺虽然可能有后继的实现成果，但却不必靠这实现成果来支撑，相反，它要求遵从者把为此承诺所作的奋斗就当成是当下的兑现。在此意义上讲，意识形态是作为某种本体根据和形式来服务于政治理念的。比如说，夺取政权的时候有无数革命先烈牺牲了，就他们的行为体现了某种坚定的政治信念来讲，牺牲本身就是兑现，叫做死得其所、重于泰山。又比如，人们愿意把改革开放取得的成绩首先归功于党给出了好的政策，但是，政策的承诺与要求同党中央保持一致是互为表里的，因此这种保持一致就是承诺的兑现。这些说法的真实性以及这些做法的可能性都在于，意识形态的本体性质不仅仅是一种抽象的表述，也不能只用强制的办法将其作为指导行动的原则，相反，它的具体要求和有效运作是由某种认同机制来保证的，而这个机制不仅是通过文化政治来体现或实施的，而且往往就是文化政治功能性的存在形式。因此，意识形态的本体性质和文化政治的认同机制是既相对区分又互为支撑的，而这种关系是作为某种社会政治的构成部分或活动状态才具有其真实性的，否则意识形态的强制性性质的确证就会缺失合理性，同时文化政治认同性机制的实施也就会缺失合法性。

第二个方面，导向原则和价值选择。

意识形态独立以后，它在政治学以及政治体系中的运用都具有范畴的意义，而且实际上主要被用做政权执掌者确证其政权和施政的合理性与合法性的一种工具。但是，这个范畴的实际含义总是体现为各种导向原则，因此，意识形态在具体行为中的落实和有效，一方面需要有导向的明确性，另一方面还需要有原则的包容性。换句话说，使意识形态的导向刚性与原则的灵活性相一致的要求和做法表明，这种一致不仅体现了价值选择的支撑作用，而且真实地构成着某种具体的价值选择。因此，意识形态和文化政治在这方面所构成的社会政治主要是一种规范习惯。一方面，原则的包容性和灵活性提供了选择的自主空间；另一方面，导向的明确性和刚性使得选择所依据的价值内容在很大程度上是被规定的。这样做的实际效果在于，由于文化政治的选择功能和特征，政治生活中的行为者（即公众）不会明显感到意识形态是对他们的某种外在要求。相反，意识形态似乎不再是某种对象性的强制导向，而其各种承诺的提出和实施也就有可能作为某种习惯或以习惯的方式成为政治生活的具体内容。比如，同样是社会主义建设，同样都要求发展，"以阶级斗争为纲"的对象性使得矛盾总是以各种对抗性为原则或前提；而"以经济建设为中心"则以选择的姿态逐步形成处理各种利益差异的规范。事实上，意识形态和文化政治的关系对于这个变化的作用体现为某种政治逻辑的解构。也就是说，无论从逻辑还是历史来讲，意识形态都不断经历着由作为政治工具到自身成为社会运作机制、再到被各种社会化选择所解构的变化过程。同时，这也可以说是另一种政治逻辑的建构，因为正是在前述那些变化中，意识形态的政治作用和兑现形式总是在文化的意义上成为现实的。具体说来，它使人们逐步习惯接受某种价值观，并由此体现着社会政治联结对于国家制度的基础稳固和合法性程度、不同利益集团在制度过程中的关系，以及政府政策的实际效率等方面的作用状况。

第三个方面，观念层面社会联结的内容与形式。

从上述两个方面可以看出，意识形态和文化政治总是同时起作用的，也就是以其相辅相成、相互支撑的关系，构成着各种真实的社会政治功能和方式。这种"真实"可以从两个方面来理解。一方面是指某种现实的观念，因为具体的活动虽然有其物质形式和结果，但是意识形态和文化政治的关系所给出或提供的应该是各种理念内容和行为根据，比如性质表述、认同心态、观念导向、价值判断等等。另一方面，这些观念是以各种社会联结的形式、并且就作为各种社会联结因素存在的，否则意识形态只是某种学说或理论而已，没有必须遵从的实际功能。因此，当意识形态和文化政治的关系作为社会政治生成时，相对说来，意识形态更多表明了特定社会政治的内容，而文化政治则是其相应的存在形式（包括活动、机制等）。之所以这样讲，主要在于这些关系的共同特征都是对意识形态承诺的间接兑现，这至少是因为，当意识形态集中体现了某种政治理念时，总需要通过某种价值观认同来维系各种政治因素的协调运作。

事实上，内容与形式问题所反映的一个基本事实就在于，由于三个主要原因，意识形态的兑现总是间接的。其一，意识形态的承诺和兑现是一体化的，几乎不可能以对象性方式区分出兑现的内容及其时空位置，所以必须寻找某种中介方式才可能真实地实施；其二，意识形态本身具有延续性，具体的兑现总是同时预示着后继的承诺，所以延续就是兑现的间接形态；其三，更重要和更真实的情况还在于，政权（或）国家可以根据政治理念或利益需要来规范公众的政治参与方式和程度，而公众对这种规范的认同却很少真的是某种观念或意见一致的结果，更多的还是各种文化认同的惯性，而惯性的成立总是具有间接特征的。

比如，改革开放既是内容也是形式，而就改革开放本身来讲，内容的定性应该是社会主义，或者说中国特色社会主义，发展

（或者主要指经济发展）则是形式。但是，改革开放有许多具体的工作方面，如果这些方面自身的内容与形式是统一的或一致的，那么就会有一个共同的要求，实际上也是它们体现出的一个共同特征，就是发展、改革与稳定的协调同步。显然，做到这种协调同步需要把握和处理各种社会联结，而这种把握和处理本身就是某种社会政治的真实状况。在这种状况中，意识形态和文化政治的相互支撑和共同作用，保证并体现了各种社会连接活动或过程本身所具有的内容与形式的一致性。

六、现代化运动与社会政治

上述各小节所说的概念关系都以不同的方式体现了社会联结的内容及其连接形态，同时也表明和构成了社会政治的不同内容方面。但是，"社会政治"不仅是这些基本概念及其关系所属的学科表征或专门术语，它本身也是一个基本概念。在这个意义上讲，与社会政治关系最为直接和内在的一个概念也许要算是现代化运动了。这样讲的根据主要有两个。其一，社会总是在变化的，如果把这个变化叫做发展，那么当今社会最普遍的发展特性就是现代化，而如果现代化能够以运动的形式来进行，甚至本身就是一场持续的运动，那么它不仅具有社会政治的特性，而且还是现实政治得以可能的基本前提。其二，现代化运动和社会政治都具有政治生成和维系的特性，与此同时，现代化运动还潜在的作为政治生成和维系的根据或标准，为真实的社会政治提供合理性。

事实上，上述两个根据本身就是需要说明的，因为现在的普遍情况是，无论学术界还是一般公众，不仅对于现代化的理解十分混乱和模糊不清，甚至被现代化运动所挟裹却浑然不知这是一场几乎没有尽头的运动。不过，本节的讨论同时也就是对这两个根据的阐述，所以现在只需要从现实和逻辑的角度指出，分析现代化运动与社会政治的概念关系的基本前提之一,就是对现代化的理解。从现实来讲,对现代化真实含义理解混乱的主要原因,正在于所有人都把现代化看做理所当然的文明进程(正如现行政治学把政治视为不证自明的现象一样),而文明进程所包括的内容实在太多了,以至于所有人又都很难准确说出什么是现代化(正如现行政治学看不到社会政治的存在一样)。从逻辑来讲,之所以对于使现代化得以合理合法的现代性的讨论观点各异、甚至立论相左,正在于没有看到是社会政治的特性容纳了这些各异的观点和相左的立论,当然也难以认识到现代化是以运动的形式将每个人裹挟其中的。准确地说,这种前提界定和含义讨论是互为因果的,否则现代化运动和社会政治的概念关系将无从谈起。

简括地说,现代化运动与社会政治的概念关系是指某种运动的非对象性形态。一方面,现代化以运动的形式生成和维系着真实的社会政治;另一方面,社会政治的特性功能使得现代化能够、甚至必然要采取运动的形式并成为这个运动本身。看起来,这种非对象性似乎具有循环论证或相互支撑的特点,但这个特点所表明的,其实是社会政治最基本也最为宏观的现实背景,而所谓这两个概念有着最直接和最内在的关系指的也就是这个意思。具体说来,可以通过讨论两个方面的问题来理解这种概念关系,一是现代化运动的社会政治特性或含义,另一是现代化运动对社会政治生成与维系的作用;而对这两个问题的分析其实也就说明了这一概念关系作为社会政治构成部分的含义。

第一个问题,现代化运动的社会政治特性或含义。

我们在导言中说过,社会政治是指由政治的社会联结所构成的某种政治形态,而对于现代化来讲,这种政治形态就是某种运动本身,或者说是它的内容和形式的一体化。这个运动的社会政治特性在于,它通过对各种社会联结的运作,一方面把社会认同的某种文明形态加以权威化,另一方面则由这种权威化本身导引着社会对文明形态的价值判断和认同取舍。因此,所谓现代化运动的非对象性,一方面是指参与运动的主体(其实就是所有的人)和运动本身是一体的,并不觉得有什么外在的强制性,另一方面,运动的可能性和现实性(或必然性)正在于各种政治的社会连接的功能实现或自我展开。

不管怎样界定现代化,自从1960年在日本召开的"箱根会议"以来,对现代化的理解实际上一直包括两层含义,即内容和标准。从内容来讲,现代化是指与"传统社会"相对的一种文明形态,其含义大致包括民主政治、市场经济、工业化、城市化(其实这些"化"是没有尽头的,比如后来又发展出的信息化、全球化、生态化等等)。从标准来讲,就是列出一些指标,比如人均GDP、人均寿命、城市化率、生态环境状况、甚至犯罪率、人均病床数等,用以表示某个社会(或国家)的现代化达到什么程度了。但是,之所以会以这些内容和标准来理解现代化,根本原因并不在于文明演进的必然性和价值取向的为善性,而在于发展的不平衡。简单说来,虽然各国自然条件不同,但大多数国家的自然条件都能够支持本国人口的生活和发展。因此,从人为的角度讲,由于世界上各个国家的政治制度各不相同、经济发达程度差异明显,于是就产生了一些相互关联的问题,即经济发达程度是否和政治制度有关,发展中(或"落后")国家是否能够迅速缩小与发达(或"西方")国家的经济差距并最终赶上来,发达国家的做法能否成为现代化程度较低的(或"后发现代化")国家的榜样或模式选择,以及最后,如果上述答案都是肯定的,那么这种状况是否具有必然性。

事实上,所有关于现代化的理论对上述问题都是持肯定态度的,尽管肯定的侧重和程度有所不同,衡量现代化的指标也多有变化和调整。在这种肯定中,现代化的非对象性就是从上述内容和标准两个方面来理解的,并且体现为这两个方面的整体要求。所谓内容,主要就是指民主政治、市场经济、工业化、城市化(以及信息化、全球化、生态化等）；至于标准，就是社会文明各在这些主要方面的建设（或"化"的）程度。但是不难看出，即使对现代化的内容有高度的认同，具体的内容方面不仅可以有各种存在和运作形式，而且这些内容在其要求、目的、方向等方面的实际情况也是很不一样的。比如，中国特色社会主义的民主政治和市场经济就与西方国家的民主政治和市场经济有着本质的区别。至于标准，主要就是在肯定上述内容的前提下，对具体现代化水平或程度的一种量化。但是这样一来，某种标准（或者说指标体系）既是一种主观的价值选择，更是一种维护特权和获取利益的竞争手段，所以只能体现为一系列不断攀升、永无止境的量化指标。比如，发达国家一方面根据自己的竞争能力和发展优势制定许多市场运作规则和环境保护标准，另一方面又为了维护自己的既得利益将其生产成本、资源消耗以及环境污染转嫁给发展中国家。即使是在诸如节能减排、保护生态和环境等这些具有高度共识的问题方面，对于如何制定和运作相关的现代化指标，发达国家和发展中国家、甚至发展势头强劲的和更为贫穷的国家之间也是争论激烈，难以达成一致。对此，2009年末的哥本哈根会议就是极好的实例，而且争执或指责的各方所持的道理或根据大多是政治性的，甚至就转换或体现为不同的政治要求或态度。

上述情况表明，在对现代化的普遍认同中其实存在着某种逻辑的偏向和事实的误解。从逻辑上讲，现代化所表示的，只能是在范围和程度上不断确证和展现某种性质和特性的过程，因此"实现现代化"的表述是自相矛盾的；从事实来讲，民主政治、市场经济、工业化、城市化、全球化等等只是一种宣称或选定的价值导向，并不具有文明模式意义上的确定内容，各种量化标准更容易、事实上也就成了竞争的共同手段。

针对这种情况，十多年来我一直认为，现代化的真实含义就是世界范围穷国追赶富国的竞争过程，而且这个过程几乎看不出有中断或停止的任何可能。① 由此，现代化的真实含义主要包括几个方面的内容，即世界、穷国、富国、追赶以及竞争等；而通过对这些内容方面的说明可以看出，现代化不仅是某种内容和形式一体的运动，而且这个运动与它的社会政治特性是互为表里的。

首先，现代化是世界性的。现代化之所以可能，是因为"世界"作为一种文化范畴的生成，而追赶则是这种文化内涵最主要的形式特征。不仅在地域（空间概念）上，而且在政治制度、生活方式、价值取向、道德标准等各方面，"世界"成了每个国家的文化参照。这种参照不是指"世界文化"，也不是指哪一种文化，而是指一种普遍的机制性功能，任何一个国家都不可能不考虑这种文化范畴的世界因素而采取任何有意义的行为。简括地说，这个机制性功能就是为追赶和竞争提供了一个参照，叫做"西方"。直到19世纪中期以前，欧洲的工业化只是在空间上作全球扩张，以后才形成了现代化的世界概念，也就是世界作为一个文化范畴成为现代化的运作时空和利益维系。到了20世纪60年代，现代化水平和实力都领先的西方国家把它们的观念、制度和模式说成并真的做成了某种文明规则，于是"西方"就由地域概念变成了追赶和竞争的世界参照。因此，不管如何理解现代化，叫着现代化的这种文明进程从此也就具有世界性；反过来讲，不从世界角度看问题根本就谈不上现代化。但是，西方参照的现实性是由各国的实力差距来支撑的，因此，参照的世界性总以各种追赶和竞争的形式而生效。

第二，穷国追赶富国是现代化特有的性质和内容。在现代化之前，这个世界上的国家也有贫穷和富裕的相对区别，但那时的穷国并不一定要追赶富国，因为穷国和富国并不构成（或处于）同一的世界，即使有殖民侵略，也是反抗与压迫之间的斗争，而不是追赶。同一的世界是指世界成了一个整体，现代化之所以具有世界性

---

① 参见孙津：《中国现代化对西方的影响》，河北人民出版社1999年版；《打开视域——比较现代化研究》，社会科学文献出版社2004年版。

质（包括结构和范围），以及世界成了一个文化范畴的道理也就在于此。于是，不管穷国和富国各自想干什么，它们都不得不从世界范围来考虑这些做法的可能性、可行性及其影响或结果。在这种格局中，实际上能够干什么就取决于一国的实力，极端地讲，也就是穷和富的水平差距，因此，穷国只有具有富国的实力才能摆脱被压迫和被剥削的境况。这时，穷国有两件事情要做，一是直接排斥富国对它的殖民统治（或者各种殖民性质的政治压迫和经济剥削），另一是发展自己。比较起来，第二件事情更是一种常态，因为即使穷国用武装斗争的方式赶走了殖民者，但是自己的实力不强（或者说发展水平不高），也无法不再实际上受着富国的政治压迫和经济剥削（非洲国家就不乏这样的实例）。因此，穷国不得不拼命发展自己，而由于富国客观上比穷国先进（主要指物质生产），所以穷国的发展努力在其现实针对上就是对富国已有水平的追赶。所有这种情况在现代化之前都是没有的。

第三，追赶和竞争的动力都是现代化。现代化的真实含义及现状都是由追赶来确证和体现的，因此，追赶与现代化是互为表里的。富国（其实就是率先工业化的西方国家）不愿意在道义上说自己不对，于是就把贫富的差距说成是传统与现代的对立。本来，传统是一个自然现象，因为任何事情的形成、确立和生效都是传统。但富国不这么说，它们把传统作为落后、贫穷、愚昧、甚至反动的代名词，以此来支撑富国发展模式的合理性、合法性、甚至有效性。这样，现代化就成为进步、富裕和文明的代名词，进而成为追赶的目标。在此意义上讲，现代化其实就等于"与时俱进"（这话并不错，因为 modern 就是时尚和时髦的意思），如果不搞现代化，就是不文明、甚至不道德。由此，所有国家都在这种追赶中卷入了现代化运动，不仅穷国在追赶富国，富国为了更富、或不被穷国赶上来也不得不参与这种追赶。现代化不是被实现的，而是由所有国家构成的贫富排序来体现的。从逻辑上讲，这种追赶永无止境，因为总有半数国家处于贫富排序的后半部分，也就是总要追赶。从现实讲，富国一方面要保持自己的竞争优势以阻止穷国追上来，同时富国之间又有相对的贫富排序变化（比如日本就在二三十年内挤进了最前列）；更重要的是，由于地球的承载能力和现代化的特性，大多数穷国（即现在的发展中国家）根本不可能达到排序靠前的国家（即现在的发达国家）的水平，真实的情况只能是不停地追赶，以避免落到处于贫富排序尾端的境况。

第四，所有国家都以贫富排序构成了现代化的竞争结构。竞争使得所有穷富国家同处一个现代化结构，因此所有的国家在参与现代化进程的意义上来讲已经充分现代化了。即使是富国，至少有两个原因使得它们也不得不帮助穷国更有效地参与竞争。一是道义的压力，因为穷国把这种帮助看成是富国的义务，尤其看成是富国对过去殖民压迫和剥削的补偿；另一是赚钱的需要，因为如果穷国的发展水平、尤其是消费能力太低，富国就难以从国际市场持续获利。但是，穷和富毕竟表明了不同的发展状况，所以，是否"实现"了现代化的真正标识只能是各种量化标准，也就是指标。正是指标本身，表明"西方"成了一个参照，因为西方是"发达"国家。"发展中"（Developing）和"发达"（Developed）作为不同国家的表征词，一方面表明真正存在的只是现代化的不同水平，而不是现代化"实现"了与否；另一方面，某一个国家或社会要求并制订规划说自己什么时候实现现代化，只能是指其现代化在何时要达到何等水平。

第五，现代化是一场看不出任何结束迹象的运动。无论从逻辑还是现实来讲，现代化都是一个过程，"实现"了的现代化不过是对某种水平进行比较的结果表述。但是，正是这种比较使得现代化成为裹挟所有国家的运动，即各种自愿的和被迫的参与，以及真诚的和虚假的宣称，不仅都是以现代化为其成立前提的，而且都具有动员的特征，即始终在努力聚集和持续着现代化竞争的合力。事实上，穷国和富国共处于一个由追赶与被追赶构成的动态结构之中所表明的状况，正是世界上所有国家（和地区）都卷入了现代化运动。不仅如此，只要追赶和竞争还存在，现代化运动就不会结束，即使是有些不以现代化为名的现象和说法（比如全球化、后现代等），也不过是现代化运动本身的不同持续方面或表现形态。正是这种情况，使得现代化本身成为真实政治的持续含义和状态。

综合以上分析，可以从三个主要方面来阐述现代化运动的社会政治特性或含义。第一，现代化是由各种政治的社会联结因素构成的内容与形式同一体。不管现代化的内容是否真的就是民主政治、市场经济、工业化、城市化等等，这些方面的确就体现为现代化建设的具体形式，不仅如此，这种内容与形式的同一是作为现代化的动因而起作用的。因此，这些方面作为追赶的目标和竞争的能力成为全世界最真实的政治，而它在社会层面的被认同则维系和实现着各种社会联结的转换。第二，政治性的社会联结使得各国不得不普遍认同和积极参与现代化竞争。无论从各国在政治理念上的不同、还是实际发展的不平衡来讲，把民主政治、市场经济、工业化、城市化作为现代化的主要内容的看法是缺乏真实性的。但是，由于西方现代化起步较早，而且上述这些方面也是西方的实力优势所在，所以它们愿意把这些方面说成是现代化的主要内容，而它们的知识结构和意识形态偏见更使其不能放弃这些内容。因此，不管发展中国家（即穷国）是否看出了其中的欺骗性（"依附理论"其实已看到了这一点），总之它们为了自身的发展，更出于竞争需要，也就不得不或者说视而不见地把这些内容权且赋予了"好"的特性，即当成文明的普遍趋向，或者当成传统向现代转变的必然任务。第三，文明形态的政治转换使现代化成为世界性运动。这个运动的真实性体现为两个层面：从空间上讲，所有各国都卷入了现代化，从性质上讲，则是追赶和竞争。这个运动没有尽头，比如"后现代"、"后工业"之类的说法就是明证；这种追赶和竞争无处不在，因为"文明"只有在"现代"的意义上才是真实的（这一点在第四章的"现代性"一节还要专论）。但是，相对说来，运动的空间是由某种文明形态来充实的，而运动的性质则是一种政治转换，即在道义为善的意义上使追赶和竞争成为合理，以及进而在行为合理的意义上成为现实政治。由此，现代化运动的形态是非对象性的，不仅各国自愿把围绕经济实力为主要内容的追赶和竞争当成国际政治，而且具体的文明内容及其运作方式都是在社会政治的意义上成为真实的。

第二个问题，现代化运动对社会政治的生成与维系的作用。

从现代化的真实含义可以看出，对于某种观念或活动以及内容或形式是否能够被称为"现代化"的标准并不是唯一的和确定的，因为这个标准实际上是以社会联结的形态成立的，或者说，就是各种社会联结的具体因素。因此，真实的现代化之所以可能，在于对这些社会联结的认同和运作，而这也就是现代化作为某种非对象性运动的一般形态。由于运动的主要机制性特征是导向性动员和最广泛的参与，由经济、政治、军事、社会、环境、文化等各领域活动所构成的整体文明就以运动的形式成为现代化的社会政治。对于现代化运动与社会政治的概念关系来讲，随时随处都可以看到整体文明作为社会政治的实例。比如，联合国的作用范围和效能的不断扩大，各种国际经贸规则的谈判或标准的制定，国家首脑级别的各种所谓高峰论坛，地球以及外太空的开发利用，各国对某个国家实施市场经济程度的判定和表态，等等；而这些实例甚至在某些理念的提出方面有着更为特征化的体现，比如中国对内提出的"发展是硬道理"，以及对外提出的"和谐世界"等。

由此，所谓的现代化运动对社会政治生成与维系的作用，主要就是讨论现代化运动本身的政治连接特性和作用，并由此指出运动本身如何，以及在哪些主要方面提供了社会政治生成与维系的基本背景、真实条件及其运作机制。

首先,现代化一方面以运动的形式生成了某种超越不同意识形态的政治联结,另一方面则通过这个运动维系着不同社会制度的发展模式。这样说的主要根据在于,现代化的特质是穷国对富国的追赶。事实上,由于(尤其是从历史角度来看)政治压迫和阶级剥削,最为对立的意识形态大致是由穷国和富国来分别承载或体现的,所以它们之间的追赶既能够超越不同意识形态的阻碍,也构成了这种超越的社会政治联结。

其次,由现代化带来的文明发展的世界化以及各国的发展水平,一方面突出了社会政治的功能性要求,另一方面也提供了相应的结构性条件。具体说来,真实的现代化是上个世纪60年代才确立的,而构成这种确立的三个主要因素不仅都确证着追赶的现实性和持续性,而且都真实地连接了不同社会制度的发展模式。其一,日本(以及后来的"四小龙")的发展奇迹使人们相信,现代化是一个规律性的文明进程,各国(大同小异地)都避免不了。其二,世界殖民体系的普遍崩溃,使广大发展中国家有了追赶富国的实际可能,而出于全球市场运作的考虑,富国也不得不让(甚至还希望)穷国来追赶自己,否则,一方面是富国的财富增加将失去市场,另一方面富国将继续背负着道义上的骂名。其三,中国以其建设成就和潜力表明了发展可以有多种模式,但各种模式必须有一个沟通和互动的联系,作为共识,这个联系就被叫做现代化。

第四,追赶的对象性和持续性,使现代化运动具有社会政治运作的机制特征或作用。所谓对象性,当然是指追赶明确被分为两个部分,一部分是穷的一方、或者说发展中国家,另一部分是富的一方、或者说发达国家。但是,这种对象性的政治含义却并不与这种追赶的特性相一致,也就是说,某一国家作为追赶方并不意味着它在政治上比被追赶方"落后"。因此,追赶如果是一种自觉性行为,就不仅要意识到现代化运动中经济和政治的区别,更为重要的是要找到并选择某种可行的社会连接,从而使追赶能够成为有效的发展。换句话说，追赶方要求的应该是能够既保持自己政治理念和方向、又壮大和提升自己经济实力的发展模式，而这个模式的政治特性表明它只能是一种社会政治。至于持续性，不仅在于穷国追赶富国从全世界来看是一个相当长的发展过程，更重要的还在于，追赶方和被追赶方都不得不以它们共同参与（或卷入）的运动本身作为它们运作社会政治的维系机制。由于追赶的对象性，不仅穷国和富国的排序在追赶的过程中肯定会有所变动，而且这种变动和追赶规则的变化是互为因果、相互支撑的，也就是说，几乎所有国家都在谋求对规则制定的参与、甚至控制优势。由于追赶的持续性，从世界范围来看，所有这些变动和变化不仅都不会影响和改变整个"追赶"格局的性质和特征，而且对制定规则的优势的谋求、获得以及维持，已经成为追赶本身不竭的循环动力和常驻的运行机制。

第四章　相关性素

对于概念关系的阐述，说明了学科意义上社会政治系统内部的主要社会联结，而从这些社会联结可以看出，社会政治作为某种政治形态是由与此相关的政治因素构成的。在这个意义上讲，现实的政治总可以以某种相关性生成为社会政治，或者反过来说，社会政治在现实中的定性是由各种相关政治要素来体现的。因此，所谓"相关性素"，就是指社会政治特性得以成立和体现的一些相关要素。

事实上，尽管用一些基本的概念关系来说明社会政治对于其学科建构是必要的，但是不仅社会政治还没有成为学术界的通用概念，甚至对是否认可社会政治的存在（更不要说学科意义上的成立）也远未达成共识。因此，对于相关性素的分析不仅是社会政治学科建构的又一项重要内容，而且也可以通过对一个基本事实的说明来支持社会政治成立的合理性。这个事实就在于，政治概念总有其相应的运作载体，以及现实政治总有其相应的作用形式，或者说，总是存在着各种与社会政治直接相关的社会联结因素，而这种概念和载体，以及现实和作用之间的相关性，往往就是各种政治社会连接运作的直接根据。在此意义上讲，真实的政治活动（包括理论与实践）往往可以，甚至总是通过各种相关性素具有社会政治的特性和作用。

由上可以看出，概念关系和相关性素是互为表里的，因为当我们用概念关系来理解和把握社会政治的不同生成方面或内容时，相关性素就是社会政治的一些主要作用方面。换句话说，这些相关性素既是现实的社会政治的主要体现方面，也是社会政治功能发挥的各种载体。所谓"体现"，主要是指当今社会政治的形态特征，而"载体"则是指某种意义的结构，或者说各种实体的和观念的活动形式。因此，相关性素的"相关"尽管具有与社会政治相关的含义，但"相关性素"本身却是一个独立的范畴性概念，指的是某种社会联结的特性和作用。从逻辑上讲，相关性素虽然可以有其各种存在形态（比如观念、实体、活动、机制等），但这里要讨论的应该是它们在社会政治这个学科体系中所具有的普适性范畴功能，而不是某些固定不变的因素。换句话说，相关性素应该是指某种既成活动或运作模式所具有的机制性功能，其功能的发挥是针对某种形式载体和内容旨向而成立的，而具体功能则往往是由其连接的基本运作要素或方面来体现的。正因为如此，理论分析要说明的应该是相关性素的范畴普适性，既不可能、也没必要去列举有多少个，或者有多少种类型的相关性素。为了使这种说明更具有当前政治状况的针对性，本章集中讨论的相关性素方面大致包括现代性、阶级、作为工具的制度、作为实体的政治社会、习惯及其文化价值、观念信仰、政治与经济的转换等。当然，和概念关系一样，各相关性素的功能作用是依具体情况而定的，或者说并不是固定的和一一对应的。

一、现代性

所谓现代性，当然是指叫做"现代"的那个东西的性质。正因为如此，学术界关于什么是现代性的看法很多，而且相互也有不少分歧，不过，这对本节关于现代性的讨论并不重要，因为这里关注的是现代性作为相关性素的含义，而不是现代性本身。所以，讨论大致包括这样几个问题：为什么选择现代性作为一个重要的、甚至是基本的相关性素；现代性的范畴功能是什么；以及现代性的社会联结特征和社会连接作用。

首先，选择现代性的主要根据，就在于现代化运动无处不在或无所不包的强制性。从上一章的讨论可以看出，无论是主动还是被动，也不管是自愿还是被迫，所有国家不仅都卷入了现代化运动，而且都把对于这个运动的参与看成是人类文明的方向，甚至当成是社会发展的所谓"规律"。这样一来，对于社会活动的发展要求来讲，现代化就是无所不在的，而对于人类文明的领域划分来讲，现代化又是无所不包的。至于强制性，指的并不是现代化本身的作用特征，比如它有什么合法的权力或强大的力量来规定人们去做什么，而是指身处某种无处不在和无所不包的境况中的别无选择。换句话说，现代化已经成了某种最高位的概念和最具包容性的共识，以至于可以说，离开现代化或者在现代化"之外"，这个世界已经不可能存在什么真实的文明活动了。但是，至少从逻辑上讲，如果现代化的成立本身表明，一定有一个规定这种"化"只能或只应该这样而不是那样的特性，那么这个特性就是现代性了。因此，对于存在于并活动在现代化运动或过程中的政治领域来讲，现代性本身不仅是无所不包的社会联结因素，而且也是无处不在的社会连接根据。换句话说，尽管社会政治的具体内容并不都旨在说明或运作现代性，但是，社会政治所经由或指涉的各种社会联结都是在具有现代性或者与现代性相关的意义上才是真实的。

其次，现代性的范畴功能在于，它是观念和操作两方面共同的价值标准。简括地说，现代性就是现代化的性质或特性。说某个东西的性质，其实就是指它的存在和活动的规定性，但是，如果现代化是一个运动的过程,那么真实的现代性作为这个过程的特性表征,或者说某种抽象规范在现代化过程中的体现,其含义确证其实是依现代化进程的具体要求而定的。换句话说,作为确证现代化的合理性和合法性的现代性,其含义或内容既不是某种先在的价值理念,也不是某种后定的性质规范,而是与现代化共生,并且维系现代化进程的标识和导引。但是,这并不是说不可以对现代性作某种规范定义,而是说,多种定义和理解争议本身表明,现代性是在范畴意义上对现实的文明起作用的。抽象地说,现代性自身作为范畴的含义就是与时俱进和不断创新。但是,又有哪一个时代真的反对与时俱进和不断创新呢?因此,就这个范畴在今天的具体含义来说,它的"时"就是现代化运动,而它的"创"就是现代化追赶。一方面,现代性本身成了标识某种价值标准的观念;另一方面,文明中的各种做法也以现代性作为其运作的合理性、甚至合法性。对于社会政治来讲,现代性的范畴普适性就在于对各种社会连接的价值标准作用。比如,从观念层面讲,这种作用主要体现为现代性是各种政治理念(和制度)都具有自己发展模式的合理性根据;从操作层面讲,这种作用主要体现为某种选择导向(最为突出的就是所谓民主政治和市场经济)的合法性根据。

第三个问题包括两个互为表里的方面,即现代性的社会联结特征和社会连接作用。在第一章的第一节已经提到过社会联结和社会连接的区别,即一为名词性的存在因素、一为动词性的关系运作。显然,这种区别不是绝对的,因为尽管有了联结因素才能够作连接运作,但是联结的定性其实是在连接中得到确证的。所以说,特征和作用不仅是互为表里的,而且只有在动态中才是可理解的。不过,相对说来,这里的"特征"是针对相关性素的存在根据而言的,所以主要体现为现代性是在与"传统"对立的意义上成为社会联结因素的;而"作用"则是针对相关性素的运作功能而言的,所以主要体现为现代性是在各种"便利"的意义上进行社会连接运作的。

前面说过，现代性可以在逻辑层面看做是现代化运动的特性或性质，但这只是一种普遍的抽象，而现代性的具体内容则涉及许多方面，几乎无所不包。因此，现代性作为社会联结的特征其实应该是其所有内容方面的共同之处。从实际情况来看，不管各种观点如何不一样，几乎一致的看法或者潜在的倾向所标明的共同之处，就是现代性与传统的对立。进一步说，这里的"传统"并不是一个类概念，而是有其具体所指的，否则连现代化自己也无法成立了，因为至少现代化也会形成自己的传统。这个具体所指的"传统"，就是资本主义社会之前的社会形态，尤其是由封建政治和自然农业经济构成的社会形态。我们可以从若干主要方面找出现代社会与传统社会的区别，比如工业化、民主化、城市化、甚至世俗化和大众化等，但是作为社会联结特征，现代性与传统的对立并不在于这些内容方面，而在于它们的"化"，也就是使"现代"本身全面推广、不断巩固、持续发展、永无止境，传统的东西也就在这种"化"的过程中不断消失。

至于连接作用的"便利"，极端地说就是一句话：有了"现代"这个招牌，各种政治才可能是合理的、合法的、真实的、现实的。事实上，这个招牌的具体含义和内容方面很可能是不同的，但这并不妨碍对它们作具有现代性的解释或理解，而且这正是用现代性来进行社会连接的便利之处。这样讲的道理很简单，因为即使不一定处处都要明确标举现代性，但社会各领域的互动都是在现代化运动的前提下得以统一或协调的。所以，不仅现代性潜在地成为各领域之间的社会联结因素，而且很方便地就成为各种连接运作的维系机制。在此意义上讲，不仅各种政治活动可以很便利地运作现代性连接，甚至这种连接已经使现代社会（或现代化运动中）的政治只能在具有社会政治性质的意义上才是真实的政治。

其实，上述"特征"和"作用"的真实性还体现为，离开"现代"我们几乎无法延续现有的文明，甚至无法开口说话，因为由现代化的真实含义可以看出，支撑其合理性与合法性的现代性其实就是一种时尚，它们正在成为当下和今后的文明话语（关于这一点在讨论"阶级"的时候还要专门分析）。如果说现代化是以对传统社会的批判（也许还有扬弃）为其成立前提的，那么传统的真实对立面就是现代性。作为现代化性质的现代性，其历史性和真实性都是针对传统的，而其逻辑的针对却在于弄清楚"与时俱进"的"时"是什么，以及往哪里"进"，也就是如何"不断创新"。但是，所有这些问题只能在"现代"这个话语中才有真实含义，甚至才是可能被理解的。所以，对于新出现的东西，就只好用"后现代"来表征它们普遍的性质特征，尽管"后"的含义始终是含糊不清和争议不休的。比如，德法论战中的利奥塔说现代性只能实现在后现代，而哈贝马斯却说从启蒙时期开始的现代性直到今天才正在到来，两人潜在的一致之处都在于，真正的后现代才是现代的。所以，从作为社会联结因素的特征和进行社会连接运作的作用的互为表里关系来讲，真实的维系都是作为"时尚"的现代性，因为它使得政治可以以时尚的形态成为社会政治，或者说把现代性本身作为某种相关性素来参与社会政治的运作。

　　从上面几个方面可以看出，现代性作为社会政治相关性素的最根本含义，就在于它已经成为世界性的"社会联结"，也就是全球化运作的制度基础和价值导向。比如，按照吉登斯的说法，现代性"首先意指在后封建的欧洲所建立而且在20世纪日益成为具有世界历史性影响的行为制度与模式"，但是，由于这个制度和模式的运作包括工业主义、资本主义、监控系统以及军事力量等维度，所以"现代性所导致的社会活动的全球化，就是真正的世界性联系的发展过程，这些联系包含在全球民族—国家体系中或国际的劳动分工之中。"①

二、阶级（以及阶层）

　　这一节之所以把"阶层"放在括号里，主要有三个原因：其一，阶级的含义正在发生变化，阶级划分的界限往往难以确定，致使马克思主义的阶级概念需要相应的扩展。其二，学术界有一种关注阶层，甚至用阶层来替代阶级的倾向，但这不仅没有改变阶层作用的阶级性，而且更清楚地表明了阶级与阶层的演化或转换关系。其三，这些演化或转换本身就体现了社会政治相关性素的功能特征，所以阶级和阶层作为相关性素具有分类意义上的同一性，或者说，集中分析阶级并不减损其在说明阶层问题时的普适性。不过，为了表述方便，本节将在最后对此作专门的说明。

　　如果说，现代性作为相关性素，从文明共识的角度确证了当今社会政治的前提背景和真实作用，那么，阶级作为相关性素的含义，在于它从"争议"和"变迁"的意义上揭示了社会政治中的权力分配和利益取向。事实上，权力分配和利益取向本来就是政治活动的核心问题，因此，如果说这两个问题在阶级社会中依据阶级关系（矛盾、对立、斗争、和解等）的不同而具有不同的含义和状况，那么至少从逻辑上讲，阶级一直就是构成现实社会政治的重要的相关性素。问题在于，仅仅从逻辑上指出阶级作为某种相关性素的必然性是远远不够的，而且，由于阶级的变化（包括它的存在形态和作用旨向），对于理解社会政治的体系结构和功能作用来讲，还必须结合阶级的实际状况来说明它作为相关性素的具体内容。由此，可以从三个主要方面进行分析，即阶级与权力和利益的关系、阶级的变化，以及阶级作为相关性素的主要内容。

---

① 吉登斯：《现代性与自我认同》，赵旭东等译，三联出版社1998年版，第16、23页。

关于第一个问题，我们知道，阶级和阶级斗争的理论是马克思主义的重要构成部分，因此不管对阶级的看法如何不同，马克思主义的看法或定义才是讨论阶级含义的逻辑起点，具体的分析也才在问题的性质上具有针对性和真实性。从经典表述的角度来讲，列宁的一段话应该是最为简洁明了的："所谓阶级，就是这样一些大的集团，这些集团在历史上一定社会生产体系中所处的地位不同，对生产资料的关系（这种关系大部分在法律上是明文规定了的）不同，在社会劳动组织中所起的作用不同，因而领得自己所支配的那份社会财富的方式和多寡也不同。所谓阶级，就是这样一些集团，由于它们在一定社会经济结构中所处的地位不同，其中一个集团能够占有另一个集团的劳动。"①

如果再把列宁的话简化，那么阶级划分的依据主要就是生产资料占有形式，以及由此对财富占有的不同。但是，在这种阶级观点中其实包含两个层面的内容。其一应该是指某种实体，也就是列宁所说的"集团"。显然，这种实体很多，它们之所以叫做"阶级"，还应该有一个共同的划分依据。因此，另一个层面才是阶级的实质，即主要依据对生产资料占有地位和方式而形成的对权力和利益的占有状况，也就是说，阶级的含义是指生产资料占有与权力分配和利益取向之间的某种关系。粗略地说，在这种关系中，权力分配相对来说是"纯"政治问题，而阶级作为权力分配的根据和归属可以由经济基础决定上层建筑的道理（或规律）来解释。利益取向相对来说是更多具有社会性的问题，而阶级作为利益取向的主体和代表则是由各种制度和规则来保证的。事实上，至少从马克思主义诞生开始，其关于阶级的理论就揭示出，作为某种关系的阶级不仅是一切政治斗争的核心问题，而且这种关系作为关键的相关性素使得所有真实的政治活动只有在社会政治的意义上才是真实的和可

---

① 《列宁选集》第4卷，人民出版社1975年版，第10页。

以理解的。

第二个问题比较复杂。毫无疑问，既然阶级本身就属于某种历史的范畴，那么阶级也是要变化的。根据上述对阶级含义的说明，这种变化也包括两个层面，一是阶级作为实体的类别数量以及这些类别之间的关系变化，另一是阶级所表明的某种关系本身的变化。前一个层面涉及阶级的分类标准；后一个层面则直指阶级成立的根据及其含义的变化。但是，所有这些变化不仅同样表明了阶级对于权力分配和利益取向的作用，而且更加突出了这种作用本身所具有的社会政治相关性素的特征。为了表述方便，下面先简要指出阶级变化的一些主要方面，然后从这些变化的原因及其状况来分析它们的相关性素特征。

阶级的变化首先在于阶级划分的标准。根据列宁的定义，阶级划分的标准明显具有经济性质，或者说属于经济活动的范畴。但是，作为经济学概念和经济活动要素的生产资料本身并不构成阶级存在的充分条件，而是经由对生产资料的占有方式才形成了阶级，并且才有理由把这种占有方式和功能的不同作为阶级划分的主要标准。因此，关于阶级的成立以及相应的阶级划分的理论从一开始就应该属于"经济政治学"，也就是用阶级这个相关性素作为经济和政治之间的基本社会联结。至少从逻辑上不难理解，这种情况自阶级产生以来一直就是真实的，而这种阶级划分标准在18和19世纪的资本主义社会变得最为清楚明了、简洁单一，即整个社会的基本结构和功能是由资本家阶级（或资产阶级）和工人阶级（或无产阶级）来构成、承载和体现的。然而，随着在技术进步、市场扩大、分工细密等各方面的变化，经济活动的许多基本要素（比如资本、技术、人才、管理、市场等）的所属（包括主体和形式），越来越难、甚至不能以单一的标准或清楚的方法根据生产资料的占有形态来区分了。事实上，学术界对这种变化已经看得很清楚了，所指出的一些主要变化方面也已经成为经济运作的一般形态了。比如，生产资料与生产经营（甚至资本运作）的分离；把包括资本在内的各种生产要素纳入分配的享有者规模日益扩大（如果从股份参与和占有的角度来讲，这个规模在理论上甚至涵盖了所有经济活动主体）；主要由经理、管理者和技术人员所构成的处于资本家阶级和工人阶级之间的庞大"中间阶层"；经典（或传统）意义上工人阶级在数量上的日益减少，以及自觉维护其整体利益的意识模糊不显，甚至能力下降的趋势，等等。由于这些变化，仅仅以生产资料的占有方式及相应功能作为阶级划分的标准似乎就过于简单，甚至不甚合理了。因此，即使在坚持社会主义的中国，学术界也有一种"去阶级化"的倾向，其主要体现就是用"阶层"划分来取代阶级分析。在这种情况中，阶层的划分标准其实已经变成了收入途径的不同及其数量的多少，而生产资料这个决定因素的作用如何则是不甚了了或语焉不详的了。

　　阶级划分标准方面的变化是一个事实，它至少包括两个密切关联的内容。其一，虽然阶级社会中历来就不只有两个阶级，但从主要矛盾的角度来讲总是可以区分出两个起主要甚至决定性作用的对立阶级。其二，问题并不在于18、19世纪的阶级区分状况是否最为清楚，也不在于20世纪以来阶级的类别或级层的数量是否增多了，而在于怎样划分阶级的标准变得模糊起来了。之所以说这两个内容密切相关，在于它们共同预示了一个问题，即是否应该推翻或修正列宁关于阶级划分的马克思主义观点。为了行文方便，对此将同第三个问题一并讨论，以便先集中阐述阶级变化的另一个层面，即阶级作为某种关系以及它的作用的变化。

　　事实上，阶级观点或者阶级斗争理论是马克思主义提出来并系统阐述的，资本主义在政治、经济、社会等各领域的实践或运作同样也反映和证实了阶级和阶级斗争的真实性。但是，资本主义不仅不认同马克思主义的阶级理论，相反却极力掩饰和回避这个理论，所以就把天赋人权、民主政治、市场经济、个人自由等基本理念说成是人类共同的价值观和发展方向。因此,阶级作为某种关系及其作用的变化,主要是由社会主义或工人运动实践及其相应的理论或观点来体现的。不过,由于各国的情况不同,这种变化可以结合实体活动和空间范围分为两个部分来说明。一个部分是中国,因为中国是唯一由马克思主义政党执政,并且一直宣称和坚持社会主义的大国;另一个部分主要由欧洲发达国家构成,因为那里是社会主义理论的故乡,而现在却不是马克思主义政党执政(至少可以说,虽然其中有一些叫做社会主义的政党,但它们并不具有经典马克思主义的传统延续或科学社会主义的政治主张)。

就中国来讲,由于马克思主义政党夺取政权和执掌政权的延续性,阶级作为某种关系以及它的作用的最重要变化方面,就是权力的代表性和利益的社会性。归纳起来,这些变化的方面包括以下一些内容。首先,阶级观点依然延续,但更突出了它的政治理念含义(宪法),也就是对国体性质的根据。比如,2004年通过的宪法修正案仍然保留了1982年宪法序言中的表述:"在我国,剥削阶级作为阶级已经消灭,但是阶级斗争还将在一定范围内长期存在。"同样,《宪法》总纲的第一条也没作修改:"中华人民共和国是工人阶级领导的、以工农联盟为基础的人民民主专政国家。"事实上,这里的延续性一直可以追溯到新中国成立以前,也就是毛泽东在《论人民民主专政》等许多文章中就表明的,无产阶级专政就是人民民主专政。其次,不同阶级的区分由"人民"这个概念来重新整合,与人民对立的力量不再局限于某种(或某些)阶级,而是指各种敌对势力和分子。比如,还是在《宪法》中,仍然没有修改的总纲第二条中说,"中华人民共和国的一切权力属于人民。"同样,没有修改并且紧接着上引序言中的话是:"中国人民对敌视和破坏我国社会主义制度的国内外敌对势力和敌对分子,必须进行斗争。"第三,明显的变化在于与阶级直接联系的所有制。社会主义的原则允许了多种经济所有制的共存,并能够使它们以不同的结构形式和功能作用相互兼容。根据阶级的含义，社会主义的一个重要内容就是生产资料的公有，但是，阶级的变化使得这一内容可以采取多样的形式。在多种所有制共存的情况下，公有制的主导地位主要在于它的功能作用，却不一定要在结构规模和数量多寡上占据某种较大的（比如半数以上）比重。同样，非公有制的经济只要在社会主义法律范围内活动，就不仅是允许的，而且是对社会主义建设有助益的。第四，在利益取向方面，分配方式实际上允许了对剩余价值的占有，即宣布并实施将所有生产要素纳入分配，而这些要素就包括生产资料、资本、股份等。

上述既延续又变化的原因主要有两个，一是由夺取政权到执掌政权的政治需要，另一是文明建设自身的利益要求，而这两个原因都反映了社会政治自身的运作规则或者叫做"客观规律"。就第一个原因来讲，不管如何划分阶级，革命的目的都是推翻维护阶级压迫和剥削的社会制度，这个革命成功之后，即使不可能立刻达到无阶级社会，但是至少胜利的阶级不能再制造另一个具有压迫和剥削性质的阶级。因此，需要对存在的阶级进行重新整合，而这种整合的维系参照如果是合理和真实的，其自身的成立必须是超越阶级局限的。这个维系参照就是人民，阶级则作为某种基本的相关性素区分出人民中的不同政治理念和态度，比如无产阶级革命性、资产阶级世界观、小资产阶级情调、封建传统等。但是，根本的延续在于阶级的政治特性而不是经济特性，所以"工人阶级"仍是"无产阶级"的同义词，并且，它们表示的是某种政治理念的先进性而不是经济结构中的阶级位置。至于第二个原因，主要在于文明建设本身也有一些普遍的规则，比如一定的物质支撑、市场运作、经济规律、个人利益等。因此，至少从不同政治制度国家间的经济交往来讲，基本的游戏规则要求把阶级转换为标识所有制性质的某种相关性素，从而使社会主义建设容纳并利用不同的所有制经济成为可能。从国内来讲，利益的社会层面要求，使得分配原则不得不更具包容性，也就是分配要素的进入可以与其阶级属性相对分离，否则就会出现一个自相矛盾的和奇怪的现象，即社会主义竟然允许资本家剥削。

欧洲（或西方）的情况正好相反。从实体形式来看，一方面，除了短期的魏玛共和国时期，以及少数具有（也许只是部分具有）马克思主义性质的政党对政权的参与，那里的马克思主义政党一直没有独立执政；另一方面，执政的苏联最终解体了，东欧的社会主义国家也都发生了变化。这样，从国家实体形态的角度来言说马克思主义关于阶级的学说，在欧洲似乎就是不现实的了。因此，能够比较便捷而恰当地说明这种情况的方式，也许是归纳出相关（比如西方马克思主义、新社会主义等）研究对于阶级变化的主要看法。

首先，几乎和无产阶级同义的工人阶级不再必然地要求实现社会主义，更没有选择暴力手段达到这一目的的愿望和可能。其次，由于这种情况不再支持经济状况（或经济基础）对上层建筑的决定作用，社会主义能否成功也不再依赖工人阶级的阶级自觉性（或阶级的自觉意识）以及相应的阶级力量。第三，阶级被转换成某种意识形态，而且这种意识形态更多具有理论探讨的特征，或者说成为各种观念和做法得以沟通的"话语"。第四，具有（或部分具有）社会主义性质的政党和力量派别通过合法形式参与政权和政府的实践，表明工人阶级独立建立政权的必要性已经失去。第五，与上述情况相一致，不仅工人阶级不再必然是社会主义的领导阶级，社会主义的政治理念也日益成为从属于某种全人类的共同的普遍价值观，或者必须自觉与此价值观保持一致。第六，更重要的一点在于，由于资本主义在逻辑上并不必然与这种普遍价值观相对立，社会主义的阶级斗争越来越失去其现实性和实际意义，社会主义可以甚至应该通过各种合法的参与方式，影响和促使资本主义与自己一道逐步实现这种共同的价值观。①

　　从上述西方研究的观点来看，不管阶级在西方的变化原因如何复杂多样，其基本内容恰恰是无产阶级和资产阶级在阶级斗争方面的力量消长和利益得失。就资产阶级来讲，经济危机的恶性循环以及两次世界大战的恐怖体验，使它不得不去调整资本主义社会的阶级关系。这个调整的内容，一是吸收社会主义在经济体制上的计划因素，也就是制定整体的宏观经济阶段计划，以及适时实施国家对自由市场的干预政策；另一就是用某种普遍的价值观来防止社会主义产生和蔓延，比如突出安全的共同需要（包括成立联合国等）和强调二次（或多次）分配的公正性（包括各种高福利政策等）。在这种情况下，阶级的作用在经济和政治的关系中被逐渐淡化、边缘化，甚至被排挤出去，以至于成了整合意识形态或者创设某种共同意识形态的话语参照，也就是某种相关性素。

　　其实，通过前两个问题的讨论，第三个问题，即阶级作为相关性素的主要内容方面也就清楚了。简括地说，就是通过对政治（主要指权力分配）和经济（主要指利益取向）的社会连接，理解社会演进的历史，并指出其发展的可能。不难看出，如果要说明这一主要内容包括哪些具体方面，那就必须对如何做这种社会连接的方式，以及相应联结因素的形态进行归类。但是，应该说这是另一个层面的分类学问题，而且在"概念关系"一章和后面的"构成机制"等章节都要涉及这些内容或方面，因此，这里仅从两个角度集中说明这个内容方面的基本功能和特征。

　　一个角度是历史。首先，马克思主义关于阶级和阶级斗争的理论不仅是用来解释历史的，更重要的是用来指导革命实践的，所以才产生了国家形态的社会主义社会。但是，这一作用并不是由阶级划分的标准和阶级数量的多少来决定的，而是通过阶级的相关性素

---

①　相关情况的总结性描述，可参见艾伦·伍德：《从阶级撤退》（中译本名为《新社会主义》），尚庆飞译，江苏人民出版社2002年版。

功能来实现的。比如，根据阶级观点的社会演进理论，社会主义革命是在资本主义发展到较为成熟的时期，工人阶级在从业群体中占大多数的时候才能够成功的，但是，苏联和中国的革命成功都不是这种情况，特别是中国更是完全不具备这种条件。反过来讲，所有资本主义充分发展了的社会都没有导向社会主义革命。① 这种历史表明，阶级是在自觉意识和策略依据的意义上起作用的，也就是作为某种关系的运用，整合或改变着权力分配的格局和利益取向的实现。在这方面，中国革命的实践可以作为一个最为恰当的实例说明。

几乎所有人都知道阶级斗争在毛泽东思想中的重要性，《毛泽东选集》第一卷第一篇文章就是《中国社会各阶级的分析》。但是，很少有人认真思考这一分析的根据和功能旨向。根据生产资料占有的标准，这篇文章为农村所划分出的各个阶级其实都是地主阶级，因为它们都是土地生产资料的占有者或所有者。如果说，这里的问题在于土地占有的数量多寡，那么划分的结果也只能说是由此情况而构成的一个地主阶级序列。唯一在此序列之外的是雇农，而这恰恰是因为雇农不占有土地，文章也清楚地把雇农作为农村的无产阶级了。但是，毛泽东在这里不仅没有违背马克思主义阶级划分的标准，相反，是彻底准确地理解了这一划分的精髓要义，并加以科学和辩证的运用。首先，这里的标准仍然是生产资料占有；其次，占有的多少直接决定或反映了在权力分配和利益取向中的地位；最关键的是第三，阶级划分的功能作用是改变既定的权力分配格局和利益取向现状。综合这三点，革命的主要任务就十分清楚了：破除土地的地主私有制，并打碎与此相应的整个国家政治制度。为此，只有以自觉的阶级意识唤醒和发动广大的农民，革命才有自己的主力军。所以，文章第一句就开宗明义："谁是我们的敌人？谁是我们的朋友？这个问题是革命的首要问题。中国过去一切

---

① 对此我曾有过许多专门的论述，比如可以参见《转型的中国》，成都科技大学出版社1994年版，第二章。

革命斗争成效甚少，其基本的原因就是不能团结真正的朋友，以攻击真正的敌人。"同样，文章并没有局限某一阶级的规模大小或人数的多少，明确指出"工业无产阶级是我们革命的领导力量"。①

在上述实例中，阶级的真实含义和作用都是从某种关系来讲的，所以，不仅工业无产阶级的先进性和领导地位主要是由其生产资料占有状况来决定的，而且共产党就反映、代表，以及体现了这种阶级特性。由此也就不难理解，当革命成功之后农村阶级成分的划定根据仍然是土地占有的多少。从整体上讲，生产资料的公有意味着作为实体形态的无产阶级的消失，但是却在性质上延续转换为某种政治理念和功能素质。从农村来讲，至少是因为需要一个社会主义过渡时期，以及平均地权在模式上会有一个更长的探索阶段，明确阶级成分有助于从群体上标示出对待革命的不同态度，从而为权力分配和利益取向的重新整合和安置准备条件。

另一个角度是变化和现状。从上述历史角度已经可以看出，不仅对阶级的运作本来就没有一成不变的模式（比如苏联在资本主义链条最薄弱环节取得革命成功、中国的阶级划分和农村包围城市），而且运作结果的一个重要体现恰恰就是阶级的变化，而且是包括类别和数量上的实体形态变化。但是，所有这些变化，包括第二个问题中的欧洲情况，恰恰都说明了阶级作为相关性素的合理性和重要性。从整体上讲，所有变化之所以叫做，或者就是阶级的变化，都是以生产资料的占有方式和形态的变化为依据的。所以，列宁关于阶级的定义不仅是正确的、没有过时的，而且至少在逻辑上是允许发展和包容变化的，因为即使阶级变化到没有了、不存在了的地步，那也不过是列宁所希望的不再能利用生产资料的占有来占有他人劳动的社会。问题在于，对变化的理解直接关系到阶级现状的功能特征，也就是阶级的现实作用。

---

① 《毛泽东选集》第1卷，人民出版社1991年版，第3、9页。

简括地说,阶级的现状使得它作为社会政治相关性素的功能特征更加明显,旨向更加多元,即是说,用把阶级关系分解转换为各种具体的相关性素的方式,建立起更具包容性的各种社会政治的连接。在中国,这种情况主要体现在两个方面。一方面,用"三个代表"而不仅仅是"无产阶级的先锋队"来提供和支持权力分配的合法性;另一方面,用"人民"而不仅仅是工、农阶级以及其他劳动者来体现利益取向的合理性。在欧洲,也就是非共产党执政的国家中,各种社会主义主张的主导倾向是弱化或者排斥阶级的根本对立,而阶级关系更多的是在作为调和权力分配和利益取向方面的矛盾的意义上被运用的。就执政的非社会主义政党来讲,它们的确愿意吸收某些社会主义的做法(比如计划、福利等方面的国家行为),但是其意识形态对此从来不加以承认和明说,而其政治制度更是时刻警惕各种导向社会主义的可能,也更加注意防止出现社会主义性质的阶级意识。

不难看出,阶级的变化和现状实际上是一个问题的两个侧面,互为表里和互为因果地表明阶级作为相关性素的具体功能作用。由于阶级的变化主要是围绕无产阶级和资产阶级展开的,其相关性素也就必然涉及两个阶级的根本区别,从现状来讲,甚至直接体现了这个区别本身的功能旨向和实际作用。这个根本区别在于,只有社会主义的阶级意识和阶级斗争是要求并为了消灭阶级本身的;而各种非科学的社会主义则歪曲或者摒弃了这个目标。至于社会主义之前的所有阶级,以及与社会主义同时的资本主义,它们的阶级政治不仅不主张消灭阶级,而且实际上都是以排除或消灭其对立阶级为目的的。因此,从世界上存在着两种最具有性质区别的社会制度(即资本主义制度和社会主义制度)这个基本事实来讲,各种社会制度不管怎样对待阶级问题,也无论阶级自身如何变化,现实的制度都只能把阶级作为某种相关性素才是真实的政治,同时也就使得阶级及其变化(无论作为政治实力、经济群体、由知识和技术带来的特权或掌控能力，还是意识形态话语）具有社会联结意义上的社会政治特性。

通过上面的分析，把阶级和阶层作为同类的相关性素就不难理解了。从阶级的变化可以看出，阶层是一个比阶级划分更细密、更具有针对性和包容性的概念，但是，这种情况所反映的，只不过是社会政治在适应科技文明和经济发展方面各种相应的权利要求和话语霸权形式。换句话说，阶层形态不是对阶级概念及其作用的否定，而是对它的扩展和补充。伯格斯（Carl Boggs）曾谈到这个问题，尽管他所关注的是知识分子在现代性危机中的作用，但有两个观点是清楚的。其一，现代性（或现代化文明）改变了知识分子与阶级的关系及其政治作用，从而政治的真实含义更多是由多样而不同的阶层的相应话语来体现的；其二，如果知识分子被广义地用来概括所有脑力劳动者，那么，工具理性就使得政治的适用域更多或更方便地在社会领域或层面得到体现。其实，这两个观点所表明的，正是阶级和阶层作为同一类相关性素的现实根据，所以，尽管伯格斯说的是知识分子和现代性危机，但如果将此作为分析问题的一个角度，引用他的一些论述来说明这个现实根据仍是恰当的。

"无论知识分子活动被理解为阶级力量的表现（马克思主义）、精英先锋队（列宁主义）、脱离阶级力量和社会利益（自由主义），或者不过是群众斗争的附属品（无政府主义、新左派），这个活动的传统定义都必须加以修改。""现代性产生了以教育制度、大众媒介、国家、公司等为中心的话语的理性化形式。""后现代意味着激进的民主政治最终将不仅在国家统治的领域，而且在社会、经济、文化生活的分散活动场所里面对权力。""从早期理论论战中留下来的知识分子遗产反映出他们没能把握这些运动的历史意义，这些论战包括改革与革命、政党与运动、阶级地位与阶级意识、民主与极权主义。""后现代的转变为政治的复兴开辟了新的空间——即通过基层斗争的中介，使集体主体性和开放话语复归。"

"正是在这里,理论、文化和政治最终融合到一起了。"① 不难看出,不管伯格斯这些说法的针对是什么,阶级的实际含义和作用,甚至阶级的变化及其自身的性质确定,都是由具体的社会联结决定的。

三、作为工具的制度

第三章第一小节的讨论已经说明,政治制度是某个政治系统的构成部分,具有规范和约束行为的机制性功能,但是,对于不同的政治活动来讲,这种规范和约束的功能旨向是不同的。换句话说,某一制度有其作用的基本领域和实施规范,而实际运作中的作用和效果才是某种或某一制度所具有的政治特性的体现和确证。正是这种情况,使得制度可以在工具的意义上承载各种政治活动的旨向规范和相互作用(影响、衔接、沟通、整合等),也就是说,制度的工具特点使制度的政治性质得以抽象出来,成为承载和实现制度功能的社会政治相关性素。事实上,尽管这里要分析的是政治制度,但是,各种活动一旦以制度的形式来维系和规范,这种维系和规范本身就具有政治的特征。所以,制度可以看做某种工具性的功能机制,它的使用表明了某种相关性素的生成维系和作用发挥,其真实含义,在于把不同制度的功能旨向转换为可接受的社会联结。

不难看出,从各种相关性素的分类或针对来讲,这一小节和前两小节有一个逻辑的递进关系。如果说,前两小节的分析已经表明,现代性主要在文明共识意义上提供了社会政治相关性素的存在背景,阶级潜在地构成了有关权力分配和利益取向的相关性素的政治基础,那么,作为工具的制度则体现了作为不同政治活动规范的相关性素的功能旨向。进一步说,不同政治活动的制度也会在其工

---

① 卡尔·伯格斯:《知识分子与现代性危机》,李俊等译,江苏人民出版社2002年版,第一章。

具的作用方面具有不同的针对性，并以此体现出各种制度作为社会政治相关性素的一些主要内容和特征。由于制度的工具性是指一种普遍的功能特征，因此撇开具体的政治理念和目标，各种制度的工具性针对其实就是指它们各自的作用领域或层面。大致说来，这些领域或层面主要包括作为国家形式的基本政治制度、各级政府的施政制度，以及社会自我管理的组织制度等。

第一，关于国家基本政治制度。

一般说来，这个层面指的就是国家形式，也就是作为基本政治制度的"政体"，而所谓"工具"，在此指的就是政体运作的一般性机制功能。因此，作为工具的制度是由其机制功能的运作来体现国家形式的政治特性的，从而为"政体"结构和"国体"性质的一致性建立起必需的社会联结，或者说，为各种事实上的连接提供必要的相关性素。

基本政治制度当然是国家政治最主要的内容之一，但是，不管制度的形成经过怎样的协商，也无论它在什么程度上成为各种政治力量的共识，总之它必定要依据一定的国体，并体现出这种国家性质才是真实有效的，因为在一个政治系统中，很难设想，更不可能做到政治理念的宣称或主张能够持续与它的运作形式不一致。但是，由于相比政治制度来讲，国家性质具有更高的抽象性，其政治规定性的体现或运作只能是间接的，所以这两者之间就存在一个如何相互一致的问题，也就是社会连接的相关性。正是这种间接性决定了工具制度的合理性，也就是说，当制度以其工具特性来运作的时候，它对国家性质的依据和体现就具有某种社会联结的特性和社会连接的功能。

对于国家政治来讲，最重要的功能是对权力的拥有和分配，所以以规则的形式来运作这种拥有和分配，就是制度的基本工具作用。在这方面，目前世界上最基本的国家政治体制有两种，即代议制和代表制。显然，这两种政治体制（即政体）是由不同的国家性质（即国体）决定的，因此，尽管工具运作的相关性素的特征是从体制功能的普遍性来说的，但是在讨论政体的机制功能时不仅不可能排除这种决定关系，相反，必须以这种关系为参照，才能说明制度的工具运作是怎样成为使政体与国体保持一致的相关性素的。事实上，说明这个问题的重要意义还在于，现行政治学不仅不能说明这个问题，而且对此一直就没有认真考虑，甚至故意视而不见，因此在涉及相关话题时，或者分别论述代议制和代表制，或者在比较中有意无意地以代议制为"民主政制"的参照蓝本。

代议制和代表制的最根本区别在于，前者是对所有人（即公民）让渡出的那部分权力的管理，后者是直接行使人民的权力。对于权力的拥有或获得，代议制有一个基本的合法性根据，就是权力来自权力实施对象（也就是公民）的同意，在这一点上，代表制和它其实并无区别。问题在于，如何证明具有（或公民表示出了）这个同意，以什么方式取得这个同意，以及怎样实施（或运作）这个同意。正是在这些方面，代议制不仅和代表制有着本质的区别，而且具体的运作（也就是制度的工具作用）才形成和体现了那个"同意"的真实含义，从而这种运作也才具有了社会政治相关性素的特征。

这个区别之所以是本质性的，主要在于它是由两个方面内容构成的，而正是这两个内容给出了权力拥有和分配的直接依据。一个是对正义的普遍性的理解和宣称；另一个是对权利的公正性的形式运作。

就前一个方面来讲，代议制实际上是将其历史形成过程中所坚持的若干政治理念作了普遍正义的理解和宣称，比如，人权、自由、民主、博爱等。在这种做法中，公民是否表示了同意这个问题就被从权力来源的合法性中置换出去了，因为权力的合法性以及公民同意的合理性统统都成了普遍正义（或正义的普遍性）本身。从制度本身来讲，现行政治学总是说到代议制的"三权分立"，似乎这种设置的合理性与其合法性是一致的。其实，代议制能够并仍在这样做的一个主要原因，在于历史经验和习惯势力的一致性。代议制有其形成的过程，近500年的历史又积累了丰富的经验，这样，不管是否存在改变这种体制的理由和条件，总之，事实上的延续，使得认为这个体制体现了普遍正义的看法成了主导的政治（甚至社会）习惯和势力。但是，这种理解和宣称在性质上其实属于某种意识形态承诺，即不仅在普遍正义的意义上是好的，而且在继续坚持的意义上也是对的。就此而言，这种意识形态承诺不可避免地具有扩张和布道的特性，即是说，代议制不仅是资本主义的基本政治制度（或者说是各种不同资本主义政体形式的共同特征），而且这个制度还从普遍正义（或正义的普遍性）的意义上要求其他制度也对此进行仿效。但是，历史经验和习惯势力本身并不能保证普遍正义与代议制的理解和宣称是一致的，而正因为如此，代议制做出许多明显与普遍正义相悖的事情也就是不难理解的了。比如，出兵干涉另一个主权国家并以自己的政治理念在那里扶持建立政权，宣布别的国家为邪恶或恐怖，以及以各种形式对其他国家进行指责干涉和渗透颠覆等。

与代议制相反，代表制虽然也同样有其形成的历史过程，但它对普遍正义的理解和宣称不仅是以阶级的特殊性为根据的，而且是以消灭阶级为指归的。事实上，代表制就是社会主义国家的政体，主要有苏联的苏维埃代表大会和中国的人民代表大会两种类型，而从今天的现实来讲，就是指中国的政体。首先，代表制并不在道德为善的意义上否认正义的普遍性，但是，从历史唯物主义的观点，以及通过阶级分析，代表制认为普遍正义的基本概念都是根据其具体的内容而具有不同含义的。所以，诸如人权、自由、民主、博爱等概念的抽象并不等于正义性的实际具有，而且这些概念可以具有完全不同的具体含义。其次，根据这个道理，代表制的形成是以武装夺取政权为前提的，因此，领导这个夺权的阶级和政党并不隐瞒自己的政治理念，相反，它明确宣称并坚持这种夺权的正义性是与先进生产力发展相一致的。第三，代表制的形成和运作是一种自觉的选择，作为政体形式，其本身就代表了人民的根本意愿的表达和基本权利的运作。第四，代表制的代表资格是具有排他性的，也就是来自资格本身与人民根本利益的一致性，因此，这种体制并不存在权利让渡的问题，其正义性是由施政的实绩来支撑或保证的。第五，社会主义政权的最终目标是消灭阶级和政党，甚至国家消亡，因此代表制本身具有自我改造的特性和与时俱进的要求，而特定的阶级意愿和利益也是在此意义上具有正义的普遍性的。同时，在对外交往中不仅强调革命的不可输出，而且承认各国对于制度选择的自主性。

现在来谈代议制和代表制的另一个区别方面，即权利。"权利"虽然主要指政治权利，但其实质应该是指个体主张并持有其合法利益的资格。由于制度是群体社会的规则，所以不难理解，这种资格既是制度的运作要素，也是它的服务对象。因此，无论代议制还是代表制，其运作和服务是否公正，直接关系到制度的合理性、合法性和有效性，换句话说，关系到具有资格的人群是否继续选择某种制度。在这方面，代议制和代表制同样也有着明显不同的运作形式。

代议制在这方面有两个最主要的特征，一个是三权分立（大致可以叫做它的法制特征），一个是票选决定（大致可以叫做它的民主特征）。就权力制衡的普遍性来讲，三权分立的形式具有权利运作的公正性，但是，制衡是一种功能，不仅其形式的选择不是唯一的，功能本身也是由制度性质或政治目标制约的。一般说来，代议制喜欢标榜其形成历史的改良、渐进，以及和平等特点（英国就是所谓公认的典范），但这种观点恰恰掩盖或隐瞒了一个涉及制度性质的事实，即代议制形成的历史实际上是各剥削阶级之间的权力调整，其改良或和平的特征在于这种权力调整主要采取了法律的形式。这样,代议制就回避了制度运作的政治(当然也是阶级斗争)前提,仿佛资本主义已经是革命的终点。因此,一方面制衡只是某种自我调整的功能,无需追究权力使用的目的,另一方面也就很方便地只在形式上说票选决定就是民主政制,并且也就保证和体现了权利运作的公正性。与这两个特点相一致,各种代议制都采取两党或多党执政的制度,执政者、甚至某个执政党都可以以一定的合法程序进行更换(包括罢免)。但是,这并不等于就具有,更不等于保证了权利运作的公正性,因为权力占有的合法性以及制度实施的合理性在此都是悬置的。所谓"悬置",就是把制度(及其法律形式)本身当做其合理性与合法性的根据,而支撑制度的政治根据,以及制度本身的政治特性和利益导向则成为某种多余的赘物,甚至是要加以回避的意识形态麻烦。因此毫不奇怪的是,西方政治学(或所谓政治科学)越来越成为行政运作(功能、机制、过程、效率等)的形式科学,而票选决定也越来越取决于各种刻意设计的或随机发挥的明星式或广告式表演。

和前面分析的"正义"的情况一样,代表制对权利的运作及其公正性也具有与代议制完全不同的含义。首先,通过武装夺权最终建立了代表制是一个历史事实,所以虽然可以说代表制的合法性是历史地形成的,但其现实根据却在于代表资格与人民利益的一致。这里的"代表资格"是指制度成立和实施的资格,就是由哪个政党及什么样的政治群体来领导、构成和运作这个制度,也就是这个制度的"代表"特性的排他性或唯一性。其次,这种代表资格与人民权利的一致性,是代表制的政治基础和实施原则,也就是说,代表制不仅以为人民服务为唯一宗旨,而且以这个服务的绩效作为制度本身的合法性和合理性。在此意义上讲,代表制的成立和实施根据也都是内在于制度本身的,但是与代议制的本质区别在于,这个"内在"并不是指制度的自我根据,而是与保障人民权利相一致的具体政治特性和利益旨向。最后,权利运作的公正性在形式上可以体现为少数服从多数，但公正能否实现及其具体内容如何并不取决于终端输入的票选，而是包括票选在内的各种过程输入。在此意义上讲，票选不过是一系列形式多样的民主协商和科学决策的结果（关于这方面的问题在"中国政治"一章还要专门分析讨论）。第四，由于国体和政体的一致性，代表制不仅既不存在代议制那种权利的让渡、也无需实行多党制，而且必然要采取议行合一的组织结构和运作机制，并在此前提下设置与代议制三权分立不同的权力制衡和监督形式。

　　从上面的分析可以看出，代议制和代表制作为国家基本的政治制度，其相关性素的最基本功能，都在于为国体和政体的一致性提供必要的社会联结，而这种联结的运作（即连接）总是工具性的。如果说，这种连接是相关性素的普遍功能，那么相关性素的具体作用也是通过各种运作要素来实现的。对于代议制和代表制来讲，当它们作为工具运作时都有两个共同的要素方面，即历史和形式。一般说来，历史和形式既是社会存在的真实时空，也是各种活动得以在社会意义上相互连接的普遍范畴。由此，当代议制和代表制把历史和形式作为各自的运作要素时，这两种制度作为相关性素就体现出了不同的社会联结作用。如果把这两种作用的具体方式及含义加以比较，那么就可以更清楚地看出它们各自是怎样为国体和政体的一致性进行必要的社会连接的。简括地说，代议制把历史抽象为正义，从而隐藏了政治理念的特殊性；把形式固定为公正，从而削减了对公众权利的负责。代表制则视历史为事实，从而使政治理念的自觉选择与正义的普遍性保持一致；把形式作为权利的保证，从而提高了对自己执政理国的公正性要求。

　　第二，关于各级政府的施政制度。

　　在国家这个政治系统中，政府是其最主要的实体构成部分，而基本政治制度的很大部分都是由政府来实施的，所以施政制度实际上就是施政的法律和政策规范。比较起来，基本政治制度是施政制度的上位概念，但是，政府本身是管理公共事务的行政机构，其工具的作用就是这种管理，所以施政制度自身的功能主要在于管理的权限和对实际运作加以规范。因此，基本政治制度和施政制度之间也有类似于国体和政体之间那种一致性关系，不过，由于制度的具体性或可操作性，基本政治制度和施政制度的一致性往往可以直接实现。比如，与人民代表大会制的"议行合一"职能相一致，各级政府不仅由同等行政级别的党委领导，而且行政首长也是党委的主要领导成员（比如副书记），以及主要行政领导也是党委的主要成员（比如常委）。但是，既定的施政制度却未必能保证实际施政行为与它的一致性，这至少是因为行为主体可能存在的各种故意，包括所谓的不作为。因此，从相关性素的针对性来讲，讨论的重点应该是施政制度与施政行为之间的关系，并由此体现出施政制度在工具意义上的相关性素特征或功能。

施政制度的相关性素存在于各种关系之中，其实际功能往往也就是这些关系的运作。从逻辑上讲，不管施政制度是事先制定的还是根据情况在行政过程中加以调整的，它们实际上都是外在于管理行为的，而这种外在性是否妨碍制度导向与行为效果的一致性，主要取决于制度的工具运作。换句话说，施政制度的工具作用往往是间接的，作为相关性素，这种工具运作的载体主要就是各种政策。因此，实践中的政府行为始终是在某种关系中进行的，比如，施政制度与其授权依据、行政的派生权力与管理的效率、政策输出的支持与反馈等。在此意义上讲，使这些关系的双方（或各方）相互一致和协调的种种做法就具有相关性素的功能和特征，或者说体现了这些关系本身的社会联结因素。

作为具体的行政规范，施政制度的制定是以其授权为依据的，也就是说，不是任意的或完全自主的。如果说，授权的依据来自基本政治制度，那么这个关系与国家性质对基本政治制度的制约的不同之处在于，施政制度不仅由于行政级层的不同而有不同的权限，而且还会根据不同的地区以及不同的要求具有不同的内容针对。由于行政的级层权限不同，有时候就会造成制度的内容悬置和行为的虚假形式。比如，中央政府为了实施严格的土地政策，就按农村的土地面积规定了相应比例的基本农田数量，但是各级政府辖区的情况是很不一样的，某个地方可能不需要保留这么多耕地（或基本农田），甚至这些农田实际上已经不复存在。但是，出于行政级层的权限，这些地方不可能自己制定相关的土地制度或政策，唯一的办法就是各种规避和做假。从内容上讲，有关基本农田统一施政制度实际上被束之高阁，但却必须设法保持各种虚假的行为形式，以免由于制度内容的悬置而受到上级的追究。然而，从工具的作用来讲，这种内容悬置和形式虚假并不妨碍整体施政制度的有效，甚至还是这种有效性的保证，因为只要完成了主要的任务要求（比如 GDP 的增长、节能减排指标的达到、社会的稳定等），不仅不会受到上级政府的追究，而且就是具体的政绩体现。

上述情况表明，工具性运作使得施政制度与其授权依据的关系具有相关性素的特征或功能，也就是说，内容悬置和形式虚假并不能反映某种道义好坏的选择，相反，它所体现的功能作用在于，各种具体的社会联结支撑了制度和授权在政治上的一致性。在这里，对上级负责和对人民负责的一致性从理论上讲是由代表制的政治特性支撑的，所以存在着某种社会联结的间接关系，而在实践中，一致与否及其程度大小，甚至不同利益的协调，则更是由社会联结的运作来决定的。事实上，如果说类似这样的做法是从反面说明了相关性素的作用，那么在同样的工具运作道理上，这种相关性素的正面作用可能具有更大的空间。比如，为了更好地发展，或者出于处于发挥优势、探索经验，以及减少风险等整体考虑，可以授权某些地方制定一些特殊的政策，包括建立各种"特区"。这种做法的相关性素功能并不仅仅是针对某一方面的，它甚至可以包括制度本身的性质变化和权限调整。比如，"一国两制"并没有改变整个国体的性质，但却补充或延展了政体的结构，而由此建立的"特别行政区"在权限规定上明显具有制度区别的依据，甚至是制度本身的性质变化。同样，各少数民族自治行政区划的建立、民族政策或扶贫政策的实施，甚至针对某种情况设立相应的临时机构等做法，都在不同的程度上并以各种形式体现了施政制度与其授权关系的具体内容，或者说，体现了工具制度在这方面的相关性素特征和功能。

从制度的工具运作来讲，行政的派生权力和管理的效率这个关系也具有相关性素的特征和功能。毫无疑问，行政的主要职能是某种规范的或法定的管理，而之所以能够进行这种管理，是行政本身具有（或被赋予了）这方面的权力。但是，正因为这种权力是规范的或法定的，它也就是在普遍和宏观的意义上作为制度而生效的。换句话说，制度不可能对事无巨细的具体行政（或管理）行为作出规定，而当制度在工具的意义上被运作时，管理主体（或行为者）的主观意愿或判断总是会加入进来，于是就形成了一个由各种意愿、判断、选择、裁量等因素构成的派生权力。应该指出的是，派生权力本身是合法的，也是行政运行的必要因素（否则官员或公务员们就成了一群没有头脑的机器了），所以并不包括权钱交易和贪污腐败等各种违法乱纪行为。

但是，派生权力的大小、内容以及形式都是不确定的，因此它必然会影响或制约行政（或管理）的实效。正是这个"影响或制约"，构成了派生权力和管理效率关系的相关性素功能。比如，当要求政府自觉进行"职能转变"或各种"创新"时，其实际运作的机制性载体就是这些相关性素。又比如，当政治理念要求"以人为本"时，针对的也是这些相关性素的功能导向，因为不管行政怎样为社会服务，或者说为人民服务，这种服务其实或者是指管理的政治性质（比如代表人民的利益等），或者只是指管理的方式（比如便民服务等），所以既不可能丢弃管理的职能，也不可能不依据各种特定的（包括派生的）权力来实施和实现这些职能。

　　施政制度的工具运作也是一种输出行为，即行政对其管理功能、行为规范、工作形式，以及某种程度上甚至包括实际效果的输出。但是，输出的对象不仅是包括各个领域的、复杂的社会活动，更是作为这些活动主体的人（也可以叫做公民主体），因此，这个对象性主体的接收状态就构成了输出的支持和反馈因素。一般说来，"输出"、"输入"、"支持"、"反馈"等概念是指某个系统各构成部分或方面的功能，伊斯顿就曾用它们对政治生活系统作过极为详尽的分析。① 但是，他这个分析的"详尽"主要是在分类和技术层面上讲的，唯独没有涉及的恰恰是相关性素，也就是说，没有考虑到各种功能是在什么意义上具有政治特性的，以及这些功能运作怎样生成，并生成了什么政治内容。一旦考虑这些问题就不难看出，对施政制度输出的支持和反馈本身就具有相关性素的特性，或者就是作为相关性素来运作的。不过，相对制度运作的其他关系来讲，由输出的支持和反馈构成的相关性素往往具有更加宽泛的旨向和更为不确定的形态。从整个系统来看，各个运作过程时刻都处于输出的支持和反馈关系中；从具体的运作来看，输出、支持以及反馈等环节又都可能有各自的特定内容。也许，正因为相关性素在这些方面的宽泛旨向和不确定形态，蒙蔽了伊斯顿对这个问题的关注或考虑。

　　事实上，对于一个政治系统来讲，支持和反馈并不一定就局限于输出的既定性质，而对于施政制度的输出来讲，支持和反馈更有可能会改变输出的既定性质。比如，前面在讨论派生权力与管理效率的关系时，提到过"政府职能转变"或"创新型政府"、"以人为本"或"便民服务"等观念和做法，但是它们的相关性素功能同样也体现在输出的支持和反馈关系中。这样，输出本身就与支持

---

① 戴维·伊斯顿：《政治生活的系统分析》，王浦劬译，华夏出版社1999年版。

和反馈构成了某种关系，因为输出的内容、或者这些观念和做法本身不一定都是制度，往往更体现为某些原则要求或价值导向，它们或者作为相关性素被施政制度在工具意义上来运作，或者就是各具体的相关性素本身。不难理解，政府职能转变或创新型政府的实施既需要派生权力的支持，也可能本身就是某种派生权力；同样，这种实施作为输出也需要实施对象的支持，或者根据反馈加以调整。但是，这些输出、支持和反馈可能与施政制度的特性内容并不一致、甚至毫不相干，因为政府职能本身是法定的，而转变或创新的依据、旨向、标准、效率等都是难以确定的。又比如"以人为本"，它本身可以说只是一个原则的抽象，输出、支持及反馈对它的含义理解和内容运作更是有着太多的可能性和不确定性，因为至少各运作环节的主体都是"人"，所以"本"的针对就只能是某种相关性素。这些情况之所以并不妨碍施政制度各运作环节（包括输出、支持和反馈）在政治特性（比如作为中国特色社会主义的构成部分）的一致性，就在于这些环节的运作或者具有相关性素的特性功能，或者生成了，甚至就是具体的相关性素。

事实上，整个输出、支持和反馈的系统运作就是由相关性素来维持的，或者说，由于相关性素的功能才使这些环节能够构成同一个系统。在这个系统中，某项制度的运作（其更多的体现就是政策）的旨向和实效往往是经由相关性素的作用，或者就作为相关性素才得以一致的。比如，取消农业税是一项具有制度变化性质的政策，其旨向在输出、支持以及反馈各方的含义可能并不一样，甚至不乏矛盾，但是，这项政策的相关性素功能使得它可以在实效上（比如有利于促进农业生产力发展和农民增收等）体现出旨向的一致，或者说，使各运作环节在某种程度上或一定阶段中达到旨向与实效的一致。

第三，关于社会自我管理的组织制度。

社会的自我管理是相对国家管理而言的，而这种"相对"有两个不同的含义。其一就是一般政治学或社会学所说的国家与社会关系,不过这个关系的内容旨向其实是不同的。比如从结构上讲,可以说国家处于社会之中,也可以说社会以国家形式确定自己的边线;如果从功能上讲,可以说国家保证着社会的安全,也可以说社会支撑着国家的实力。不难看出,正是社会与国家的这种相对关系,蕴含或生成了社会政治的各种相关性素。但是,这只是从普遍性来说的,而这里要讨论的应该是某种特定的功能,即社会自己的工具制度。其二,"相对"的含义还在于,社会可以通过自我管理与国家管理建立各种制度性联结。无论主张大政府、小社会,还是什么一元化的体制,只要对社会进行管理,这种管理本身就具有工具制度的功能,而且其功能实施也就具有政治特性。因此,作为相关性素来讲,社会自我管理的主要功能,是以各种组织形式对国家和个人进行社会连接的运作。

从社会自我管理的制度层面来讲,其组织形式大致可分为两类,一类是对其职能和权限都有比较明确法律规范的自治,另一类是由某种相对一致的目标而聚齐,但约束或规范比较松散的合作。很显然,这两类组织形式在制度刚性的程度上是不同的,而这种不同恰恰是与它们作为相关性素的功能相一致的。因此,这两类组织形式在政治上的一致或协调,同样也是经由或体现了相关性素的功能作用。

四、作为实体的政治社会

"政治社会"当然是相对其他社会领域而言的,从学科的角度讲,一方面是指政治活动的某种社会性特征,更重要的是指由各种性质相同或类似的具体政治活动构成的"社会"。在此意义上,"政治社会"可以看做是由某种法定规范维系在一起的群体的政治活动形态。同样,作为实体的政治社会也包括两个含义,即以某种固定形式存在的政治共同体（机构、组织），以及各种组织实体之间的关系。不难看出，作为实体的政治社会应该属于专门政治的范畴，而且各种组织实体的存在形式也是相对固定和相互区别的。但是，一方面，构成不同实体的群体以及某一实体之中的个人所依据的政治规范是不一样的，另一方面，具体实体的组织原则、职能规范，以及功能作用也是不同的。因此，当政治社会以其实体形式区别于其他社会领域时，这种实体的存在形式及其作用就具有社会政治相关性素的特性，其基本作用就在于维系凝聚或区分整合不同的政治社会。显然，由于不同组织实体的特征区别，这种维系凝聚或区分整合的内容旨向和形式机制是根据具体情况而定的。所以，虽然可以根据不同的存在形式及其作用，指出和说明一些基本的政治社会实体各自所具有的相关性素特征，但是从整体上讲，政治社会自身作为相关性素是由这些不同形式和作用的相互关系构成或体现的。为了表述的方便，需要分别讨论分析的主要政治社会实体大致包括国家、政党、同盟（统一战线）以及利益集团等。

按照政治学的传统说法，国家基本构成的三个要素是主权、人口和地域。如果说这三个要素构成了某个共同体，或者说某种实体社会，那么，这种"实体"的含义和形态对于这三个要素来讲，是不一样的。比如，人口和地域都具有物质形态，或者本身就是物质性的存在，而主权却不具有物质形态，其实体性是指对某种功能的性质确定。又比如，在三个要素中，只有人口的实体性本身就具有主动性，而无论主权和地域的实体性如何不同，它们的功能设置和空间确定都是由实体性的人的愿望和行为来决定的。因此，这三个要素所构成的实体社会应该有一个共同的维系，这个维系就是政治。换句话说，国家是一种作为实体的政治社会，这个"作为"就是社会政治的一个基本相关性素。

如果说，上述国家的三要素理论过于传统，那么，从国家的实际含义和功能变化中，可以更清楚地看出国家作为实体的政治社会所具有的社会政治相关性素含义。二战以后，国家的概念有了很多变化，其中最根本的就是主权。也许是出于对战争的恐惧，战后成立了联合国，其常设的权力机构也被叫做安全理事会。但是不管怎样解释联合国的合法性和作用，其新增的含义就是对国家主权的限制，因为联合国可以用多数国家的同意这种方式干涉某一或某些国家的主权，出兵朝鲜和伊拉克就是典型的实例。不过，反过来讲，把这种做法叫做国家主权概念的扩大也行，因为不仅联合国仍是由单个国家组成，其决议的认可与否仍是取决于各自国家的决定，而且每个成员国议论和干涉别国的内政都可能是合法的行为，是它们在另一种场合行使自己主权的正当做法。

以联合国为例，只是因为它几乎包括了所有国家，涉及了几乎所有的社会活动。然而这里的道理却在于，正是这种变化，使得作为实体的政治社会包括了国家政治和国际政治两个主要方面，而且使得国家真实地成为世界中的国家，或者说只有在世界的意义上才成其为国家。根据同样的道理不难理解，诸如跨国公司、互联网、环境治理或生态保护等现象，不仅都是作为实体的政治社会的国家所必须面对的问题，而且还是这种国家的实际活动形态。反过来说，正是在政治社会的意义上，所有这些才实体性地成为社会政治的相关性素。进一步说，根据这些相关性素的相互作用和真实形态所构成的社会政治，我们才能真实地言说所谓国家政治、国际政治，以及世界中的国家、全球化，等等。

相对主权来讲，政党似乎更具有实体性，这至少是因为它的构成包括并有赖于一定数量的党员，就像人口是国家构成的基本要素一样。但是，和国家不同，政党作为实体的政治社会并不在于它的物质性存在，甚至也不在于它自身的组织形式和功能作用，而在于社会运转的必需性以及政党担当这个必需性的能力。这个必需性至少包括两个主要内容，一是执政载体（也就是权力实施），一是产生这个载体（也就是选举）。不难理解，由于社会分工的高度复杂和技术手段的不断进步，全体的社会只能由少数组织起来的人来分配和实施权力。但是，由于政党是少数人构成的，政党可能产生的权力（以及其他）弊端也是很显然，所以不仅中国古代的政治传统反对结党，从英国革命直到美国革命的一个传统，也是抑制政党政治，比如，美国的国父们都严肃告诫过不要成立政党，英国国歌中还保留着"锄奸党"的表述。但是，由于国家组织和运作形态自身的必需，政党形式和政党政治还是不得不成为现代社会运转的基本机制。比如，甚至在推翻巴蒂斯塔政权后马上废除了所有政党的卡斯特罗，后来也很快又不得不建立了古巴的社会主义政党。

但是，某种基本机制之所以也能成为实体性的政治社会，简括地说，就在于现代政党是社会政治的主要整合力量。从理论（或法理）上讲，政党不是权力机构，政党也只能以组成或参加政府的形式来执政，所以，政党政治和国家运转的政治行为之间必须有某种转换。根据前面（主要是"概念关系"一章）的论述可以看出，这个转换就是社会政治的一个基本的和重要的功能，而政党是以其实体力量来实现这种社会政治的诸因素整合的。从这个意义上讲，政党作为实体的政治社会的含义固然包括它自身的组织形式以及活动领域等因素，但就其作为社会政治的相关性素来讲，应该是指它以相对固定，以及被普遍认可的实体力量对社会政治的统领性整合。

同盟作为某种实体是很好理解的，因为它至少是由若干组织及其成员构成的。这里所说的同盟是广义的，包括各种合作、联合，以及中国的统一战线等实体形式。但是，与一般不假思索的答案相反，对某个同盟的确定不是由其构成各方的相同点来标识的，而是以它们的不同或区别来确定和划分的。所谓确定，是指不同的集团（国家、政党、派别、组织、群体等）本来就都有各自的性质和特征，只是由于某种需要，它们才结成某种同盟，所以，它们的一致之处实际上是各自为了实现同盟而达成的协议，甚至是所付出的代价。所谓划分，是指在存在多个同盟的情况下，它们的区别也正是由各自的性质和特点来决定的。因此，这些不同或区别就成了同盟的边界，既是某一同盟得以形成的边界，也是各同盟之间的边界，而正是这种边界构成了作为政治社会的同盟实体。

显然，这种边界的内容是十分多样的，这至少是因为同盟各方都有自己的主张和利益。因此，把这些不同以某种方式沟通起来，或者说形成某种各方都接受的另一种约束机制，就是同盟真实的存在性质和活动场域，也就是所谓实体性的政治社会。在这个意义上讲，同盟是通过对权威和权利的运作成为社会政治的相关性素的。同盟当然可以拥有权力，比如联合国、各种国际法庭以及特殊时期的联合政府，但是，同盟仅仅主张自己权力的合法性是不够的，它必须有能力制定和实施权力。因此，同盟就必须建立自己的权威，而这个权威实际上就来自各方都具有的结成同盟的权利，剥夺了这个权利，同盟就不合法，或者是无法区分合法与不合法的权力，以及正当的权威与强权政治。正是这种对于权威和权利的运作，使得同盟自成一个相对独立的政治社会，并且以社会政治的形态制定和实施权力。比如，由于在成员国的主权和成员国的同意之间有着很大的、而且是不确定的运作空间，联合国的权力实际上是不确定的：它或者没有权力，只有权威；或者没有权威，只是权利的让渡和整合。同样，权威和权利的运作也包含传统、个人魅力等因素，比如不结盟会议中铁托的作用、中国多党合作和统一战线中共产党的作用。

对于利益集团，在政治学和社会学都有其概念表述，不过，它的含义其实很模糊。很显然，既定的实体以及这些实体各种形式的联合或组织都会有自身的利益，但是，如何确定它们是某种"集团"却很困难。因此，由利益集团构成的各种实体只是某种形式，而它作为社会政治的相关因素，却是指利益的实体化运作。换句话说，利益的追逐自身就是一种社会形态，它不仅提供了政治活动的基础和动机，而且随时随地转换成真实的社会政治。

事实上，作为社会政治的相关性素，政治社会的实体形式并不只是国家、政党、同盟及利益集团。不过，如果把这些实体形式无限放大，比如包括任何组织或者政治性组织，那么就可能失去政治社会相对独立的形态特征了，或者说，无法在与一般社会相区别的意义上言说政治社会的相关性素了。因此，政治社会在此并不仅仅指某种社会领域（比如社会的经济、文化等领域）的形式，更重要的是指这个社会领域的活动形态，也就是以其组织、功能、机制等要素运作所构成的社会政治的实体性相关性素。

五、习惯及其文化价值

至少由于生活中许多事情是重复进行的，因此每个人在对待具体的事情时都会有自己的习惯态度和做法。不过，这里要说的显然是某种社会习惯，它包含两个意思，一个是指大多数人在对待同样的事情时所采取的大体一致与相近的态度和做法，另一个是由这些具体的习惯所体现的各种判断标准。实际上，这些判断标准就是一种文化，因为它们并不专门针对某个具体的事情，而是暗含着对各种事情应该如何的预期。不管个人的习惯如何，如果它并不与其他人有关联，或者说不影响别人的习惯，那么无论这个习惯是否和大多数人相一致，都没有产生社会影响。反过来，如果个人的习惯由于影响到了多数人的习惯或者仅仅因为与多数人的习惯不同而受到批评或劝阻时，那么这些批评或劝阻必定是依据某种评判标准才是可能的或合理的，否则批评或劝阻也只是个体性的意见，或者只是个人的不同习惯之间的差异表达而已。因此，习惯及其文化价值既是一个事物的两个层面，也是这两个层面的关系体现。换句话说，当评判标准也成为习惯的时候，即当某种意见无须经过理性思考就自然做出的时候，某种评判标准的价值其实是在既存文化的意义上被使用的。这样的文化现象如果具有政治含义,或者说在政治层面起作用,那么其价值就具有社会政治的相关性素功能,或者就是社会政治的某种相关性素。

比如,每个人都可能有自己的生活习惯,为了使这些习惯不至于相互妨碍,就会形成某种每个人都需要或应该遵守的规则。对于这些规则是什么,可能要根据具体的需要、环境、传统等因素来定,但是在这种关系中,规则本身就成了具有文化价值的习惯。正因为如此,诸如不随地吐痰、出席会议前不要吃大蒜、在饭店吃饭不要大声谈笑等要求,才会在文明规则的意义上影响或约束本来完全属于个人生活习惯的做法。如果将这些要求放大或加强,其文化价值和规则习惯就可能转换成某种社会政治的相关性素。比如,它们已经被作为文明礼仪的从属要求和具体内容,或者被作为改革开放应有的生活习惯和行为风貌,尤其在某项具体活动或与外国人交往的时候更是如此。实际上,这些都是非常琐碎细小的实例,而且也并不等于中国人真的不懂礼仪或者生活习惯很落后,但是,它恰恰表明了习惯及其文化价值作为相关性素的社会政治转换特点,即可以用文化的方式缓和或开释某种矛盾。具体说来,这种相关性素的作用在于,一方面要维持中国是一个具有悠久传统的礼仪之邦的自豪感,另一方面又要叫人相信接受新的习惯是与国际接轨相一致的文明取向。

事实上,习惯及其文化价值是某种相关性素的两个方面。一方面,习惯的形成包含着各种价值评判。不难理解,习惯是逐渐形成的,因此,如果习惯作为社会政治的相关性素,最直接的根据应该是指它对于社会政治生成所起的作用。在此意义上讲,习惯所具有的生成功能本身就体现了某种相对独立的价值维度,而这个维度就是评判标准的存在空间。在这个空间里,价值评判既扮演着是否允许习惯形成的"审查者"或"守门员"的角色,也和既成习惯一起成为某种价值标准。因此,习惯本身就成了一种连结社会和政治的相关因素。另一方面,习惯的文化价值就是社会政治的某种维系参照。在具体的政治活动中,观念和行为之间并不总是一一对应的,这种情况包括各种故意(比如虚假、权益等),但是从根本上讲则是文化价值在政治领域的正常功能形态。所谓正常,指的正是习惯和文化价值的关系。文化自身就可能具有政治性,既可以是某种政治文化,也可以对某种政治的生成和确立产生作用,但是,当这些性质和功能以习惯的形态来确定和发挥时,它们就成了习惯自身的文化价值。作为相关性素,它既可以就是具体的习惯,包括规则的形成和运用本身成为习惯,也可以是某种文化价值的运用,包括判断、批评、规劝、约束、导向、制约等。但是,由于这些做法采取了习惯的方式,或者本身就成了习惯,所以就在作为社会政治相关性素的意义上,和法律或政策的做法有了明显的区别。

如果说,习惯及其文化价值主要是作为某种评判和参照而成为相关性素的,那么,由此提供的各种转换可能包括了主观和客观两个方面,而且这两个方面既可以各自独立起作用,也可以相互交织甚至互换。比如,从习惯的角度讲,举办一次运动会应该属于文化活动,这种"应该"的含义既可以体现为客观存在的事实,也可以看成是主观的判定。但是,如果有人(或某种势力)想为这场运动会添加某些文化或体育之外的含义,或者干脆想利用运动会达到什么别的目的,那么习惯的做法就可能发生变化。如果另有目的的一方用某种政治意愿和要求来干扰破坏运动会,维护的一方就可能用排除政治因素的方式来主张运动会在习惯上的文化属性。然而,这两个对立的方面其实都已经卷入了某种政治转换,也就是用不同或对立的政治态度来对待文化活动。

在这个转换中,主观和客观两个方面是相互交织和互换的。从客观上讲,双方矛盾的共同参照恰恰都是某种习惯及其文化价值,否则运动会对于破坏和维护的双方来讲就成了另一种活动了;从主观上讲,双方都已经把运动会以外的因素作为批判标准了,否则由此产生的矛盾就成为一种虚假。有时候，历史的因素也增加了这种情况的复杂性。比如，对于政治由什么人（力量、手段等）来掌握会更好或更合理这个问题，历史上就有着不同的习惯看法。在古代，中国和西方都相信某些贤哲（孔子、柏拉图等）的看法，认为有学识和讲道德的人是最具有权威的，应该执掌政治权力；而19世纪以来，全世界的人都越来越相信科学，以至于认为政治问题也应该由科学来解决，至少是可以科学地加以解决。在这种历史演变中，习惯及其文化价值的相关性素作用不仅十分明显，甚至就是政治的社会联结的直接因素。

习惯的形成总有一个过程，在这个过程中，人们反复运用了评判和参照，逐渐在习惯上确定了某种文化价值，或者使这种价值的普适性本身成为习惯。评判和参照的作用表明，习惯及其文化价值之所以能够作为相关性素的内在根据，是它们与权威的联系。就林林总总的习惯来讲，权威应该是政治学中具有最高位概念的一种习惯，这至少是因为，如果说权威是权力的来源和保证，那么权威本身是出于习惯才逐步形成并被普遍接受的。在此意义上讲，也许休谟已经涉及过这个问题，因为他一方面认为不是一致同意，而是效用才使人们接受政府的权威，但是另一方面，这种接受的习惯又是会变化的。

正因为习惯所具有的价值参照的普适性，习惯本身也是一种权威，而且可以作为评判权威的一个重要标准。其实，政治学的大部分概念、尤其是关于权威的概念的确古已有之，只是随着习惯及其文化价值的选择而产生不同的含义罢了。比如，权威的含义在不同的时期就曾有过一致同意、效用、合法性等各种解释，但是，习惯对权威的作用或者权威对习惯的依赖，使得人们无法放弃权威的概念和实体。于是，或者对权威另作解释，或者含糊地说"新权威"，或者干脆在权威的名义下塞进诸如独裁、极权之类的东西。如果说，希特勒把权威等同于权力的做法已经声名狼藉，那么，共产主义所设想的无阶级社会则是把权威消散融入进每个人的自由的充分实现。进一步说，如果共产主义也是一种乌托邦，那么它的作用恰恰在于如何使之作为习惯不断地在现实的政治生活中确立，从而才有可能逐步实现它的意义，正如列宁看到的那样，这个"如何"和"逐步"的真实状况，取决于千百万人的习惯。

六、观念信仰

所谓观念信仰有两个意思，一个是指信仰本身的观念性，另一个是指由各种信仰构成的某种观念形态。这样，观念信仰指的就是以观念形态存在的信仰现象和行为。但是，信仰的政治理念和倾向及其内容都可能是不同的，具体内容可以是确定的信仰，而信仰的观念形态才是社会政治的某种相关性素。

信仰是一种观念形态的强制性文化，具体的个人可以有某种信仰却不一定按这个信仰的规范行为，但信仰本身如果失去了强制性就不成其为信仰了。在这方面，早期教父德尔图良关于"我信因其不讲理"的说法是一个准确而经典的表述。作为强制性文化，信仰就是一种意识形态，而正因为如此，德尔图良的说法才会在他活着的时候被打成异端，后来又由教廷出于政治需要来加以平反。但是，意识形态并不都是信仰，所以信仰作为相关性素可以不专属于某种政治理念和实体，却可以加强对某种政治理念和实体的遵从。

简括地说，观念信仰是以其观念形态成为某种强制性文化的，在这方面，它和意识形态大体一致。当然，从分类学角度讲，前面是把意识形态作为概念关系来分析的，但这正表明分类标准其实是相对的，而且被分类的对象也是相互关联、相互转换的。所以，作为相关性素，这里要分析的内容针对，主要是观念信仰与意识形态的一些明显区别。首先，信仰虽然是一种观念形态，但是它本身又是具有本体性的。这个特性当然是一种形而上学的本体化，但是惟其如此，"信"本身才能够是一种逻辑与历史相同一的实质性存在，德尔图良也才可能说信仰本身是无需证明的，甚至是排斥对它进行论理证明的。意识形态不具有这种本体性，它只是制造者或发出方的意愿体系和制度承诺。其次，信仰的强制作用虽然可以由具体的行为来体现，但是这种强制性本身却是自觉的，也就是说，工具理性是内在于信仰自身的。相对来说，虽然意识形态可以使对它的遵从成为一种自觉的行为，但意识形态本身就是一种工具，或者说达至或有助遵从的行为是对象性的。在这个意义上讲，强制作用在信仰是一种原因，而在意识形态则是一种结果。第三，信仰不提供任何承诺，或者说，可能的承诺与否并不与信仰的特性具有必然的联系，而前面的论述已经说过，承诺是意识形态必不可缺的构成部分。

从上述区别来讲，观念信仰实际上是以两种基本形式或作用成为社会政治的相关性素的，一是转换悖论，另一是调和制度。

观念信仰提供了政治生成的可能和空间，因为它以某种悖论的观念形态给出了强制性选择。在此意义上讲，作为相关性素，观念信仰可以针对、通过某种价值抽象，或者就把这种价值抽象作为相关性素本身，从而形成某种社会政治内容或作用。比如，女性主义所要求的作为女人的女人就是一个悖论，即作为女人就要平等；不平等才是女人。从逻辑上讲，这个悖论的问题当然出在"女人"这个主词的自我相关，但实质是主词本身包括了"男性"在内，即平等与不平等都是以男性为参照的。因此，观念信仰在这里所指涉的含义是男女平等的要求，但是作为相关性素，这种指涉是、甚至只能是以某种悖论的形式转换出来的：妇女之所以会要求平等，是因为社会是男人的社会；但是，如果任何地方都讲男女平等，事实上就不平等了，因为至少男女的生理结构和能力就不同。问题在于，这个自我相关的真实含义并不是生物性的，而是政治性的，即由男性世界带来的男权政治。因此，男女平等实际上是以男性为参照的，而作为相关性素抽象出来的男女平等价值观就难免要和这个参照自我相关了，并可能以悖论的形式作出各种强制性选择。比如，为了保障男女在政治上的平等，就在各级领导职务中规定由女性来担任的比例，但是，这种做法本身不仅对于男性和女性来讲都是不平等的，甚至是以承认政治能力的性别差异为前提的。又比如，保证男女参加工作的权利是平等的，但是，如果由此形成妇女也要甚至必须参加工作的社会心态和制度要求，那就可能是不平等的，而且在此意义上讲，男女同工同酬其实也是不平等的。换句话说，平等不是不平等、平等就是不平等这两个命题都是对的。

在上述实例中，消除悖论的出路就是把男女的性别差异转换成对某种道理的观念信仰，也就是男女应该在政治、经济、社会、文化等方面的权利平等。这样，平等本身作为观念信仰，或者说抽象的价值观就具有强制性，但它并不排除选择，相反却提供了某种强制性选择。争论是这种强制性选择的常态，而具体的选择内容却是多种多样的，从革命时期的妇女解放、和平建设时期的保护妇女儿童权益，直到形式多样和内容复杂的女权主义要求和运动等。这些争论和行动都是政治性的，也都有各自的政治要求，但它们都是把"男女平等"作为共同的观念信仰，并经由其相关性素的作用而成立的或具有真实含义的。

事实上，观念信仰的悖论形式可以在任何社会联结中成立，因为逻辑上的悖论是既可以制造出来，也可以消除掉的，关键就在于如何对待主词的自我相关，而社会联结总是以主词的形式具有转换功能的。如果从信仰本身的终极性或绝对性来讲，对上帝的信仰就是一个悖论，因为这个信仰的真实性在于，对于信徒来讲，上帝存在是对的、上帝存在是不对的。

现在来说调和制度，即观念信仰如果落实到制度层面，它就有可能以某种信仰的观念形态来调和不同价值观的矛盾，从而为消除制度本身的悖论提供根据。就现代社会来讲，普遍认同的是民主制度，因此，最具有政治特性的观念信仰是民主，或者说，民主政治是政治制度信仰的核心价值观。但是，民主是各种各样的，如果各种特定的体系都认同民主的观念，那么具体的制度就不可避免地要处理特定民主之间的矛盾。换句话说，当民主被作为某种政治制度的特性表征的时候，我们就可以在比较的意义上说某个国家（或制度）是民主的或不民主的；而当民主被用来作为特定政治体系的合法性根据、并以价值观的形式加以推布时，民主就成为一种意识形态。因此，对民主的观念信仰就成为制度层面的社会政治相关性素，其主要作用在于处理程序民主和实体民主的矛盾，或者说，连接民主的程序和实体。

在各种关于民主的理解中有一个共同的地方，就是人民当家作主，但是，不仅这种"作主"不可能由构成"人民"的所有个体来共同实施，而且"人民"的实体含义和存在形式也都是不同的。因此，不管怎样理解民主，民主的对立面都是指某种"专制"（或"集权"），而能够做到民主的真正保证及其真实的功能体现，也就都是某种能够抵制专制的程序体系。作为程序，不同的政治体制可以设计和采用不同的程序，这就使得判定是否民主的标准成为困难，或者说缺乏可比性。但是，如果把民主作为实体，不仅会在"人民"的性质和构成方面出现问题，而且不可避免地使民主本身包含专制的成分。比如说，如果民主是一种平等的价值观，那么在要求平等者被平等地对待的时候，不平等者不被平等对待也就是民主的了。事实上，早在上个世纪 20 年代，科尔·施密特就在《议会制民主的危机》中指出了这个矛盾，而他所担心的，恰恰是实体民主所包含的专制成分或可能结果。但是，施密特忽视了一个根本的问题，即实体民主的建构性是由程序民主的现实性来保证的，否则观念信仰就有被悬置的危险了。

至少从理论上讲，消除悖论或者说连接实体和程序的最好实例，就是中国的社会主义民主，因为在这个民主制度中，民主作为观念信仰只是实体与程序的联结参照，而实际运作则是坚持两个内外有别的基本原则。所谓对外，指的就是对人民的民主和对敌人的专政，这样，民主作为实体的存在就排除了主词相关的可能。至于对内，其内容包括人民代表大会制度、民主集中制、政治协商等原则，而由于这些原则的适用对象只限于"人民"，主词相关的悖论就不可能发生，相反，民主倒是可以在具体的政治活动中成为现实，民主本身也才可能在价值选择的意义上成为某种实体。事实上，内和外也是可以转换的，毛泽东关于正确处理人民内部矛盾的论述和做法就是一个典型的实例。在这里，人民内部矛盾的存在不仅是一个事实，而且是一种观念形态，因此，可以根据这种内部矛盾的转化情况，调整制度在对内和对外方面的适用针对和领域。同样，毛泽东的《论十大关系》是讲国内的事情，但当时正确处理这些关系有着明显的国际（即外部）背景，比如资本主义世界对中国的封锁和社会主义世界中苏联的领导地位，这就使得内部十大关系的处理直接关系到参与外部现代化竞争的能力。在此意义上讲，这些矛盾和关系所体现的相关性素含义，是如何对待社会主义信仰观念与社会主义制度创制的连接转换。①

民主在程序和实体方面的矛盾表明，只有确定和维持对民主的信仰，这种观念信仰才可能作为相关性素使民主成为真实的政治。在这种情况中，不仅民主的真实含义只能是历史性的，而且也只有历史地建立起某种观念信仰（比如平等、自由、理性等），各种民主制度才可能具有真实的价值观认同。因此，所谓调和制度指的并不是各种制度的趋同或无矛盾，而是通过观念信仰的强制作用来实现不同民主制度的合理性与合法性。同样，真实的民主并非没有强制性，但是观念信仰的强制性却不必然等于或导致专制，相反，它

---

① 《关于正确处理人民内部矛盾的问题》和《论十大关系》，见《毛泽东选集》第五卷，人民出版社 1977 年版。

提供了连接实体与程序的根据,以及不同民主制度的可比性参照。

民主只是观念信仰中最具特征的一个内容,而信仰的观念形态才是民主作为相关性素的根据,或者说才能够为相关的社会连接提供可能。由于具体的政治行为不可能是中立性的,因此只有把某些基本的价值观作观念形态的信仰抽象,才可能使具体的程序摆脱主词自我相关的悖论,从而在可比性参照的意义上提供各种调和制度的社会联结。比如,"正义"就是这种观念信仰中一个基本的价值观,而当罗尔斯在《正义论》中用"权力优先于善"的原则来解释"正义"的时候,民主是在实体存在的意义上得以实现其程序转换的,也就是所谓"作为公平的公正"的具体形式。事实上,正是把这种解释作为某种观念信仰,才可能为罗尔斯后来的观点变化留下余地,也就是说,他才可能在《政治自由主义》中认为正义的原则是实质性的。在这种变化中,具体的正义不仅具有政治性取向,而且也只有在其历史性建构的意义上才是可能的和可以理解的。换句话说,信仰本身的内容并不是固定的,但是,信仰的观念形态及其强制性作用,却可以使观念信仰成为某种用来进行各种社会政治连接的相关性素。

七、政治与经济的转换

在第一章中已经说过,各种领域是相互关联的,而且从特定性质和内容要求来讲,不同的领域是可以相互转换的。由于经济在社会发展中的基础作用,以及对利益落实的物质保证作用,一定的经济状况既是政治活动的出发点,也是政治目标的内容归宿。因此,对于社会政治来讲,政治与经济不仅是社会联结运作中两个最为重要的领域,而且它们的相互转换也具有最便捷的转换途径或形式。比如,在第三章讨论政治系统与政治运作时说过,中国改革开放的一个运作特征是政治的经济化,而西方国家在处理国际政治时正好相反，是经济的政治化。这其中的原因主要在于，中国的改革开放需要正确把握和谨慎处理改革、稳定和发展的关系，所以政治经济化不过是所谓渐进改革的政治运作特征；而西方则是要设法保持它们在现代化竞争中的优势地位，所以经济政治化才成为国际政治运作的常态特征。

显然，不同领域的相互转化并没有否定各自领域的存在性质，而是从转化中生成了某种意义，或者产生了某种作用。因此，这种转换需要及其机制具有自身独立存在的性质和根据，而这种性质和根据的真实含义，就在于它们都是社会政治的某种相关性素。特殊地说，由于经济在物质支撑和利益分配上的极端重要性或基础作用，在各领域的转换中政治与经济的关系才成为社会政治一个最基本的相关性素。在实际运作中，具体的转换内容和形式当然很多，但是从社会政治的生成和维系要求及特征来讲，各种转换都是有一定旨向的，也就是为一定目标服务的。因此，政治和经济的转换作为社会政治相关性素的含义或作用大致包括如下几个方面，即社会层面的政治观念转变、经济制度合法性的社会认同，以及社会稳定的导向建构等。为了更清楚和更方便地说明问题，这里以中国的情况为实例，分别说明这个相关性素的具体含义方面及其作用。

首先，对于政治经济化来讲，观念转变、社会认同、导向建构等主要含义或作用作为相关性素是整体化的。在中国的改革开放中，政治经济化有两层主要含义：一是指用经济的口号和做法来实现政治目的或要求；另一是指在这样做的同时的确也促进了经济的发展。这两个含义互为表里，互为因果，不可分割，因为如果只讲第一个含义，政治经济化就成了技巧、甚至权术，如果只讲第二个含义，政治经济化就不存在了。事实上，政治经济化表明的是理解和处理政治与经济关系时的一种机制特征，而改革开放以前是用政治计划经济，因此改革开放就讲以经济工作为中心。但是，这一变化并不等于割裂了政治与经济的联系，也不是用经济来取代或消解政治（尤其是意识形态），相反，以经济工作为中心本身就是政治，是政治要求和运作的重心转移。从现代化建设来讲，政治经济化这种做法的必要性在于，中国的改革开放，一要改变过去的政治运作模式，二要把本来不是经济学意义上的"计划经济"转变为经济运作机制意义上的社会主义市场经济。因此，政治经济化不仅是改革开放以来的一个基本事实，而且这样做的可能及这样做的实际功能，都在于它是作为某种相关性素对既定目标起作用的。事实上，尽管政治经济化是一个具体的改革方式，但是就其所具有的普遍性理论含义来讲，它体现了政治和经济相互转换的性质和根据，所以才能够成为社会政治的相关性素。

其次，就社会层面的政治观念转变来讲，政治的经济化其实有一个针对性前提，就是作为指导全社会发展的政治观念的转变，即由以阶级斗争为纲转变为以经济工作为中心。事实上，由于忽视了对社会政治特性的认识，或者说不能正确把握相关性素的含义或作用，在理解政治改革和经济改革方面普遍存在的一个误解，即中国政治改革一直滞后于经济改革。其实，这种看法只有在政治改革还没有与经济改革相对分立，并很好地服务于经济改革的意义上，才有一定的道理，否则，就是对中国改革开放的一大误解。关于这一点，我们在第三章的第四小节已经说过了。简括地说，中国经济改革不仅始终是由政治改革开启和推动的，而且就这种关系来讲，中国改革根本就是一场政治改革，而政治经济化做法的真实含义，不过是以生产关系和上层建筑的变革来解放和促进生产力。当然，这种政治经济化的做法从一开始并不一定是有意识的自觉设计，而所谓"摸着石头过河"的做法多少也助长了改革开放的各种实用主义。其实，在中国的现代化进程中，坚持经济改革和反对经济改革的主张或行为，一直就是两种不同政治路线的斗争，否则，由计划到市场的转变就会是一项容易得多的选择。另外，所谓"政治改革滞后"的误解，在很大程度上也是受了西方学者的影响，或者是有意无意地以西方政治体制为参照的结果。① 事实上，政治经济化的做法从改革开放的启动就开始了，因为改革开放的工作中心转移原本就是一次政治转变，而以经济工作为中心的转移所摒弃的，只是过去那种用政治计划经济，或者说经济服从政治的现代化模式。

第三，在运作经济制度合法性的社会认同方面，政治与经济的转换指的就是由计划经济向市场经济的转轨，而它之所以作为相关性素，就在于它已经成为中国通行的第一政治。正是在这个转轨中，政治经济化的特征得到了进一步体现，而且，政治与经济关系的转化才得以形成"社会主义市场经济"这个具有社会政治特性的概念。我们已经看到，从政治计划经济的历史事实来讲，中国原来所谓的"计划经济"是一个政治学概念，而不是经济学概念，所以今天很容易用政治经济化的方式来进行市场经济对计划经济的替代。同样，市场经济的问题并不是改革开放以后才提出来的。至迟到 1961 年，孙冶方就明确提出经济改革的中心问题是建立市场经济，而且，他的主张是专门针对全民所有制企业来讲的，即要求"把计划建立在价值规律的基础上"。② 可以说，孙冶方也是用一种政治经济化的方式来表达他的意思，即把政治含义的"计划"作了经济含义的使用。事实上，这种做法之所以可能，正在于各种社会联结的存在，包括社会层面的政治期待、甚至误解。比如，不仅孙冶方的这种主张在当时被说成是修正主义，而且在"文化大革命"时期，即使不得不去搞经济建设了，也要用"抓革命，促生产"的说法来为经济建设寻求合法保护。"十四大"以后确定社会主义市场经济，在政治上并没有过去那种明显的路线和组织障碍，但是政治本身却融进经济而成为现代化模式的一种性质。因为，撤

---

① 参见孙津：《中国现代化对西方的影响》，河北人民出版社 1999 年版。
② 孙冶方：《关于全民所有制经济内部的财经体制问题》，载《孙冶方选集》，山西人民出版社 1984 年版。

开私有观念和私有财产对市场经济规则的支撑,市场经济前面的"社会主义"这个限定所表明的,不过是干预和调整宏观经济的政府(或国家)的社会主义性质。从计划经济向市场经济的转轨方式,以及市场经济运作中的困难,都是由这种社会主义性质所决定的,但不能反过来说,没有这种性质,中国的市场经济就肯定没有困难或容易实施了。

第四,之所以用政治经济化这种特殊的政治与经济转换方式进行中国的政治改革,或者说为政治本身的改革提供条件,本身就是一种保持社会稳定的导向性建构。在这个建构实践中,相关性素的作用当然是以渐进的方式来保持稳定,然而正因为如此,才不能认为中国的政治改革已经完成了。恰恰相反,当政治改革和经济改革可以同步进行的时候,其中一个现实而紧迫的课题,仍然是与政治和经济的转换直接有关的,即如何使权力资本退出经济领域,以保证经济改革的深化顺利进行。正因为如此,不仅必须弄清楚政治与经济的互动关系,而且要善于运用这种关系的转换作用。20世纪30年代以来经济学日益数理化的倾向已经表明,学术界的确有相当多的人是把经济规律当成一种可操作的科技来对待的,其基本特征就是从经济中排除政治因素。但是,这种情况已经招致了西方经济学界内部的许多批评,对此,弗里德曼的三个看法最为明确:(1)经济学涉及价值判断,因为虽然经济学研究的是某种目标可否实现、怎样实现,而不是目标本身的好坏,但是,现实中并不存在真正充分限定的目标;(2)主张经济学价值中立是故意回避具体经济政策的制约,也就是对影响经济学理论或模式是否真实的那些政治(以及社会、文化、心理)变数视而不见;(3)市场本身是发展价值判断的一种机制,而不仅仅是价值判断的反映。① 在这三种情况中,第三点看法最应引起注意,因为伴随市场发育的过程

---

① 参见费里德曼·米尔顿:《费里德曼文萃》,胡雪峰等译,首都经易大学出版社2001年版。

必然会带来社会各方面的价值观变化，正是这些变化提供了政治与经济转换的各种社会联结，仅仅把市场经济说成是按经济规律办事显然只是一种托词。

由上不难看出，政治经济化的做法并不一定是某种人为的安排，不过它所揭示的正是政治和经济的关系在改革开放中的相关性素特点。比如，在于如何处理政治与经济的关系的时候，既要达到促进经济发展，又要保持社会稳定，政治经济化就成了一种较为有效的恰当选择。政府不仅具有计划者与购买者的双重身份，而且，在计划经济向市场经济的转轨中，政府以及行政官员并没有完全丧失对经济运作的权力——如果撇开那些权力更加扩大了的情况不谈的话。所以，即使不谈从计划到市场这种转轨中观念改变和政策制定方面的政治因素，政府以及官员对经济行为的参与同样会有政治因素在起作用，并且产生出其他政治问题。即使是具体的经济政策，离开政治因素仍是难以理解和生效的。比如，对于中国的物价改革，罗宾逊和伊特韦尔就说过，"经济分析能够帮助我们研究这种物价制度的结果，但是，采取这些价格制度的原因就要从政治历史去探索了。"[1]

---

[1] 琼·罗宾逊和约翰·伊特韦尔：《现代经济学导论》，陈彪如译，商务印书馆1991年版，第404页。

第五章 构成机制

所谓机制,就是指某一事物运作的时候,它的各个部分在结构和功能方面有着像机器工作时各部件之间那样精准的关系。很显然,政治活动不可能像一架机器那样工作,因为政治是由人作为主体的,而且它不仅处在各种复杂的社会关系中,尤其是还要运用各种社会因素。所以,我们只能在某种运作方式的一般特征这个意义上来讲机制。如果说,作为相对独立的政治学科,社会政治的基本内容是由某些基本的概念关系以及相关性素构成的,那么,这两者应该有其能够、或者得以构成社会政治的一般途径或形式,也就是这里所说的社会政治的构成机制。

从前面的分析讨论可以看出,社会政治最基本的构成机制就是生成与维系的共生或建构功能。不过,生成和维系既是一种功能,同时也体现了整体构成机制各具体方面的共同特征,而在实际运作中,构成机制的各具体方面所起的作用及其运作形态是不尽一样的。比如,在一些基本的机制方面,有主要体现为功能性的支持、有结构性的转换、有建构性的适应、有方法性的试错与创制,以及整体形态的关系规制等,而且各方面的作用也是相互关联的,并由此形成不同的机制结构。

一、生成与维系

在第一章中我们说过,社会政治总是在"政治"的生成与维系的共时并存形态中成立的,也就是说,真实的政治主要是由各种社会联结来确定其具体内容和含义的。但是,社会联结作为独立存在的要素并没有确定的政治特性,而是通过各种连接的形式才给出了具体的社会政治内容。因此,虽然相对说来,"生成"指政治性质的确定,"维系"指这个性质的延续,但是,只有共时性存在的生成与维系才体现了某种普遍的功能机制,并且作为持续的过程构成社会政治的一般途径或形式。换句话说,这一节不仅要说明生成与维系的具体机制,更重要的是说明它们的功能内涵的普遍意义,即它们是依靠什么具有价值的因素而成为社会政治的构成机制的。一般说来,这些因素的普遍价值可以简括归纳为权利和义务,而权利和义务的互为包涵特性才构成了生成与维系机制的主要根据或普遍价值。

对于社会政治来讲,它的生成既是指某种逻辑,也是一种真实存在的过程,但却并不表示某种时间的起点。相反,生成的一个必要前提,恰恰是政治的已然存在,也就是说,它是针对共识的政治理念或活动而产生新的含义的。同样,维系也不是静止的持续,而是新生含义的独立运用。因此,生成和维系以其各自的功能和相互作用提供了社会政治的运行机制。为了表述方便,下面先分别说明这种各自功能的相互作用,然后再集中讨论权利和义务。

相对说来,生成的机制是从政治的角度出发,或者为了某种政治目的,把各种可能作为社会联结的因素选择出来,并安置成能够构成或转换为社会政治的直接对象。维系的机制主要在于对社会政治的确认和实际运作,但这种确认和运作始终是一种建构的过程,就是或者使生成所提供的对象保持社会政治的连接功能,或者使确认和运作本身成为又一轮的生成过程。事实上，建构在这两个方面的共存才成其为一种维持，因为虽然生成和维系既是一种逻辑关系、也可能有着出现的时间先后，但社会政治的真实含义总是由它们的相互作用给出的，所以它们在功能上是共时并存的。

具体的生成与维系是形式多样的，但是，由于政治是人的群体性活动，因此从普遍性来讲，如果每个人的利益取向都能够在政治活动中得到主张和保有，就必须有一个共同的规则。换句话说，社会政治总是在生成和维系中具有真实性的，那么尽管具体的生成和维系有各种形式，但是作为社会政治的构成机制，生成和维系应该是指某种规则。从逻辑上讲，这个规则应该是外在于具体的利益主张和保有的，否则生成和维系就会发生矛盾。事实上，历来的政治学并非没有涉及这种生成和维系的问题，只不过是把它们理解成了某种交换的关系，即把权利和义务看成一种对称关系，叫做权利和义务的对等，或者说一份权利一份义务。然而，这种看法并不符合现实，或者说是不真实的，因为某种政治（这里尤其指社会政治）如果可能，权利和义务必定是互为包涵的。在此意义上讲，这种互为包涵不仅就是生成和维系作为社会政治构成机制的规则，而且是生成与维系的普遍价值之所在。这种价值主要指某种功能作用，即权利和义务的互为包涵决定了社会政治总是在生成与维系的共存中成立的。尽管这种功能作用是整体性的，不过，如果一定要把权利和义务在生成与维系这个构成机制中的位置做一个相对区分，那么从逻辑上讲，权利是政治生成的根据和来源，义务是政治维系的支持和参照；从运作来讲，权利是政治生成的利益保证，义务是政治维系的责任转换。

生成与维系既是社会政治的构成机制，也是现行政治学所说的"政治"的存在前提。对于为什么会有政治，历史上有很多解释。比如，亚里士多德说人是政治性动物时，主要是指人有一个普遍的弱点，即必须相互依赖才能获得安全和利益。按此逻辑，相互依赖的人群就要有某种秩序，也就有了制定和实施秩序的权力，因此，权力的执掌和分配必然成为政治的核心问题。但是，在这个逻辑中，权力是外在的或后生的。实际情况正是如此，即权力是为了某种利益而派生出的工具性保障，各方力量（包括各个组织、集团、甚至个人）都可以用各种方法获得权力。但是，和权力完全不同，权利是天生就具有的，首先必须有权利做什么，如何以及是否获得权力的问题才可能生成或出现。

当然，对于权利的来源一直就是争议不断的，比如"人权"的自然性和社会性就是一个复杂而有争议的问题。因此，所谓权利的天生具有性只是相对权力的获取性而言的，至少，对于权利的主张本身就具有终极性，即权利主张本身是不需要根据的。至于权利的社会连接问题，我们将在第七章的"比较政治"一节中专门讨论，这里仅限于指出，由于假设了权利是天生具有的这个前提，对各种政治的理解和运作才是真实的，各种看法也才能够在随着社会变迁而产生的各种变化中具有现实的针对性。比如，如果说亚里士多德把某种政治及其运作看成人类美好生活所不可缺少的手段，那么奥古斯丁则把政治看成人的原罪的一个结果，而休谟和洛克已经撇开了生成与维系的问题，直接关注什么样的政治（或政治体制）是比较好的、或对人是有益的。

从理论上讲，无论是否提出、何时提出政治生成与维系的问题，至少对这个问题的关注的确是在18世纪就被遗弃了。这样说的根据在于，从那时以来，主流的理论都认为，社会活动中的各方或个体可以、而且只能根据他对于权利和义务的交易来运作政治。在这种情况下，权利的天生合法性被转换成了某种假定的合理性。比如，医生具有给人看病的权利，是因为人们假定他掌握了看病的知识并有能力达到预期的效果。但是如果进一步追究这个表面现象就会发现，这种转换恰恰表明了权利和义务的互为包涵。具体说来，一方面，医生的权利是特有的，所以它就包含了必须把病治好的义务，如果由于其他局限使得某种病无法治好，其实意味着治疗的要求已超出了此权利的义务；另一方面，如果治不好病是由于权利所包含的义务没有尽到，那就叫做医疗事故，医生就要负责任。这个道理还可以延伸，而且包括当事双方或各方的针对性。比如，医生是有专业知识的人，而这个知识就既是权利也是义务。对医生来讲，这叫做正当运用这个知识的权利和义务；对于其他方来讲，医生有学好并正确使用知识的权利，政府和父母则有保障这个学习和训练的义务。

　　根据上述情况的道理不难看出，各种政治（比如政党、政府等）活动也是权利和义务互为包涵的。事实上，正是由于权利是天生的，主张权利本身就是一种内在于权利的义务，而这种主张就是权利的真实拥有。但是，权力是谁都无法拥有的，它作为派生的、也是普适性的手段，只能是被获取的。因此，尽管政治并不仅仅是获取和实施权力，但是，当真实的政治由某种生成和维系的机制支撑并成立时，这个机制的基本构成要素就是权利和义务。

　　无论从逻辑还是现实来讲，政治的必需性和实效性都在于不断制造人们愿意或能够遵从的秩序。但是，尽管政治也有其特定的秩序或规则，政治作为手段并不就是秩序或规则本身。不难想象，这里的联系就在于利益，否则人就不会发明和运作政治了。同样，由于政治的派生性（也就是经由社会连结的生成和维系），政治冲动和需求必然以预期的利益为前提或目的，那么，支撑这个预期的普遍合理性只能是内在于人自身利益的主张和行为。如果说，不同的人的各种主张和行为都具有合理性和现实性，那么，这种合理性和现实性就只能来自人的某种普遍属性。这就是权利和义务的互为包涵，因为权利是人天生拥有的，而权利又是由义务来体现并保证的。这并不等于所谓一份权利、一份义务，因为不仅实际活动中权利和义务无法对应衡量，更为本质的是，权利的拥有并不必定因为其主张与否而成立或失去，也不必定因为相应义务的实施与否而增减。

事实上,权利的当然拥有及其与义务的互为包涵并不排除外在或派生性义务的存在可能,因为可以对权利的拥有作出选择。比如,社会公益或各种善行可以认为是某个人的权利,但是他不去做这些事并不导致他失去这个权利,更不影响他拥有作为一个公民的完整权利。反过来,他做了非常多的善事也不会因此增加他天生具有的权利。在这些情况下,义务可能是派生的,与权利无关。比如,义务可能出于道德关切,也可能是权利的运用结果,包括做与不做,以及做多少善事。因此,这里有一个至关重要的原则,即互为包涵的权利和义务是不可交易的,而派生的义务是可以交易的,比如为了奖励或扬名。根据同样的道理,单方面的权利在某种情况下也是可交易的,比如通过腐败获得特权或者迫于压力而放弃权力。然而,不仅这些都是另有特殊的原因,而且为了防止这些不正当的事情,主张权利与义务的互为包涵才更加成为人类愿意关注并参与政治的原因。因此,权利与义务的互为包涵不仅是真实政治生成与维系的机制前提,而且往往就是社会政治的运作机制。

生成和维系都是一种功能性机制,具体的政治活动中当然有不同的生成和维系方式。正因为如此,权利才是政治生成的根据和动因。但是,权利的实际内容是变化的,而且具体的权利是在实施中才有价值的,所以,如何运作权利就成了内在于权利的义务。但是,这样讲不是指权利生成了政治、义务维系着政治,相反,权利与义务的互为包涵和生成与维系的共时并存是一致的,而且义务的运作随时生成着政治的真实内容和形态。所以,这里是在普遍根据和一般形态的意义上,把权利和义务的互为包涵作为社会政治的一个构成机制的。

通俗地说,当政治由什么原因生成的时候,这些原因大致就来自各种权利,但是不仅现实政治的维系需要各种义务的实施,而且这些义务本身就是权利的功能体现,以及现实政治持续生成的活动形态。比如，即使在古代罗马，权利按照财产法规定是不受任何约束和限制的，但在实际使用时却要根据某些义务的概念含义和功能职责来进行。现行政治学把权利和义务看成是对称的做法，其实是割裂了权利和义务的联系，并由此忽视、或抽去了真实政治的生成与维系。实际上，权利的天生拥有也是有条件的和相对的。比如，就政治的手段性来讲，人们是为了有一个好的秩序才发明政治的，因此这个要求才被作为天生具有的权利，权利与义务的互为包涵也才具有了构成机制的意义。这种对于好的秩序的政治要求是沿着两条线索进行的。一条是哲学思考，主要是探讨人性的善恶，或者说，人天生就有的自由意志带来的矛盾冲突；另一条线索是社会制度，主要是探讨秩序的形成依据及运作方式。这些探讨造成了两个主要结果或传统。一方面是认识论的经验主义、甚至唯物主义；另一方面则是利益上的经济决定论。在现行政治学中，这两方面的矛盾就在于从对称关系来对待原本具有包涵关系的权利和义务，并且以一种矛盾的方式突出了对权利与义务的割裂。一方面，经济利益作为一种权利，排斥了政治制度的原创性；另一方面，经济利益的需要又使得政治制度将自己作为一种义务，从而为经济利益提供相应的法制保障。

从理论上讲，至迟到 17 世纪末，欧洲的启蒙理性已经明确探讨了建立一种好的政治社会的可能。这种可能有一个哲学依据，就是认为社会原本是不自觉的，叫做"自然状态"，每个人出于自己的感性考虑或判断而无法达成利益上的一致。到了 18 世纪，这种哲学依据在斯密那里变成了一种经济意识形态，即认为人不仅是感性的，更重要的还在于人是根据利益需要来获取或分配利益的。这种理性需要是一只"看不见的手"，它可以自动协调利益矛盾和冲突。这样，所谓理性冲突（其实就是阶级斗争）造成的政治矛盾就可以通过经济运作而成为法律规范和协调了。其实，这就是市场经济和民主政治具有内在联系的历史根据，而权利和义务也就在对称关系的意义上成了法律政治的核心范畴。因此，把"看不见的手"理解为价格变化或价值规律是不对的，实际上它就是指利益需求的调节机制。人总要吃、喝、住、穿，这些当然都是自私的利益需要，但如果按照斯密的想法，把这种权利当成义务，自私就成了利他的行为。更重要的是，如果能有一个制度使每个人都这样做利他的行为，这个制度就是好的秩序，甚至社会就能够和谐了。斯密的这种观念完全不是从道义上讲的，而是指市场的形成。一方面，经济活动中的商品交换由价值法则决定，另一方面，这种调节并不需要立法者。因此，斯密是从政治、经济和社会的总体关系来理解市场的，如果政治也像市场一样，就不会有来自外部的不公正力量去破坏社会和谐，而这种秩序也就是符合人对"美德"的理解的。①

自斯密以来，就人是因为经济需要而成为"经济人"来讲，所有有关"自然状态"的唯心主义就由经验论和唯物论代替了；而由于社会是依靠经济活动建立起来的，政治就成了必须适应经济基础的上层建筑。所以，尽管斯密想摆脱"自然状态"的努力并不成功，相反，却陷入了如马克思所说的在分工和交换之间作循环论证②，但是从斯密开始，"市场"实际上一直就是一个法律概念。③ 在我看来，这个概念的含义，是指用平等的方式获得的平等权利之间的交易和让渡。④ 能否真的达到这种"平等"，我们后边再讨论，但这个法律概念用在经济上却表明了一种新的社会机制：一方面，具有这种平等性质的或以这种方式来进行的经济活动叫做市场经济；另一方面，这种交易和让渡的制度化就是民主政治。

---

① 亚当·斯密：《道德情操论》，蒋自强等译，商务印书馆2003年版，第七卷，第二篇；第一卷，第三篇。
② 《马克思恩格斯选集》第1卷，人民出版社1995年版，第786页注40。
③ 斯密：《国民财富的性质和原因研究》，郭大力等译，商务印书馆2004年版，上卷，第一篇，第二章。
④ 参见孙津：《打开视域——比较现代化研究》，社会科学文献出版社2004年版，第一部分。

其实，无论现行政治学是否意识到，"市场"这个概念的成立已经透露出权利和义务的互为包涵了。从理论上讲，社会伦理和个人伦理都不必成为义务，因为义务不过是对最大自由的确认，所以自由和必要性不再成为矛盾。同样，政治也不再是法律争议的裁判，因为不仅社会契约和社会的同一性是一致的，而且政治活动的交易只是一种平衡、一种妥协。这样，权利不仅只能被认为是内在于义务的才是真实的和可理解的，而且在具体的活动中，作为权利的利益或自由是和作为义务的必要性或正义相协调的。但是，权利和义务互为包涵的逻辑结果在西方的思想史上一直没有被重视，所以实际情况就是一个简单的或单线的推论结果，即市场不仅就是法律，就是好的秩序，而且社会和谐可以在市场中达成。因此，也许正是忽视了权利和义务互为包涵对于现实政治生成与维系的机制作用，同时也是为了巩固和延续私有制的市场观念和民主政治，直到罗尔斯，终于只得从"公正"的角度来为摆平权利与义务的关系寻求出路了。

罗尔斯写《正义论》主要出于两个目的的考虑。一方面，他要综合有关自由主义民主、资本主义市场经济，以及高福利国家的再分配等问题，从而提出一套系统和完整的正义理论；另一方面，他要解决的问题是"作为公平的公正"，因此其理论针对是权利和义务在怎样一种关系下才是公正的。众所周知，要求法律平等的权利只是一种正义，但公平分配所依据的仍然是不平等的权利。因此，罗尔斯不是从道德和伦理的意义上讲正义，而是从技术层面指出，公正的性质在于权利和义务的统一。统一当然不是互为包涵，不过在罗尔斯来讲，这种统一不是交易，而是指法定权利的平等和利益分配的公平都达到了一种状态，叫做事实上的公正或作为公平的公正。[①]（由此说来，从权利和义务各自的正义性实现来讲，罗

---

① J. Rawls, *A Theory of Justice*（《正义论》），The Belknap Press of Harvard University, 1971, pp. 12, 62.

尔斯的书名翻译成"公正论"也许更恰当一些。）然而不管怎么说，罗尔斯的理论如果是合理的，权利与义务在他那里本来应该、也只能是互为包涵的，因为他虽然知道人类政治社会以前的所谓"自然状态"事实上是不存在的，但却认为可以用它来作为权利和义务关系的逻辑前提，也就是说，权利是由义务产生的。这里的逻辑在于，在没有法定权利时是只有一种义务权利，而在有了法定权利之后，公正就是使权利和义务相统一的义务。但是，罗尔斯以前的各种社会契约论其实只解决了政治义务，并没有从公正的意义上达到了权利（包括政治权利和经济利益）的平等。因此，公正的实现只能是一种状况，即在其具体的活动中所有当事人都达成了协议。

但是，这种状况看起来是根本不可能的，至少协议的达成会由于当事人的实际权利和谈判技巧的不对等而成为不公正。罗尔斯知道这个困难，但他并没有想出什么解决办法，而是提供了另一种解释，从而把这种不可能说成可能，并且把不公正说成了公正。他发明了一种事实，叫做"无知之幕"（veil of ignorance）。简单说来，这一发明的意思是说，人都是理性而自利的，但正因为如此，当时以及当事的各方谁也不会知道其他人的地位、能力、想法、命运、善恶等情况，所以达成协议的所有人都是不偏不倚地对待各自的利益，从而事实上把他们达成协议的原则当成了公正的原则。① 罗尔斯的理论繁杂精致，但"无知之幕"这个发明的意思却简单明了，其"公正"可以用中国的一句俗话来概括，即该是你的谁也拿不走，不该是你的争也争不到。那么，什么是"该"和"不该"的标准呢？就是维系理性而自利的人性的无知！由此还可以合乎逻辑地说，由于相互无知（权利）是平等的，不平等的分配（义务）就是公平的。

---

① 约翰·罗尔斯：《作为公平的正义——正义新论》，姚大志译，上海三联出版社2002年版，第6节、第25节。

当然，罗尔斯不会看不到"无知之幕"的这种脆弱性，于是他又把公正概念作了特殊和一般的区分，所谓特殊是指那些只适用于发达国家的公正原则，在那里，人性的自由（权利）比物质的利益（义务）更重要；而在其他国家，由于经济发展水平不高，还谈不上如何去实现权利和义务的统一。① 事实上，罗尔斯在这里的确回到了世界现代化发展不平衡的现实，所以他认为好的社会秩序只是发达国家的现实课题，而在发展中国家还谈不上。但是，也许正因为回到了现实，即现代化格局是由贫富差异构成的，罗尔斯的概念在这里反而有些模糊不清了，或者说偷偷地发生了变化，即政治权利变成了自由，而经济权利则成了义务。这样一来，公正原则就有两个悖论。其一，把财富由富人那里转给穷人是公正的；穷人分享富人的财富是不公正的。其二，必须自由平等是公正的；自由的不平等才是公正的。

不过，这个悖论并不难理解。从理论上讲，所有悖论的形成都是因为主词的自我相关，而在罗尔斯的悖论中，主词"公正"包括"权力"和"义务"两个含义，所以可以分别指涉相悖的两端。然而无论从逻辑上讲自然状态和社会公正，还是从事实上讲发展水平和社会制度，罗尔斯都是承认各种差别的存在的。这些差别的存在本身和平等与否及公平与否都没有关系，公正是否作为体现或落实了平等与公平的正义，取决于调节这些差别的幅度。照此说来，问题还是回到具体的社会制度上来，然而罗尔斯却认为，他之所以主张"权利优先于利益"，是在遵循康德道德律令的原则，从公正的角度来讲权利和义务的统一。② 事实上，无论罗尔斯的理论是否正确，即使依他的说法，仍然不可避免地导致权利和义务的某种包

---

① J. Rawls, *A Theory of Justice*, The Belknap Press of Harvard University, 1971, p. 302.

② 约翰·罗尔斯：《作为公平的正义——正义新论》，姚大志译，上海三联出版社 2002 年版，第 11 节、第 23 节。

涵关系。一方面，权利的产生来源于义务（即道德上符合自然状态的社会公正），尽管按罗尔斯的说法，这只是在发达国家才具备了现实的可能；另一方面，如果自由是指权利平等，那么如何使利益分配达到公平就是一种具有公正性的义务。这种本应具有的包涵关系在罗尔斯大致可分为三个层次。其一，作为一般概念的公正原则是义务包含权利；其二，作为适用于发达国家的特殊概念，公正原则体现为权利对利益（义务）的优先性，因为政治权利由于领受了具有公正性的义务，经济权利的公平实现就体现为政治权利（制度）的义务——这也许就是上述罗尔斯偷换概念的本意。其三，现实的公正是权利和义务的统一，它取决于调节自由主义民主、市场经济以及福利政策的社会制度。

由上可以看出，不仅事实是法律意义上的权利和义务关系无法保证达到好的社会秩序，而且罗尔斯在第三个层面上还是回到了权利和义务的对称关系，互为包涵又被悬置起来了。的确，权利和义务既不可能在数量上一一对称，权利和义务的统一也不能保证它们各自以及这种"统一"都具有公正性。因此，尽管公正原则不仅仅是一个道义问题，但是把权利和义务当成一种对称关系必然会失去公正的道义性，因为这样做只能是在公平交易的意义上对待权利和义务，而无论这种交易能否公平，权利和义务都是不能进行交易的。其实，也正是从交易的角度，权利与义务的关系才和市场经济与民主政治的关系成为二而一的问题，好像一切都市场化了，有损好的秩序的各种特权或不公正就不存在了。

如果我们不仅仅停留在对权利和义务互为包含关系的哲学表述，那就还是要回到现实政治生成与维系的实践上来。从实践的角度来讲，理论只有成为普遍的常识或习惯才会对行为的判断和选择起作用，因此，不仅罗尔斯的"无知之幕"是一种掩耳盗铃，就是哈耶克作为公正根据的"自发秩序"也是一个空中楼阁。什么样的法律才公正？对此不仅有政治因素（比如统治阶级按照自己的意志或利益需要去制定法律）的作用，而且更取决于能否确立所有人都愿意遵从的秩序（否则正义的公正性即公正就失去了根据和准则）。对此，哈耶克想出一个解释的理由，即认为真实地存在着某种"未经设计的规则"，它作为自发的秩序规定着人们对意图的选择，比如语言。对于这种解释，哈耶克最著名的例子是所谓"乡间小路"，即虽然每个人都想找最近、最好走的路，但逐渐清晰并最终形成的路却不是由于哪一个人的自觉设计。[1] 哈耶克认为这种情况有着重要的政治意义，因为它表明了秩序的形成，而且从合理期待和选择可能上讲，这种形成本身就具有公正性。[2]

　　正因为看不到生成与维系机制中权利与义务的互为包涵关系，同样是对市场经济的倡导和捍卫，哈耶克（"未经设计的规则"）是从权利上维护自由（即资本主义理性）；斯密（"看不见的手"）则是从义务上维护自私（即资本主义私有制）；而民主政治之所以和市场经济紧密结合，正在于政治权力对经济权利的义务。但是，作为国家形式，有什么理由说只有某种政治（比如资本主义制度）是民主的呢？而且，前面已经说过，市场经济的"市场"不过是一个法律概念，表示以平等的方式获得的平等权利之间的交易和让渡，有什么理由说市场经济对相应政治制度的要求必然具有公正性呢？事实上，无论"看不见的手"还是"无知之幕"或"自发秩序"都无法保证这些经济的、政治的或法律的平等的真实实现。不仅如此，把民主政治和市场经济绑在一块儿的现代法律本来就是人为造成的。哈耶克自己就认为，实际上的法律比立法更古老，保护市场经济的法律并非不知道它也在保护不平等，而在于它认为不

---

[1]　F. A. Hayek, *The Counter-Revolution of Science: Studies on the Abuse of Reason*（《科学的反革命》），Free Press of Glencoe. 1995, p. 40.

[2]　F. A. Hayek, *Law, Legislation and Liberty*, vol. 1: *Rules and Order*（《法律、立法和自由，第一卷：规则与秩序》），Routledge and Kega Paul, London. Hayek, 1973, p. 30.

平等是由个人的运气造成的,市场不过是对成功者的奖赏和召唤失败者继续努力的诱惑。因此,当权利和义务的对称被合法地用于经济和政治关系时,不仅社会,而且市场(作为法律概念)的公平性也被排除了。在这个意义上讲,哈耶克担心大众民主会导向专制的看法倒是有根据的,因为对民主政治和市场经济的拥护可能成为对社会公正的恶意利用。格罗·詹纳对此说了一句非常恰当的话:"市场经济本身既不好也不坏,既不对社会有益也不对社会有害,它正像其他的技术一样是一种进行劳动分工和竞争的经济工具,它在服务于社会的同时也给社会带来了伤害。"造成这种伤害的东西,就是詹纳所说的把市场经济转化成破坏社会和谐的资本主义,因为"资本主义是危害社会、责任私人化和贬低劳动的市场经济"。[1]

由上可以看出,是否割裂权利与义务的互为包涵不仅是学理上的看法,而且自觉不自觉地是由于政治理念的导向选择。因此,选择权利和义务的关系来说明作为社会政治构成机制的生成与维系,主要在于这个关系所体现的不仅是政治活动最为根本的动因,而且是它的利益旨归。这就恰好表明,政治的真实形态和具体含义是经由某种生成和维系的共同作用才形成的,而权利和义务的关系就是这种"经由"的一个构成机制。因此,这一节的意思不过是说,权利与义务的互为包涵为作为社会政治构成机制的生成与维系提供了一个普适性的表述,而且它既是这种机制的一个构成方面,也是这种机制的一个基本运作要素。

二、功能支持

如果说,生成和维系是构成机制各方面的总体性特征,那么,

---

[1] 格罗·詹纳:《资本主义的未来》,宋玮等译,社会科学文献出版社2004年版,第11、228页。

整个运作机制及其各个方面显然都应该对社会政治的构成具有支持的功能和作用。其中一个重要的机制，就是输入和输出，也就是各种社会联结进入（或形成）社会政治内容并发生作用的机制链环。在此意义上讲，社会政治系统也和任何系统一样，有着自己的输入和输出环节，并由这些环节的运作关系作为系统支持的基本机制。但是，由于社会政治的含义是在生成和维系中体现的，因此，所谓功能支持，主要指支持整个系统的输入和输出是针对生成和维系的共时并存关系而具有机制功能的。

为了便于说明这一点，可以先看一下戴维·伊斯顿的《政治生活的系统分析》，因为他虽然没有说到"社会政治"这个概念，但是他的"系统分析"所主张的那种具有"充分包容性的概念框架"，正是由社会政治的某种构成机制来体现的。戴维·伊斯顿为这本书的中译本写了一个序，译者为它起名为"社会科学、政治科学主要趋势回望"，其实，这里所"回望"的，就是社会政治应该引起研究者注意的趋势。伊斯顿开宗明义地说，他提出了一种新的政治科学研究方向和方法，而今天要说明的问题就是确定系统分析的位置。实际上，伊斯顿觉得需要给出的这个位置，大体说来就是指我们这里说的政治的社会联结。在他看来，一方面，现有的政治学研究模式"具有简约化的特征，所以它们恐难适用于政治研究的一切领域"，因此，"系统分析历来主张应有一个充分包容性的概念框架，由此来鉴别政治生活的基本范围，显现这些范围与其他领域的关系。"另一方面，"系统分析的目标和取向与应用性研究的选择并无很大抵触"，不仅如此，这种应用主要就是指对于政治系统与经济、社会等系统的关系处理。由于这两方面对现行政治学的范围扩展，伊斯顿的系统分析的对象不再仅仅是政治，而是"政治生活"；同样，输入和输出也不再仅仅是一般结构意义上的两个政治运作部分，更是功能上的不同支持状态。比如，输入分为"要求"和"支持"两种，而且输出本身"作为特定支持调解者"

的功能是经由了各种"对支持所受到的压力的反应"才做出或实施的。在此意义上讲,当伊斯顿的下述判断是有道理的:"系统分析现在仍然是研究一般理论的唯一通览全局的方法和高屋建瓴的视角,不幸的是,迄今它尚未遇见竞争对手。"① 但是,这种情况也许并不在于系统分析本身多么厉害,更可能的原因正在于伊斯顿没有由系统分析进而得出或明确提出社会政治的概念,所以看不到这一点的现行政治学更提不出什么可以和他竞争的东西。

不过,如果从社会政治的角度来讲,经由伊斯顿的分析就应该看出,作为社会政治的构成机制,输入和输出包括以下一些基本含义或作用。首先,输入本身是一种生成性支持,因此对社会联结的运作是有着要求旨向的。其次,输入和输出需要在维系社会政治方面不断地应对各种变化,并共同担负起处理各种反应的任务。第三,输出一方面以各种社会联结的协调机制支持社会政治的维系,另一方面往往就体现为具体的社会政治内容。需要注意的是,这三个方面指的是整体机制的功能构成环节,可以在分析的意义上说明它们的逻辑关系,但却不等于实际运作中实践上的先后顺序,而且它们之间也是相互作用的。

输入作为生成性支持,其处理的信息并不一定都具有政治特性,而且,由输入生成的具体内容,其政治特性更是依据不同的要求旨向而定的。实际上,这里的道理就是前面已经讲过的关于经由各种社会连接生成真实的政治内容的问题。因此,就这种生成机制本身来讲,它的构成包括三个主要因素,即专门机构、技术手段和来源途径。专门机构有的是特设的,比如调查部门、统计部门、宣传部门等等。但是从功能性质上讲,任何政治性的机构都有自己的输入机制,因此,所谓专门机构,不过是指以机构为形式或载体进行输入。技术手段比较容易理解,要注意的是,手段的不同可能影

---

① 戴维·伊斯顿:《政治生活的系统分析》,王浦劬译,华夏出版社 1999 年版,序言。

响输入作为相关性素的形式和作用。比如，网络的公开性和共享性一方面扩大了输入的来源途径和信息量，另一方面也带来了输入质量的下降，以及对准确性把握的困难。从相互作用来讲，网络途径的输入甚至造成了输出的困难，或者说它共时性地与输出交织在一起，一方面删减了转换处理的空间，另一方面则模糊了特定的要求旨向。又比如，特设的专门机构可以大大过滤不真实和不必要输入信息，但是另一方面也大大提高了对于把握旨向能力的要求。这样，生成具体政治内容的相关性素既可能是高效的，也可能是误导的。

输出的构成因素与输入应该是对应的，但是从方向上讲，输入的来源途径在输出就换成了推布途径。从形式上看，这种对应仿佛是两个平行的系统，所以还应该有一个相对独立的连接。实际上，现行政治学就是这样看的，即认为输入和输出之间有一个复杂的处理过程，以便在整理加工的基础上有选择地输出某些信息。但是，这种看法不仅把政治的生成和维系割裂开了，甚至只是在技术的层面对待政治，或者说，输入和输出本身都是中性的，既可以具有政治性、也可以具有其他性质。显然，如果输入和输出共同构成一个机制的不同环节，那么无论逻辑上和事实上，输入和输出之间都不应存在中断，或者说，如果存在一个把输入结果转换成输出材料的中间环节，那么这个转换也只是纯技术的手段或方法。换句话说，作为构成机制，输入和输出虽然各司其责，但却是共同起作用的。因此，真实的情况不是政治信息或内容分别被输入和输出，而是由输入和输出的关系体现某项活动的政治涵义或内容。进一步说，这个关系就是输入和输出机制的相关性素，它的具体要求和旨向规定了输入和输出对各种情况变化的反应，并在相互沟通、反馈以及协调中对这些反应进行处理。

相对说来，输入在搜集整理的过程中，同时实施把可能不是政治属性的信息转换成政治内容的功能，而输出在发出和传达政治信息、指令、导向等内容的同时，就以这种功能来维系实现政治的旨向确定,以及提出或开启新的政治生成过程。换句话说,输出并不仅仅是一种线性方向的运作,而且是一种矢量的体现,也就是更加直接地负责或参与现实的社会联结转换。因此,虽然输入和输出是相互作用并共同构成某种机制的,但是就功能支持来讲,输出实际上包括了对于各种反馈的调节。输入当然也以自己的方式对变化的情况作出反应,不过这种反应更多地来自系统受到的各种压力,而直接运作社会联结的调节则更多地由输出来承载或完成。所以,输出对于政治特性、内容及其活动的维系,就是各种社会政治协调整合的机制运作或功能体现。

输入和输出作为某种整体机制的基本构成因素是不难理解的,但是,上述三个方面的相互作用及其运作合力,才是输入和输出作为社会政治构成机制的功能支持的真实含义和形态。事实上,由于信息的数量总是过于繁杂庞大,以及各种分工总是不断细密和变动,输入实际上总是以某种特定的要求来选择输入的内容针对和范围划分的。这种情况其实就是应对压力的支持反映,它不仅体现为专门机构的职能划分或分工,而且还体现为某项任务的总体要求。至少由于两种要求,输入所要应对的压力是无处不在和随时发生的。一种是动员要求,比如,紧急状态以及可能发生的各种灾害或危机就是需要进行动员的压力;另一种是对政治导向和运作常态的稳定要求。由于这些压力,输入的内容针对和范围划分总是和所要解决的问题紧密关联的。根据同样的道理,输出的功能机制就不可能仅限于某种传导,而是包括从上到下、自下而上以及横向关系等全方位的协调和整合。因此,输出引起的反馈可以作为另一轮输入的信息或材料,但输出的协调和整合不仅包括了对反馈的处理,而且本身就是一种支持性反馈。

三、要素的转换模式

无论基本的概念关系、还是可能的相关性素,它们主要都是在各种社会连接中成为社会政治构成的特定或具体要素的。因此,尽管连接本身是功能性的,但经由连接而构成社会政治的过程却是由各种要素的转换来体现的。从生成和维系的延续共存来讲,转换应该是一种无间隙的连续形态,然而转换之所以可能的一个重要条件,则是要素的对象性运作。换句话说,转换的机制在于如何使不同的要素进行有目的的组合变化。因此,如果说模式具有可重复操作的规则特性,那么,转换模式就是指社会政治要素构成的结构形式。不过,这里的结构主要是针对要素转换的内容而言的。如果说,上述输入和输出作为相对区分的不同环节其实也是结构性的,那么,要素比较来说更具有对象的固定性,因此也更容易被作为转换模式中的各内容单位。因此,转换模式作为某种构成机制并不会由于要素具体内容的不同而受到根本性影响,或者说,转换模式应该对于相对固定的要素处理具有普适性。大体说来,这些模式主要包括三种转换机制或特征,即自身转换、对象性转换及工具性转换。

所谓"自身",指的是政治内容,也就是说,运作的要素或载体没有变化,但是这些要素或载体所具有的内容变了。当然,当这种变化的含义被普遍接受之后,既定的要素或载体就可能在习惯上按照变化后的含义来对待了。不过,这正是模式转换的一个结果或作用,但是,由于新生成的含义又成为相对固定的运作要素了,所以并不影响转换模式本身的普适性。比如,中国大陆的媒体有一种模仿香港和台湾说话及遣词造句的风气,这种情况其实是为了表达某种软化意识形态的政治或文化心态。为了达到这个目的,又不至于产生与既定政治理念相冲突的麻烦,于是就换一个方式来表达,其中一个突出表现,是直接用英文的发音,或者毫无必要地在中国话中夹杂着英文的只言片语。问题在于,语用的转换媒介仍然是港、台,同时又明明知道,港、台的人在用汉字替代英文发音方面,多数都是既不准又不雅的,比如"的士"、"巴士"之类;甚至只要是英文，错用也无所谓，比如都喜欢用"迈"代替公里，而这个发音指的是一英里，差不多等于1.7公里呢。最为自觉的语用洋化是模仿港、台对英语的时态、非实义动词以及单复数的使用，完全置汉语语法于不顾。比如，错用实义动词的"有"来表示完成时；用多余的"是"来表示进行时，或者故意把实义动词的"是"错用为汉语里根本没有的系动词；用"将"和"会"的连用来表示将来完成时；在言语中多余而大量地使用"一个"，似乎是为了表示单复数区别，或者用来表示定冠词的意思，等等。

上述情况表明，在自我转换中，同样的字词和语言，其所指涉的意义在不同的使用方式中发生了变化，从而转换生成为另一种社会政治内容。当然，上述例子的自我转换大体属于"一般政治"的范畴，其中可能的政治倾向或态度往往掩藏在文化的开放能指中。这种自身转换还可以用故意错用语词或概念的方式来完成。比如，"前苏联"这个词就是一种故意的错用，因为历史上只有一个苏联，并不存在"前后"的问题。在这个概念中，"前"和"苏联"作为要素和载体都是固定的，或者说并没有含义的变化，但是放在一起作为复合词，就可能生出某种其他的含义。具体说来，就是由此传达出一种认定或希望某种政治制度一去不复返的看法或心态。这样说的根据很简单，因为既然常识是如此清楚，"前苏联"就不仅是一种错用，而是某种故意的政治解构，即把作为国家的"苏联"转换为社会主义制度和共产主义理想的代名词，并用"前"字来表示对此的恶意解构和彻底否弃。如果这种错用不是故意的，又如果并不想转换出什么特殊的意义，那么埃及就应该叫做"后埃及"，因为历史上确实在不同时期的埃及中间有过一个阿联，而现在的俄罗斯也应该叫"后俄罗斯"。又比如，诸如"帝"、"王"、"霸"、"尊"、"贵族"等词汇自身的含义并没有变化，但是在改革开放之前，它们的所指多少都是带有贬义的，现在却在自得自诩的意义上被媒体、广告、商标、甚至社区名称广泛使用。

　　自身转换的做法是大量发生和普遍采用的，最一般和最常见的情况就是对某个概念作不同的解释。比如，西方往往就以自己的理解和标准，就"人权"、"民主"等问题对中国提出各种看法、批评和要求。这里有一个不容易被察觉的转换，就是把对于既定概念的不同解释看成学术问题，却没有看到、或者不愿意承认，这种不同的根据其实是由不同的政治理念和要求决定的。不难看出，作为要素运作机制，自身转换的做法不仅可以为自己保留很大的选择和回旋余地，而且还可以为自己所要达到的目的赋予历史的延续性和合理的普适性。比如说，尽管人权、民主、科学的实际含义和运作效用是很不一样的，但是几乎没有人愿意公开反对或否定这些概念及其价值。之所以如此，不仅仅在于这些概念所代表的价值观已经成为普遍的认同或共识，更重要的还在于，这些价值观总是在各种自我转换中真实存在并被运用的。换句话说，某种政治可以实施非人权、非民主以及非科学的做法，但根本不可能真实地实施（更不敢公开宣称）对人权、民主以及科学所具有的既定价值观的反对。在这个意义上讲，真实的政治运作总是程度不同地在自我转换的机制下才是可能的。

　　从机制特征来讲，与自身转换不同，对象性转换中的各种要素或载体并不发生变化，或者说各自内容相对保持不变，但却由它们的组合转换产生出其他含义。比如，不管如何理解社会主义和市场经济，这两个概念各自都有确定的内容，但是当它们并在一起作为复合词的时候，所表示的含义完全不是两个既定内容的合并，而是某种创制转换。无论从发生的逻辑、还是历史的真实来讲，市场经济都是资本主义的发明，也都是资本主义的经济政治制度，所以，只有为"社会主义市场经济"赋予某种与市场经济不同的新的含义，这个概念所具有的含义及其运作才是可能的和真实的。类似的情况也很普遍，诸如"人民民主专政"、"社会主义民主和法制"、

"社会主义新农村"等等都是在对象性转换中才是可能的和真实的，因为它们实际上都是要由不断的创制来支撑和实现的。这种转换之所以是对象性的，在于各种既定要素或载体既作为运作对象被组合，也在组合运用中实现社会联结的对象转换，而那个"对象"，其实就是创造出来、至少是需要创新的内容。

对象性转换是一种极为重要的机制，而且具有极为明显的社会政治特征。首先，任何政治活动都具有某种历史的延续性，但是，政治的发展又离不开各种创新。因此，无论是真正的改革、还是名义上的借用，既定的政治理念和导向总是尽可能地被保留，甚至被发扬。这样做的必要性和好处都是十分明显的，比如可以降低政治成本、减少运作风险，还可以增加合法性和提高目标效率等等。其次，政治虽然涉及每一个人，但是真正参与政治活动的人总是少数，而且，即使响应并参与了某种政治活动，要求参与其中的人都能够理解和把握政治发出方的意图和目标也是很困难的。另一个事实在于，某个政治意图或目标的实现不仅是和人们对它的理解相同步的，而且是随着这种理解不断调整和修改的。在这种情况下，意图或目标与发出方（比如政府）和参与者（比如人民）之间其实总是一种对象性关系，双方的一致或者合力状况如何，也总是由各种对象性转换的效用来决定的。因此，对象性转换本身就成了生成与维系的一个普适性构成机制，或者说承载着各种社会连接的具体实现。

不难看出，自身转换和对象性转换都具有明显的工具理性特征，因此，工具性转换一方面就是指各种转化中的手段特征，另一方面则是指主体的使用态度和目的。换句话说，如果具体的手段在内容和形式上都是变化的，那么，工具性转换就是指这样一种机制，即由这些变化承担或体现为主体所要求的具体的社会政治。比如，普京借助对某些革命历史象征的恢复（旗帜上的镰刀斧头标志、把一些革命事件的发起或胜利时间定为各种纪念日等等），同样都是以工具性转换的方式来表示某种态度和观念，而其政治旨向恰恰与上述"前苏联"的做法用意相反。

不过，从特征上讲，工具性转换和上述两种机制最主要的不同，在于它对变化本身的突出和渲染。为了寻求合理性与合法性，改革开放以来在导向上大量使用了自身转换和对象性转换的运作机制，包括中共十一届六中全会关于建国以来党的若干历史问题的决议、在评价毛泽东时代上的"三七开"，一直到"三个代表"、"和谐社会"以及"科学发展观"的提出。但是，为了达到社会层面对这些做法的认同，工具性转换具有不可替代的作用。其中一个突出的、普遍的和经常的做法，就是对各种经济成就的宣传，以此作为各种变化的价值体现和正面导向。这种宣传当然是工具性的，但它并非不真实，其模式转换的独立含义在于，通过对成就的肯定，人们自觉不自觉地把各项政策当成了既存政治的合理、正确以及有效的体现，从而促进了某种社会政治的生成和维系。

四、环境与对象的适应

适应是一种建构性的机制，因为建构实际上是主体与客体的某种关系变化和调整的状况，其中就包括适应。但是，由于在工具性转换中已经谈到了主体的态度和目的，其实也就是主体方面的能动性适应，因此这里侧重从运作机制本身的角度，分析构成各种适应的基本客体，也就是指时应如何作为构成机制的。事实上，从最广的意义上讲，概念关系和相关性素都是主体的适应客体，但是，机制的规则性所针对的并不是具体的客体内容，而是客体的类型。相对主体来讲，适应客体的基本类型可以分为两种，即环境和对象。

从哲学角度讲，如果环境和对象都是某种客观存在，那么对它们的各种运作都不可能改变这种客观性，而且运作的实效也制约于这种客观性，也就是所谓的按客观规律办事。因此，政治内容总是在与环境和对象的适应中具有真实性的，而适应的形态就构成了某种具体的运作机制。不过，环境和对象这两种类型的适应形态并不是固定的。比如，环境可以是主体存在的真实时空，也可以是主体的各种适应条件，还可以是指某种适应是环境性的；对象可以是主体适应的载体，也可以是具体的适应内容，还可以指某种适应是对象性的。同样，环境和对象也是相对而言的，在一定的目的和条件下，环境和对象是可以相互转换的，即环境可以成为运作的对象，对象也可以构成运作的环境。

至少是由于学科的划分和实际的分工，在现实生活中，政治活动对于每个人来讲其本身既可以是某种社会环境，也可以是某种运作对象。因此，各种运作机制其实都可以既是环境性的、也是对象性的，或者说，都是对环境和对象的适应，都要处理环境和对象的因素。问题在于，机制是有功能效用的，所以才能够针对不同的功能侧重，区分出环境适应和对象适应两种运作类型的特征。显然，由于适应不是消极的顺从、而是积极的创制，又由于环境和对象都是相对的和可以变换的，这两种机制类型的特征区分只能是就其最突出的基本功能而言的。简括地说，环境适应是一种条件性建构，对象适应是一种实体性建构；前者以客体的实际状况作为主体行为的合理性根据，后者以主体的主张作为与客体要求相一致的合法性。

比如，农村包围城市本来是中国革命的环境所迫，但是从它对环境适应的成功运作来讲，其政治意义就转换成了世界社会主义运动的一大发明。在这个发明中，新民主主义革命的理论和实践探索延展和丰富了社会主义革命的学说，也就是继列宁关于一国或几国的革命可以在资本主义链条最薄弱处取得成功之后，又提出了关于半殖民地、半封建状况的社会主义革命理论。就武装斗争本身来讲，先在城市胜利还是先在农村胜利只是一个具体的军事问题，但是，这里的"适应"含义和针对在于，这个军事问题对于政治目的的服从，使得哪种方式的成败具有为某种政治提供合理性根据的意义。战争的胜利是需要条件的，也就是对环境的把握和处理，而农村包围城市就是这种把握和处理的杰出范例。但是，战争的胜利和主体行为的合理性之间必须有某种转换，才可能生成普遍的政治道理，否则就只是流于诸如"胜者为王败者寇"的粗俗实用主义。这个转换机制就是一种环境适应，它所建构的是科学社会主义的合理性条件。具体说来，环境就是中国当时的情况，比如半殖民地、半封建性质，有了工人阶级先锋队的共产党，但整体阶级力量还很弱小，破除地主土地私制的革命目标，幅员广大和军阀割据，以及新民主主义革命的社会主义方向等。显然，只有经过主体的能动作用，这些情况才可能转换为军事胜利的条件，但这还只是战略和策略问题，真正的条件建构是对于科学社会主义的证明和发展。换句话说，农村包围城市的环境适应，一方面充实了社会主义作为普遍道理的条件因素，另一方面又说明了普遍道理与具体实践相结合的条件联系。其实，这就是毛主席说的实事求是，而邓小平针对改革开放的要求所提出的实事求是、解放思想，同样也是以环境适应机制转换的一种条件建构。

所谓对象适应的实体性建构，主要是指主张与任务的同一性。政治活动总是由各种对象性存在构成的，比如对立的双方、主体与客体、领导者与参与者等等。但是，这些对象性存在如果真实地从事或参与政治活动，就必然会有一个共同关系处理，既主张与任务。换句话说，作为机制的普适性，对象适应的功能作用是针对主张与任务的关系而言的。在前述农村包围城市的实例中，帝国主义、封建主义、地主军阀等等是革命的对象，但是被压迫和剥削的农民也是共产党干革命所要唤醒和依靠的对象。很显然，这两种对象的性质是不一样的，而只有做到主张与任务的同一，后者这个对象才可能起来打倒前者那个对象。事实上，中国革命就是这样成功的，不仅用宣传鼓动使农民明白了革命的道理，也不仅用阶级划分厘清了敌、我、友的阵营，更重要的是革命的每个时期都尽可能地使农民获得真实的利益兑现。比如，革命军队不仅是战斗队，而且是宣传队和工作队，他们随时随地建立民主政权、分田分地、减租减息，终于以民心向背的转换赢得了战争。这个转换，就是对象适应的主张与任务的同一。

同样，如果科学社会主义的理论是普遍合理的，革命胜利后农民就不可能再次成为土地私有者。从逻辑上讲，解决这个矛盾的出路只能是采取土地的公有制，但是，经过一段时间，也就是社会主义建设本身的条件变化，使得利益产生及其分配的状况再次表明了主张与任务之间的矛盾。于是，改革开放才实行了联产承包责任制。在这些变化中，对象适应作出了两个至关重要的转换。一方面，要求发展的主张不仅是领导者的目标，而且更是人民利益的保障；另一方面，发展不仅是领导者和人民共同的愿望，而且是他们共同的建设对象，叫做现代化。在这个转换中，领导和人民作为一个共同体与现代化构成两个对象性的实体存在，而主张与任务的同一则提供了合法性的实体建构，叫做"发展是硬道理"。

相对说来，对象适应比环境适应的作用更大，运用得也更普遍。从逻辑上讲，对象也可以包含环境，或者说环境被作为对象，比如现代化建设、甚至建设主体的构成状况，都可以作为具体政治活动的对象性环境或背景。正因为如此，对象适应所建构的合法性需要有合理性的支撑或补充。合理性的根据是合道德性，而合法性的根据是有效性，前者是某种特性，后者是某种能力。所以，合理的事情不一定合法，也就是不一定可以去做、尤其不一定能够做成功。事实上，所有合法性拥有的主张，都愿意说自己同时也具有合理性，否则权威就会成为专制，法制就会成为集权。因此，对象适应的转换机制总是指向某种实体性建构，而在这个建构中，主体的政治关系总是在适应中具有真实性的，比如领导者与人民的利益一致性往往、甚至只能是由主张与任务的同一来证明和体现的。

五、试错与创制

与上述各种情况不同,试错与创制主要是指构成机制的一般性方法。每种机制都有自己的方法,但是,由于生成和维系总是以共存形态产生作用的,确定的社会政治内容就总是处在一种再认识和被判定的过程中,因此各种具体的方法都潜藏着不正确或失效的危险,同时也都被要求能够适应或提供不断的创制。在此意义上讲,试错和创制各自既是构成机制常用的两种具体方法,也是构成机制的一般性方法特征。但是,社会政治的特殊性在于,无论是理论的认识还是实践的运作,真实的政治总是在试错和创制中存在和运行的,因为社会政治不仅要随时澄清政治学的各种误解,而且还要不断地寻找使政治能够以其真实面目示人、并正常运行的阐释和办法,所以试错和创制才成为一种常态的构成机制。

比如,由于总要讲道义上的公正,于是就会出现抽象理论的不真实性,以及实际操作的不现实性。在这方面,政治自由主义为了要在保证每个人的自由权利意义上实现公正,就主张坚持理性和国家的中立性,但是为了给实际的政治运行提供共识,又不得不同意对不同意见的压制。于是,这种观点就成了一个模糊不清和无法操作的东西,即把多元主义本身作为整齐规则的重叠物。比如,从罗尔斯关于政治正义观的"重叠共识"到哈贝马斯的"理想的言说环境",都体现了在这种不真实和不现实境况中的无望挣扎。[①] 其实,如果不同意马克思看起来方向相反的两句话,摆脱这种挣扎也许是不可能的,一句话是说,每个个体的充分自由是人类自由的前提,另一句话是说,无产阶级只有解放全人类才能最终解放自己。所以反过来说,社会政治的基本构成机制之一,就是不断的试错和

---

① 参见查特尔·墨菲:《政治的回归》,王恒等译,江苏人民出版社2001年版。

创制，这既是学理论证的机制维系，也是真实运作的一般形态。

所谓试错，一方面是自觉的和不自觉的设计，另一方面是随时的调整。表面看来，任何事情都可能经过试错的过程，或者使用试错的方法，但是，对于社会政治来讲，试错并不仅仅是一种不得已的方法。作为机制，试错主要是为某种政治的合理性和合法性提供社会认同的前提。比如，为了探索办法，更为了解放思想，改革开放才出现了"摸着石头过河"的说法和做法。显然，这种说法和做法的合理性都是相对的，而其实效更是阶段性的，否则现代化事业就可能一直处于某种非理性的碰运气状态。因此，这种试错必须由不断的设计和调整来实现和持续它的效用，在这个意义上讲，作为试错机制的效果确证，"抓住老鼠就是好猫"的说法就可能成为一种政策取向，从而也才可能避免对它作实用主义的解读。

事实上，任何事情都难以保证它的方法是正确的，或者说采用某种方法就一定能够成功，所以在做法上往往有一个尝试的过程，包括先采取小范围的试点，等有了成功经验再推广。但是，试错的含义或作用如果仅限于此，那么对于社会政治的构成机制来讲，这种含义或作用不仅是不完全的，甚至是一种误解。试错作为某种机制并不仅仅是一般的方法特征，更重要的是为了表明某种正确性，甚至就是正确性的具体内容和形态体现。比如，按照马克思主义的科学社会主义学说，很难解释这样一些事实：社会主义首先在一个国家（俄国）取得胜利，几乎所有成功的社会主义革命都不是在资本主义国家产生的，以及迄今为止没有一个充分发展了的资本主义国家发生并实现了社会主义革命。因此，就需要有各种针对性的理论来补充和发展科学社会主义，比如，社会主义可以、甚至必然会在世界资本主义薄弱环节首先胜利（列宁），半殖民地、半封建国家新民主主义革命的必然性及其导向社会主义前途的阶段性（毛泽东），以及中国改革开放的社会主义初级阶段特性（邓小平）。

在上面的情况中，这些后继的理论既不是为了维持某种学说的正确性而作出的事后修补，也不是对方法尝试中的错误地方的更正，而是由试错机制所确证了的科学社会主义自身的正确性，即这个学说不仅需要和允许自身的不断发展，而且具有自我修正的功能机制。进一步说，这种不断发展和自我修正的机制是与科学社会主义的基本理论相一致的，或者说就是这个理论一个重要的实践形态。具有同样意义的一个实例，是中国改革开放曾经开展过关于真理标准的讨论，其结果被表述为一句著名的论断，即实践是检验真理的唯一标准。但是，这既不是指由实践的成败与否来证明哪个方法的对错，也不是主张真理的实践性，而是说这个论断本身就是真理（对此我们在下一章的"导向和检验中还要专门讨论"）。

事实上，试错的功能机制有些类似拉卡托斯所谓科学探究纲领的"硬核"和"保护带"，即是说，理论如果是正确的，其保护带就能够为维持这种正确性提供解释转换，反过来，这种提供的可能性是内在于硬核的合理性本身的。① 如果说，科学社会主义的"硬核"包括阶级斗争、无产阶级专政、共产党领导、公有制主导和共同富裕等内容，那么将普适性道理运用于具体情况的实际对待就是一种"保护带"。与拉卡托斯方法论不同的是，作为构成机制的试错不仅仅是一种方法，而是理论正确性的形态体现。在这个体现中，正确的内容就是不断生成、维系、发展和运作的具体政治导向和做法。

创制，一般指首创，从内容针对来讲主要指制度层面的规则创新；从其作用来讲则是带有制度特性的功能创新。换句话说，真正的创制不仅仅是创造某个新的制度，而是创造本身所具有的合理性，以及由不断的创造来确证具体的理论和实践。因此，和试错一样，创制不仅仅是对制度的创造或制度创新的方法，更是某种政治

---

① 伊麦尔·拉卡托斯：《科学研究纲领方法论》，兰征译，上海译文出版社1999年版，第一章，第三节。

的成立和运作形态。比如，社会主义革命要求打碎旧的国家机器，而从历史事实来看，这种打碎的确都是经由武装斗争才得以完成的，但采取什么样的武装斗争，以及结合什么样的其他方式（比如各种合法手段）却不仅仅是一种策略，而且是"打碎"理论的实践形态。按照这个理论，创设的新制度在逻辑上是在武装斗争的胜利之后或同时出现的，而俄国十月革命的事实也的确如此。但是，当把创制运用于革命本身、尤其是其过程当中的时候，创制就是革命的制胜手段和内容形态的统一体。

比如，在如何看待中国革命战争的胜利因素时，人们都不难看到并承认毛主席杰出的军事才能和政治工作对军事胜利的巨大作用，但往往不能进一步认识到，这两个方面不仅仅是方法的运用，更是创制的功能体现。比如，整个革命战争（包括抗日战争）过程中，中国实际上一直存在两个有效的政权，即国民政府和共产党的民主政府。民主政府不仅因其在性质上和国民政府有本质的不同而成为一种创制，更重要的是，由于没有先例以及环境所迫，民主政府在内容和形式上都一直是以各种不断的创制来成立、维持和发展的。不仅解放区和根据地，就是在游击区、甚至敌占区，也都有公开的和地下的以及长期的和暂时的等各种形式的民主政权或政府，而且政权的内容和政府的职能也是随着战争阶段的要求而不断变化的。之所以说这种创制本身就是某种政治内容及其运作形态，主要在于它的有效性以及为其所管辖的民众不断带来的利益兑现。所以，旧的国家机器不仅是被武力打垮的，尤其是在武装斗争的同时被逐步掏空的，而这一点在最后几年革命战争摧枯拉朽的胜利态势中得到了充分的体现。这个体现表明，一种得民心的政治主张和做法已经建立，它既是新生政权的合理性与合法性之所在，也是一种被认同了的政治的具体内容。

上述事例表明，创制其实是一种内容与形式同一的机制。因此，虽然革命战争过程中有着两个政府并存的事实，但这并不妨碍共产党主张建立联合政府，因为不仅从策略或手段上讲，联合不成才是继续诉诸武力的理由，更重要的是，这种主张本身也是真诚的，并且就是革命阶段的具体要求、任务以及政治内容，所以是一种内容与形式同一的构成机制。同样，在"要素的转换模式"一节中说过的"社会主义市场经济"、"人民民主专政"等概念和做法，实际上也都具有既是创造形式、又是制度本身的特性，因为它们都体现了一个基本的机制功能，就是本身作为不断的创制实践来给出和支撑某种政治的合理性与合法性，并且以这些实践来表明和落实被认同的政治的具体内容。

六、关系规制

规制这个概念的含义并不总是很清楚的，因为如果作为名词，似乎应该指规则和制度，或者说制度层面的规则，但是从动词来讲，也可以表示对制度的规范。如此说来，规制与创制的含义有些类似或相近，都是关乎制度问题的某种机制功能或运作形态。然而通过更细致的分析就可以看出，规制要处理的问题并不是制度本身，而是某种关系。其实，从上述各章不难看出，几乎所有的社会联结及其运作都是针对某种关系而言的，只不过在具体的活动中，有着各种不同的关联程度、涉及范围和意义旨向。正因为如此，从普遍性来讲，对某种关系的规制才是社会政治的一个构成机制，否则就还是在说具体的制度创新和规范。

无论是名词的规则、还是动词的规范，都暗含着一个事实，即制度的实施和运作是以某种结构性秩序为条件的。显然，如果某种制度是合理合法的，规制的结构性秩序就不是对制度的再规范，否则制度和规制必有一个是多余的。但是，由于作为规则和制度，静态的规制只是既定政治系统的某种表征或标识，而当系统制度化地运作的时候，规制才显出它的真实作用来。比如，共产党领导是一个基本政治制度，但是，这种领导又要求在法律框架内或原则下来实施，包括政治思想的导向，依法律程序把党的意愿转换为法律，具体职能和权限上的党政分开，等等。因此，一方面，共产党领导是一个真实的和合法的制度，另一方面，这个制度的实施实效还要取决于规制的约束，包括各种自律、监督以及制衡等要求和做法。不难看出，后一方面的情况其实是在处理各种关系，但关系规制的机制功能并不是指具体关系的处理，而是指关系处理所要保证的政治旨向。事实上，这个旨向的意义，就是规制所针对的工作或任务的政治特性。因此，所谓关系规制，一方面是指它以结构秩序的形式处理各种社会联结，另一方面则是指社会连接的一种功能发挥形态。

　　由上可以看出，各种关系处理不仅仅是制度实施中必然会出现的具体问题或困难，而且是制度运作的机制载体。比如，当现代化建设被作为总体性任务的时候，一个基本的运作机制，就是对发展、稳定、改革的关系规制，而这个关系处理的实际状态，就是某种政治内容的具体体现。只有在这个意义上，诸如"发展是硬道理"、"稳定压倒一切"、"改革开放是中心工作的基本点"等说法才是可理解的，也才是相互统一、相互补充和互为因果、互为表里的。因此，规制在生成和体现具体政治含义这一点上与创制有着相同的机制功能，但是，规制比创制更为日常化，对社会联结的运作更加直接，社会政治的形态特征也更为明显。比如，当把现代化建设看成总体的任务的时候，这个建设任务就成了最为现实的政治，而这种经济与政治转换的具体含义，则是由社会层面的关系规制来提供或体现的。又比如，现在有所谓"发展政治学"，它的成立逻辑其实就在于关系规制本身的相对独立性，而不是发展本身的政治问题。换句话说，政治有其发展机制，也可以研究发展问题，但是，发展机制的普遍性，以及发展的政治特性才是构成某一学科的根据。因此，对关系的规制其实也就是发展本身的社会政治特性。

第六章 分析标准

在某种理论体系自身的分类意义上讲，这一章所说的应该是社会政治的方法论。它的主要含义包括两个方面，一方面，根据什么来判断某种研究具有社会政治特性才是合理的和可信的，另一方面则反映了社会政治研究方法所具有或体现出的一般性原则。事实上，不同学科的研究在方法上往往有许多重叠或交叉的地方，但是，方法论所标示的是某个学科特有的方法规则或根据。作为社会政治，分析标准所反映的，是社会政治对于相关研究方法的规定性。比如，作为社会科学，政治学和经济学、社会学等学科一样，都可以采用定量的和实证的研究方法①，但是，同样的方法在不同学科的含义和作用是不同的。对于社会政治来讲，它也可以采用这些方法，但却有一个自身的特性要求，就是各种方法的使用可能和实际效果都有一个共同的前提，即对于前面讲过的"生成与维系"原则的遵从。

因此，社会政治的分析标准主要包括两个针对方面，即社会政治研究的工具性和合理性。工具性是指作用，也就是根据什么来应

---

① 参见大卫·马什、格里·斯托克编：《政治科学的理论与方法》，景跃进等译，中国人民大学出版社2006年版，第二部分。

用研究结果，以及评判研究本身的价值；合理性是指正确，也就是根据什么来检验方法的有效，以及方法本身的改进。但是，至少由于社会政治的生成与维系共存，以及建构性适应等机制特征，各种标准很难是外在于社会政治研究的。因此，标准的真实含义实际上只是指分析所要考虑或遵循的一些基本原则或途径，换句话说，标准在对象性使用的同时也是内在于使用本身的，并由此体现出它们的社会政治性质和特征。具体的标准很多，不过从分析应用的角度讲，其基本类型大致包括导向与检验、不同的权力形式、交易形态以及社会认同等。

一、导向与检验

在导言和第三章里已经说过，政治学其实并不是价值中立的，不过，政治学作为区别于其他学科的知识体系，某种政治理念及其导向可以在对象性选择的意义上来安置，而不至于妨碍政治学本身的独立存在。与此不同的是，特定的导向一直对社会政治的生成与维系产生影响，甚至是制约作用。这样讲的道理至少在于，各种社会联结往往是经由自觉的或不自觉的及潜在的或明显的导向才进入连接状态的。具体的导向可能是某种政治理念，也可以是有目的的政治要求，但是对于社会政治来讲，导向是由生成和维系的关系来体现的，也就是社会连结的旨向含义。因此，无论自觉不自觉或者有意识还是无意识，当需要运作某种社会联结要素时，既定的目标预期就会对具体的社会连结过程或活动产生某些要求，也就是希望形成怎样的社会政治内容。在此意义上讲，分析范畴的选择对于分析内容的确定应该具有普遍的标准作用，即是说，一定社会政治的内容是由导向和检验共同构成的，而导向和检验的关系则成了确定这个内容的分析标准。

导向的合理性与有效性总是要经过某种检验的，而且这种检验本身就是社会政治的分析形态，但正因为如此，检验并不是针对某一具体导向的，而是导向成立的根据，以及导向作用的补充或实施。由于导向和检验的这种关系，它所构成的分析标准至少应包括两个方面的含义，即真理和现实。所谓真理，指的是如果所有的具体内容（包括政治的和社会政治的内容）都有其存在的合理性，那么导向和检验的关系就在"真实"的意义上具有某种真理性；所谓现实，指的是各种要求或争论，因为不仅导向的合理有效与否需要检验，而且检验本身就生成和体现着具体的导向。事实上，这两个含义体现的是一种永无止境的矛盾转化过程，因为任何政治宣称（导向）都要在一定的实效（检验）中得到落实或体现。但是，至少由于社会联结的普遍存在及生成和维系的构成机制，这种矛盾转化只有在社会政治中才可能是非对象性的，或者说转化形式才就是它的内容旨向。也正因为如此，导向与检验的关系就成了判定真理和现实是否共同构成了某个真实内容的分析标准。

显然，这方面的情况极为复杂，各种因素也是互相影响的。为了表述的方便，可以分别从真理和现实两个方面来讨论导向和检验的关系。

真理是具有普遍性的，指的应该是某个道理本身的根据。因此，我们很难说什么是真理，但却可以在"对的"、"科学的"以及"合理有效的"等意义上说某个事物是具有真理性的。因此，从分析标准必须具有应用的普适性来讲，导向和检验关系的真理性应该是针对宣称和现实的同一性而言的。对于这个问题的说明，中国在20世纪80年代进行的关于真理标准的大讨论可以作为一个恰当的实例，因为宣称不仅直接提出了自身导向的真理性，而且就把检验作为宣称的具体实践。

由于检验作为分析标准的时候，导向成立的根据和导向作用的实施这两个功能是同时存在和发挥作用的，真理就应该对导向和检验同时具有的真实性。但是，真理本身是一个无矛盾的全称命题，无需检验,相反,检验如果是可能的,它的规定性恰恰就是导向本身的要求,否则导向和检验的关系将被割裂,或者因其与社会连结无关而不能构成具体的社会政治内容。因此,在关于真理标准的大讨论中,"实践是检验真理的唯一标准"这个说法之所以具有真实性,就在于它是将这个命题本身作为某种导向所进行的自我检验。在这里,"真理"表示的是某种预期目标,而它对于"实践"的要求或规定就是"标准"的内容。换句话说,"检验"在此等同于各种社会连结,而预期(真理)和结果(实践)的关系则成了判断和说明这些社会连结的某种分析标准。如果真实情况不是这样,这个命题就难以成立,因为至少从逻辑上讲,"真理"是无需"检验"的,而且"实践"与真理也构不成检验关系,更谈不上"唯一标准"了。因此,具体说来,这种分析标准的科学性,在于预期目标和命题内容的一致性,也就是由改革开放和解放思想共同构成或体现的实事求是。

至于现实,应该是指某种真实存在的状况,或者某种状况的真实含义,其本身并没有具体的内容所指。但是,从第五章的讨论可以看出,"关系规制"不仅是某种构成机制,而且发展的普遍要求已经成为各种宣称的共同现实,甚至也在价值取向上具有某种真理性认同。因此,如果由要求或争论构成的现实应该具有作为分析标准的普适性,那么,围绕现代化或现代性的各种政治观点就是最能体现或说明导向和检验关系的恰当实例。

关于现代化和现代性在第三和第四章已经说过了,从话语转换的角度来讲,有关发展的不同看法实际上是以"后现代"的面貌出现的。但是,"后现代"本身的含义是极为含混和多有歧义的,所以要求和争论才是它真实的现实。比如,"后结构主义"常常在哲学和政治的层面与后现代纠缠不清,甚至被等同对待。之所以会出现这种情况,主要是后结构主义(以及解构主义)和后现代主义有一个相同、至少是相似的地方,就是对某种本质主义的批判,尤其是对启蒙以来的普遍人类本性、普遍理性原则等信念的批判。所以，尽管诸如海德格尔、伽达默尔的哲学解释学，后期维特根斯坦的语言哲学和心理分析，甚至拉康对弗洛伊德的再解读以及美国的新实用主义等观点或学说都为后现代政治提供了哲学基础，包括女权主义、新批评、环境主义、绿色运动等活动在内的后现代现象，在其政治观点上还是和专门言说后现代的作家们的政治观点有着很大的不同。不仅如此，在专门言说后现代的作家中，政治要求和争论的问题旨向也都是不一样的。比如，利奥塔和鲍德里亚这样的作家表明的是对后现代加以肯定的政治要求，德里达、拉康和福柯这样的作家更多从结构的角度对后现代加以分析和阐述，而哈贝马斯则把后现代看成现代性的真实展开，而且这种展开的可能性恰恰是启蒙主义所提供的理性原则。①

从上面的讨论不难看出，含混和歧义的争论之所以能够具有意义，就在于各种社会联结以导向要求为分析标准，从而以具体的社会连接作为它们的检验实践，并由此构成现实的社会政治内容。因此，导向和检验的关系作为分析标准是同时针对真理和现实这两个层面的。但是，不管具体的分析对象以什么形式出现，比如真理和现实、宣称和实效、预期和结果、要求和争论等，它们共同的特征，仍然在于内容经由社会连接的生成转化和维系体现。因此，无论从实施导向和检验的人，还是导向和检验的实际意义来讲，他们（或它们）的主体地位都是由各种社会连接来体现的，或者说是经由对社会联结的运作而被塑造出来的。在此意义上讲，导向和检验作为社会政治分析标准是一个普遍存在的事实，所以尽管研究者本人可能既没有提出也没有采用"社会政治"这个概念，但却在具体的分析中表明了某些标准与社会政治的关系。

比如，查特尔·墨菲关于主体身份的一段分析就可以用来作一

---

① 参见孙津：《后什么现代，而且主义》和《重新命名？》，分别载《读书》1992年第4期和1993年第2期。

个很好的说明:"否认在主体地位之间存在着一种先验的、必然的联系,并不意味着那种力图在它们之间建立起历史的、暂时的、可变的联系的经常性努力也不存在。这类联系在各种地位之间建立起一种暂时的、非预先决定论的关联,它正是我们所称的连接。即使在不同的主体地位之间并不存在必然的联系,在政治学领域中总还是有着从不同立场出发、旨在达成某种连接的对话。正因为如此,每一主体地位都是在一个不稳定的随机结构中被建构起来的——因为,它致力于多种多样的连接性实践,而这种实践又常常颠覆主体地位并使其变形。这就是为什么说,没有任何一种主体地位与其他主体地位之间的联系是确定无疑的,进而人们也就不可能彻底永恒地获得任何一种身份。这并不意味着我们不能获得如'劳动阶级'、'男性'、'妇女'、'黑人'或其他一些有意义的概念来指称群体性主体。然而,一旦拒斥了共同本质的存在,他们的性质也就只能在维特根斯坦所说的'家族类似'来进行推论了,而这一过程就是通过关节点的塑造来完成的。"①

严格说来,真理的无需检验是从真理自身的特性来讲的,也就是当真理确定时,任何检验真理的标准都无权设定。但是,就真实情况来讲,现实本身其实就包含了导向和检验,因此,真理的无需检验应该是由现实的合理有效来保证的,否则真理就只是一个没有实际内容的概念。正是由于这个原因,导向和检验的关系状况才成为社会政治的分析标准。比如,中国总是说它的改革开放是从农村开始的,但直到现在仍说解决农业、农村和农民的"问题"是各项工作的重中之重,而且看起来相当长一段时期都将如此。表面上看,这里似乎有一个矛盾,即率先改革的领域本身却是制约整体发展的问题,或者说,这个矛盾似乎永远处于转化之中,无法解决。实际上,这个矛盾不过是导向和检验关系的处理常态,即道义和操

---

① 查特尔·墨菲:《政治的回归》,王恒等译,江苏人民出版社2001年版,第88—89页。

作在现实中的一致性。从道义上讲,不关注"三农"就和反对民主一样不可思议;然而从操作上讲,"关注"内容的预期变化仍是要由农民自己来完成的。因此,所谓现实中的一致性,指的就是导向和检验的同一性。

比如,中国农村改革的一个核心内容,就是建立并实施了家庭联产承包责任制。作为制度创制的导向,国家就说这个政策不会改变,一百年不变,以后也没有必要变。但是,这种说法既是一种逻辑矛盾,也和事实不相符。从逻辑上讲,公开保证某个政策永远不会改变是和保证者的"与时俱进"要求相违背的。从事实来看,这个政策一直都在变化,比如,各地农村的土地分配从来就做不到"生不加、死不减"的规定,而各种土地流转、转租倒包以及股份合作等形式更是对责任制本身的创新改造。但是,如果从现实中导向和检验的同一性来讲,上述政策不变的保证恰恰既没有逻辑矛盾、也符合农村改革的实际情况,因为这种统一性所依据的其实是看待和分析问题的某种标准取向。这里的问题在于两个方面,一方面,责任制的采用对农民是有好处的,因此,农民之所以担心政策变化,是害怕既定政策对他们有利的方面会由于变化而失去,而政府至少是出于稳定的考虑,所以没有必要言说改变;另一方面,只要政策有利于农民,而且有利于农村的整体发展,变化本身就是指制度和政策导向的性质延续和功能拓展,因此所谓的不变正是对这种延续和拓展的保证。在这个辩证法中,现实的变化不仅体现了某种导向的坚持,而且这种变化就是在作为正确导向的检验结果的同时不断发展的。

二、不同的权力形式

如果说权力是政治活动的核心问题之一,那么现行政治学和社会政治理论都研究权力,不同的是,权力在前者的研究中是对象性和先在性的,在后者则是建构性和具体化的。但是,作为分析标准,上述不同就不能仅仅是各种态度或观点的区别,更重要的还在于多元的权力形式以各种不同的方式对某种政治研究的影响。由于这种影响,不同的权力形式作为分析标准大致包括两层含义,一是指社会连接本身的权力功能,另一是指社会连接构成要素的权力形态。

无论怎么定义"权力",从实际功能来讲,权力总是对象性的,即体现为一方能够要另一方做什么的强制力。同样,从主体(或政治理念的发出方)来讲,社会连接的实施也是对象性的,但是,生成和维系的构成机制使得社会政治可以从发出方的确定的政治理念(或要求、目标等)相对独立出来。事实上,这种独立一方面就是社会政治的一般建构形态,另一方面,独立本身就是某种权力,或者体现了某种权力功能。因此,与现行政治学不同,具体的社会连接以其多元的权力形式为权力本身的非强制性提供了选择可能,它在本质上应该属于民主政治的范畴,或者说,民主政治的霸权就在于对选择的可能予以承认并付诸实施。在此意义上讲,权力的多元形式之所以作为社会政治的一个分析标准,就在于多种权力形式的选择可能是经由各种社会连接来体现或形成的。这样,不同的权力形式作为分析标准应该包括两个层面的含义,其一是指权力形式所体现的社会政治特性,另一就是社会连接构成要素的权力形态。

就第一层含义来讲,其社会政治的特性在于,多元权力的非目的性和非强制性构成了某种话语霸权的内容本身。的确,现行政治学中也有关于非强制性权力的论述,比如认同、协商等,但是,这些论述并不否认权力本身的强制性,而且严格说来,这种非强制性指的应该是某种形式,其本身并不被作为权力来对待。社会政治则不同,它所说的多元的权力形式就是民主霸权本身的话语内容。至于非目的性,现行政治学论述的主要针对,是自由主义传统对共和主义的批评或抵制，也就是为了防止共和主义用某种有目的的统一政治理念或共同体来约束和压制自由。与此不同，社会政治的非目的性是由所有公民当家作主的形式，尤其是由对这种形式的认同来保证的，因此它就是民主霸权的内容。

民主的本意是指民众的统治，但是对于"民众"和"统治"的各自含义及相互关系的理解历来就很不一致。但是不难看出，民主本身最根本的悖论应该是主词的自我相关，即统治的对象性内在于统治主体。因此，无论从逻辑还是现实来讲，民主权力的基本特性之一就只能是它的非对象性，而且如果其非目的性是保证民主的重要功能，那么这一性质必须本身就是内容。换句话说，不管怎样理解这个悖论，真实的民主只可能在各种社会联结的运作（或社会连接）中成立。因此，这里并不是就民主谈民主，权力形式作为分析标准之所以涉及民主，在于民主本身的权力形式或者说它的霸权话语只能是某种多元的权力。这种关系一方面表明非目的性和非对象性在社会连接中的统一或一致性，另一方面是否存在以及怎样运作社会连接就成了社会政治自身的一个分析标准了。

权力的多元形式表明，在既定共同体中，权力（作为义务）与自由（作为权利）始终都处于某种相互的张力之中。这样，虽然从某一社会政治的性质维系角度讲，具体的社会连接可以是目的性的，但这恰恰是维系本身的非对象性所给予的，因为这里的目的是内在主体自身的。事实上，这里的逻辑在于矛盾的转化，因为矛盾是不可能被解决的。所以，当引入"民主"这个概念时，它其实是在相关性素的意义上起作用的，而真实的民主只能是多元权力的某种等值物。当真实的社会连接发生时，等值的多元权力实际上就是对社会联结的规制，比如说，对民主的价值观认同就是这种等值的根本体现。在这种情况下，非目的性往往由无时不在的生成过程来体现或承载，并由具体的社会连接来达到或实现多元权力的目的性。换句话说，非目的性转换为确定的目的正是经由各种社会连接来完成或体现的。如果用某个实例来说明，那么上面提到的墨菲在论述身份与女权主义问题时的一段表述，就清楚地表明了多元权力作为分析标准的真实含义。他认为，女权主义的政治意义是通过某种"总体化效果"来体现的，其基本特征在于"通过社会联系的关节点而被连接在一起的主体地位之总体，以往被看成非政治性的，现在则已变成冲突和对抗的渊薮，并引发了政治动议"。① 在这里，"总体化效果"就是由不同的权力形式来构成和体现的，而且它本身就是非目的性的目的转化。因此，正是这种转化以各种"社会联系的关节点"为功能载体的运作（也就是具体的社会连接）特征，使不同的权力形式成为社会政治的一项分析标准。

如果说上述含义是从运作的角度来谈社会连接的权力多元形式的，那么这种分析标准的另一层含义，指的就是那些具有权力旨向的社会联结的一般性存在形态。在第一章中已经说过，对于社会政治来讲，社会联结是一些构成性的准备要素，因此，如果权力形式能够通过这些要素或者以这些要素为载体得到体现，那么，这种情况作为社会政治的一个分析标准，指的就是社会联结构成要素的权力形态。社会联结的构成要素很多，就权力形态的普遍性来讲，最能体现分析标准的功能作用的要素至少有两个，即社会资本和文化政治。不过，由于第三章已经从概念关系的角度讨论过文化政治，因此这里只是简括地指出，文化政治作为分析标准的主要含义在于，以文化形态来运作政治，以及把政治本身作为某种文化，都体现了社会连接在其权力形态方面的典型特征。

关于什么是社会资本，似乎并没有一致的或确定的看法，但这并不妨碍学术界对这个概念的使用。这种情况表明，存在一个能够把"社会"和"资本"连接起来的根据或途径。如果说，这种根据或途径具有某种权力形式的特征，那么，"连接"本身就可能是

---

① 查特尔·墨菲：《政治的回归》，江苏人民出版社2001年版，第88页。

政治性的功能形态,也就是说,社会领域和经济(准确地说是政治经济)领域的相互作用就是社会联结构成要素的一种权力形态。这种相互作用虽然也包括各种连接转化,但是与第四章中讨论的政治与经济的转换有所不同,即是说,作为分析标准,主要是指一般所认为的社会因素和经济因素以什么方式构成了某种具体的政治内容,或者说具有政治功能。为了更清楚地说明这一点,可以简括地比较一些关于社会资本的含义和用法。

一般说来,社会资本这个概念是西方的社会学家提出来的,指的就是某些具有权力(或权益转换)功能的社会因素。比如,按照布迪厄的说法,社会资本是一个社会或群体所具有的现实或潜在的资源集合体,但是这种结构作为社会因素的主要功能却在于用来表示这种身份权益与其他形式的资本之间的转化。① 科尔曼和林南都明确将社会资本界定为一种"社会资源",尽管这种资源与其他资源的区别并不总是很清楚地的,但其功能都在于为人们实现特定目标提供便利。② 事实上,这些定义之所以都很难说明社会资本本身是什么,其主要原因有两个。其一,这种"资本"并不具有经济学的含义,而只是用来表征某种能力要素;其二,这种"社会"也没有确定的界限,而只是用来表征主体身份或活动的某些关系。所以,越是精确的定义式表述,往往越摆脱不了相同概念的循环互证或相互说明。比如,燕继荣把社会资本界定为资本的表现形式之一,认为它就是广泛存在于社会网络关系之中并能够被行动者投资和利用以便实现自身目标的社会资源。③ 在这种表述中,其意思还

---

① 参见布迪厄:《文化资本与社会炼金术——布尔迪厄访谈录》,包亚明译,上海人民出版社1997年版。

② 参见詹姆斯·科尔曼:《社会理论的基础》(下),邓方译,社会科学文献出版社1999年版;林南:《社会资本——关于社会结构与行动的理论》,张磊译,上海人民出版社2004年版。

③ 参见燕继荣:《投资社会资本——政治发展的一种新维度》,北京大学出版社2006年版。

是说社会资本就是一种社会资源，或者就是资本的社会形式，而"社会"和"资本"连在一起表示什么仍不很清楚，相反却留下了一个需要解释其含义是什么的"资源"。如果撇开概念定义的困难，燕继荣倒是明确说出了社会资本一个基本的功能形态，即政治赖以发展的形式，而这个形式如果构成或表示了发展的新维度，它就可以作为某种分析标准了。

由上，社会资本作为分析标准就在两个基本方面适用于社会政治，或者说能够标示出某种观念或行为的社会政治特性。一个方面是指由社会和资本构成的某种社会联结要素；另一个方面是指这种构成的社会连接作用。显然，这两个方面是相互关联的，因为从普遍性来讲，连接作用其实就是对联结要素的运作。但是，这里要说的是这种关联如何在体现了某些不同权力形式的意义上被作为分析标准的。简单地说，这就是指资本权利在社会关系中的生成及其政治意义。就最一般的意义来讲，"社会"指的是人性和秩序的时空关系，因此当它用来表示某种资本的时候，应该是指这种资本在社会层面的某种组织结构和文化形态。至于"资本"，原本是借用了马克思的概念，就是既作为产生利益的物质条件和手段、又能够由其使用本身获得或分享增值利益的某种能力。但是，马克思讲的资本是一个历史范畴，它的真实性只是针对资本家占有工人的剩余价值这种经济形态才成立的。因此，如果说社会自身就具有资本的功能，那么指的只能是某种类似资本的权利，它可以以某种自然的社会状态对人的社会行为产生政治权力，也可以以某种权力的形式为特定的行为提供优势和利益。正是在这个意义上，社会资本中的"资本"其实是从经济学借用来的词，其真实含义是指权力形式生成的能力；也正因为如此，才可以在类似的意义上言说"文化资本"、"政治资本"、甚至"行政资本"等各种非经济学的资本。

上述社会资本的优势和利益当然是经由各种关系转化、或者说具体的社会连接才产生的，不过从它们所具有或体现的不同权力形式来讲，应该同时来自社会资本的结构和功能。如果社会资本本身是可以利用的资源，那么它的结构就是指由各种社会关系构成的网络形式，包括社区、身份、职业、地位等；而它的功能则主要指社会所认同的文化规范，包括社会规则、社区合作精神、社区意识、社区信任等。不难看出，当社会要素和经济含义结合起来构成"社会资本"的时候，它所体现的各种权力形式其实是由政治制度和政治态度来支撑的。但是，社会资本中的各种社会要素仅仅是某种合法的存在，它们能够具有资本的作用或能力仅仅是每个行为者的平等权利。因此，和国家的权力不同，社会资本的权力形式并不具有善的优先性，即是说，它不需要、也不可能是共同体所认同的权力根据。相反，只要在理论上不违背法律规定，社会资本运作中的政治性作用就是合理的和现实的。比如，身份在社会结构或关系中是相对固定的，但同样的身份所具有的社会资本能力和数量都不是固定的，而是取决于社会行动者具体的和变动的主体地位，以及行动者对文化规范的运用。

三、交易形态

事实上，任何交易都只能是指某种权利的互换或让渡。一方面，交易主体必定与所交易的东西具有某种关系交易才是可能的，交易行为就是这些关系权利本身的互换或让渡；另一方面，并不存在没有权利的交易物，因为哪怕是偷盗抢劫得来的东西，也是以对别人权利的非法占有为存在形式的。因此，如果把社会联结进入连接的过程转换作为某种交易，那么它的政治特征就可能成为社会政治一个重要或基本的分析标准。

不难理解，社会联结本身作为关系要素就包含着各种权利，因此，作为其运作形态的社会连接也就是各种权利的交易。不过，这只是从逻辑上讲的，如果对交易形态的含义仅作此理解，那么它作为某种分析标准就失去了针对性。在实际的现实生活中，权利的交易有两种类型，即合法的和非法的。合法的很好理解，产权、股权、物权等方面的交易就是合法的，甚至在政治活动内部，诸如集权或分权的调整、机构改革、政府职能转变等做法也是某种权利交易，至少具有不同程度和形式的权利交易性质和功能。非法的权利交易也是复杂多样的，简单讲就是法律不允许的交易行为。无论合法与非法，从前面各章节，尤其是第四章"相关性素"的讨论可以看出，作为社会政治的某种分析标准，指的应该是政治和其他领域之间的交易。但是，合法的交易形态实际上就是被允许的社会连接，或者说是各种社会连接共同具有的一个常规性功能标准。因此，为了避免重复，这里只讨论非法的权利交易形态，除了以非法剥夺他人权利为共同特征的各种刑事犯罪，非法权利交易形态的主要和一般体现，就是所谓的腐败。

判定和惩治违法属于专门政治的范畴，但腐败本身并不局限于专门政治，因为腐败不仅是一种政治行为，而且是具体的社会连接。对腐败的看法，以及执政者如何预防和惩治腐败行为，毫无疑问都是某种政治取向的体现，而且直接关系到民众对既定政治体系和制度以及执政者执政能力的认同程度。但是，腐败问题作为一个分析标准，其结论或效果的指向是复杂的和开放的，因此这个标准的普遍性功能或作用，在于能够从中看出社会联结的某些政治转换途径和形式，而不是旨在确定具体政治活动的是非曲直和道德与否。大致说来，可以从目的和关系的角度，区分出一些主要的腐败类型或交易形态，并由此分析相应的社会政治含义。由于这些交易形态的非合法性质，其政治含义如果从合法的角度来讲就是不可取的，或者说在专门政治范畴是被排斥的，因此就不得不从社会层面寻求支持，或者说只能从社会政治的意义上才可以理解。

一种是政治权力的直接交易。在这种交易中，交易的双方（或多方）一般都是政府官员，至少是公务员系列中的人，而交易的目的主要是如何使某些人的官阶往上提升。比如，最常见的情况就是权力（或职能）部门内部的拉帮结派，以及对想升官的人的许愿承诺。这种交易所表明的，是对某个权力系统进行力量培植和维持的支持方式。从运作方式上讲，这种腐败的欺骗性最大，因为它的程序往往是合法的或合规则的，而它的时效产生又是滞后的和不经意的。

另一种是政治权力和经济利益的直接交易。这种情况最为普遍，因为政治权力及其与此相关的运作总要由某些利益来回报，而且与此相关的行为往往属于一般政治范畴，不到东窗事发，很少为人所知。从负面效果讲，这种回报是对一己私利的贪得无厌，但是从心态平衡来讲，则是把政治义务看成某种付出，所以总是希望有所回报。这种交际虽然最为社会所痛恨，但在交易当事人（或当事方）来讲，也是最难以自我控制的，因为政治和经济（或权力和金钱）交易所表明的，其实是一种是政治成本的等价形式。从潜规则来讲，甚至各级官职都是明码标价的。当然，从道义上讲，作为当官者只能要求自己勤勉付出、两袖清风，但是从为官者的个人利益或欲望来讲，这些应有的付出就难免会要求回报，而腐败的错误在于，当事人不知道、或者故意无视一个原则，即权力可能带来的利益并不都是掌权者应该获取的。如果说对此类腐败的治理也是一种政治成本，那么这种治理并不存在是否等价的问题，而是在交易之外的目标追求或道德坚守。

再有一种是权势的运作。这种腐败的含义比较复杂，形式也多种多样，但是其共同的特点，在于既不直接掌握权力，也不直接进行权钱交换，而是培植和经营某种与权力有关的势力，以便在需要的时候使用。比如，经常性地请官员们吃饭，不经意地给掌握权力的人送些礼物，以及有意识地培植具有仕途潜力的人，甚至对某些个人或政府部门实施长期的所谓"公关"。这种腐败所表明的，其实是各种社会资本的生成形态以及这些资本的运作实效。

最后，还可以说的一种腐败就是失职和渎职，以及不作为和乱作为。和权势的运作一样，这类腐败的也是含义复杂和形式多样的，因为这些行为往往很难确定其性质，尤其是如果不出现较大的事故，这些行为根本不会被追究。然而，正因为如此，这类腐败所表明的，是在政治宣称及其运作实效之间存在着某种社会空间，也就是目标与效果之间的张力形态。当然，前述三种腐败类型所造成的结果也是目标和效果的不一致，但它们往往都能够找到其腐败的动机和证据，而对最后这一种腐败的判定及相应的惩治却比较困难，因为它们在政治、法律以及社会和道义等层面都具有很大的伸缩性。在此意义上讲，这一类腐败所标明的社会政治特性也最为明显，因为所有政治实效不仅是经由各种社会联结才得以实施的，而且其实施实效更是由具体的社会连接状况所决定的。

不难看出，对于腐败的判定其实是不容易的，或者说是要由多方面复杂的因素来决定的，包括道德、法律、习惯、传统、甚至特殊需要等等。比如，某个人明知道别人来贿赂他，但还是吃了他的饭，或者收了他的钱却没有替他办事，又或者替他办了事，但接受的钱财尚不足以达到能够被判刑或行政处分的数量。对于这些情况，也许可以认为这个人的行为属于腐败性质，但却不一定有相应的惩治结果来确证这个判定，致使前面的"认为"或者没有意义，或者只是某些个人看法而已。又比如，上述第三种腐败可能永远没有结果，过程中的行为就无从定性，而且，其中很多做法还会由于传统或习惯被看成是所谓人之常情。即使是第四种情况，对于"不作为"的判定也是很难的，它或者是出了事故之后一种从轻发落的口实，甚至不过是为了第一种腐败（即直接的权力交易）而找的一种借口。

事实上，这些多样的形式及其"难以判定"正是腐败作为分析标准的根据，因为的确如俗语所说的，腐败是社会运转的润滑剂。但是，这种说法并不表明腐败行为的合理性，而只是以此提供了看待和处理社会政治的某些分析标准。腐败的形式多样和难以判定,正体现了社会联结存在的多样性及其运作的复杂性,就连腐败本身,也是依靠社会联结的运作才能够成立和实施的。换句话说,腐败的存在表明了社会政治不得不面对各种社会联结,不得不经由各种社会连接才能够形成并实施具体的政治活动。然而正因为如此,预防和惩治腐败不仅是必需的政治要求,而且必须根据腐败这个现象和行为自身存在的现实性,把预防和惩治的要求和做法转换成相对独立的社会政治。在此意义上讲,腐败作为社会政治的一个分析标准,其含义就在于如何看待腐败、是否参与腐败,以及怎样防治腐败都反映或体现了某种社会联结的运作,而且往往就构成了某种真实的社会政治形态。

四、社会认同

从逻辑上不难看出,不仅生成和维系的真实存在需要某种认同,而且社会政治的具体运作都有认同的功能在起作用。但是,社会认同不仅仅是某种功能的实施,作为分析标准,它还有一个明显的具体量化内容,就是敌、我、友关系的确定及其各方数量的变化。在现行的政治学中,敌、我、友分别都是性质确定的政治群体或力量,他们(或它们)之间的特定身份或功能特性虽然可以转化,但转化本身或者是指一些政治关系,或者干脆就是政治手段。社会政治则不同,它把敌、我、友的关系本身及其转化处理看成是政治的本质,并由此作为一项重要的分析标准。同样,从分析标准的角度讲,"认同"本身所标明的性质确定和数量变化是非对象性的,因此反而往往无需在这个关系中出现"我"的位置。换句话说,认同过程中虽然存在敌、我、友的关系,但作为分析标准,有时候只讲敌、友关系就行了,因为其中的"我"分别就是"敌"和"友"的主体。因此,敌、我、友的关系虽然被作为政治的本质内容，但其身份确定和数量变化却是由某种社会认同的敌我关系来体现的，或者说，是社会认同的特征性标准。

　　从亚里士多德说人天生是一种政治性动物，到马基雅维利主张手段在获取权力中的合理性，政治学认同就是由围绕权力获得及其分配的各种问题构成的。由于政治并不等于权力，政治学就不得不分成两个部分，一个是对有关权力本身的哲学研究，一个是关于权力的实际运作规则。但是，除非权力是天上掉下来的，亚里士多德式的研究就只能是本体论的，而马基雅维利式的研究就只能是方法论的。事实上，这里所缺失的是一个认识论环节，就是敌、友关系，而作为分析标准，这种关系本身又是建构性的。显然，当追究权力的合理性时，这种合理性必须是抽象的权力本身才是合道德的，但是，不仅权力总是由具体的人（或实体）来承载的，而且只是有了这种承载才称其为现实的政治。因此，无论是维特根斯坦对道德话语和政治话语的区分，还是哈贝马斯对于话语交往的主张，真正的冲突都发生在政治话语中，也就是必须、并时时要创造出一个"我们"来。① 由于敌、我双方都是平等的"我们"，所以真正的区分在于两个方面。一方面是"我们"在数量上的增多，另一方面是敌、我两个"我们"之间对于"朋友"的争取。因此，作为分析标准，社会认同的一个基本政治特征，就是由敌、我双方分别构成的"我们"，这个我们对于各自"朋友"的身份确定和争取，以及所有这些状况的关系变化。

　　不难理解，社会认同的形式是多样的，不过作为分析标准，敌、我、友的划分认同大致可以分为三种类型。一种是政治体制的认可，而且往往具有法律形式。这种社会认同界限清楚，形式也比较固定。另一种是策略性认可，可以分别或同时在体系、系统、政策等层面生成。这种认可的社会界限也比较清楚，但形式更加灵活

---

① 参见查尔特·墨菲：《政治的回归》，王恒等译，江苏人民出版社2001年版。

多样，维持时间的长短具有很大的变数。还有一种是心理认可，包括学术研究。这种社会认可不仅界限模糊，甚至可以为敌、我、友三方共用，但是，它的有效性却是普遍的和长期的。

对于前两种类型来讲，由敌、我、友关系所体现的分析标准，实质上是对于政治权力的合法性与合理性的社会认同。任何"我们"一经构成，总是要主张自己的合法性与合理性。合法性与合理性是密不可分的，不过比较而言，合法性属于政治话语，更多体现为现实问题，而合理性则属于道德话语，更多体现为历史问题。比如，共产党在中国的领导地位是合法合理的，但是，这里的合法性是由中国的具体现实提供的，尽管这个现实包括历史的原因；而合理性则是由社会主义方向的历史选择提供的，尽管这个历史包括现实的政绩。因此，从开始干革命，中国共产党就以阶级分析来确定敌、我、友的划分，并且以革命的性质、阶段和发展方向来把握和创造有利于"我们"的敌、我、友关系；到了改革开放，这种执掌政权的合法性转换为某种合乎道德的合理性，并且由持续的政绩来支持"我们"的数量增多以及"朋友"的范畴扩大。在此意义上讲，诸如采取共产党领导的多党合作制而不是多党制、根据发展阶段和要求确定统一战线性质和范围等做法，都是由敌、我、友关系所确定的社会认同形式，而且这些认同都有着明确的体制认可、法律认可和策略认可。对于这两种社会认同的种种具体做法，至少从经验上讲都是比较容易理解的，所以这里不再详细说明。

与上述两种社会认同不同，作为心理认可的第三种社会认同本身并不涉及敌、我、友的区分，但是它却从普遍性上维持着敌、我、友在政治认同方面的某种知识参照。所谓心理认可，这里指的是属人的政治活动的一种普遍性，具体说来，它并不是指某种政治心理，而是所有不得不面对、或者主动从事政治的人所必然会有的某种道德感。这种道德感包括两个方面，一个是对于政治本身的兴趣或责任，另一个是对政治观点或效果的判断。当然，这种道德感也可能有着利益的诉求,但是这种利益诉求或者是前述道德感两个方面的潜在动因,或者是由这两个方面转换而成的,所以作为社会认同的分析标准显得过于复杂和间接。很显然,道德感的前一个方面是主体的态度或心理选择,后一方面则是某种对象性反应,然而这两个方面道德感的含义就在于,任何观点如果是政治性的,就应该在政治的意义上被认同。从极端的角度讲,比如对于"政治犯",有的制度将它区别于其他的犯罪(比如各种刑事或民事犯罪),有的制度干脆取消这个罪种,其原因就在于政治本身不同于一般的罪、或者就不是一种罪,而这样做的根据就在于某种心理上的认可。

  不过,上述那些心理认同在现实中的认可标准往往是很模糊的,而最普遍、最常见的标准其实是既不触犯法律、也不真实干预权力的学术研究。前面说过,政治学实际上很难做到价值中立,但是这并不妨碍不同政治观点的自为存在,也就是说,只要某种研究或观点所涉及的对象或内容是政治性的,它就可能成为判定其政治性的分析标准。一般说来,政治学理论及其作者并不是政治家,但他们的理论肯定会对从事政治的人产生影响。[①] 因此,这种影响的社会认同有时候、甚至总是可以和作者本人的敌、我、友归属区分开来。不仅如此,当政治家划分敌、我、友的时候,他所受到的某种政治理论影响可能同时来自敌、我、友三方,或者说这种理论及其影响甚至是独立于与敌、我、友的真实主体之外的。不过,还有一种常见的情况,就是不同的政治家或者政治主体可能会刻意防范某种政治理论或观点。但是,所有这些恰恰说明,作为心理认可,有关政治的学术研究本身就是一种分析标准。

[①] 参见格雷厄姆·沃拉斯:《政治中的人性》,朱曾汶译,商务印书馆1997年版。

第七章　中国政治

　　我们已经从社会政治、现实问题、概念关系、相关性素、构成机制及分析标准等方面讨论了政治的社会联结，这些讨论表明，随时随处普遍存在的各种社会联结是生成和维系现实政治的基本前提，而政治的具体含义也是经由对社会联结的运作（即社会连接）来转换体现的。由于对这些问题的忽视，真实的政治在现行政治学的理解和认识中往往是缺乏前提的，或者说得不到自觉和清醒的对待。我们在导论里也已经说过，现行政治学主要是以西方的传统和现实为根据的，而与西方相比，中国政治的社会政治特征更为明显，甚至就是以社会政治的特性和形态来存在和运作的。因此，这一章的讨论实际上是以中国政治作为实例，以便更好地说明上述看法。但是，这并不是说只有中国政治才是社会政治，相反，正因为社会政治的学科普遍性，所以它不仅可以用来分析中国的政治特色，而且这种分析的结果所表明的，恰恰就是社会政治理论本身的科学性和普遍性，或者说体现了它们的真实适用域。

　　在导言中我们提出了两个基本看法，一个是说，真实政治活动中的一个基本原则在于社会联结优先于政治内容，另一个是说，社会联结的结构提供了敌、我、友关系变化的根据，而具体的社会连接则建构性地决定了真实的政治活动及其功能作用。事实上，这两个看法所表明的正是中国政治的主要特征，或者反过来说，中国政治的实际情况更清楚地支持了社会政治理论的合理性和现实性。需要明确指出的是，虽然现行的（或西方的）政治学难以正确或准确理解中国政治，但中国政治的特性并不意味着存在一个只适用于中国情况的政治学，或者说，社会政治并不是只针对中国的政治才成立和有效的。因此，这一章的实例分析虽然有助于正确理解和认识中国政治，但它的意义却在于进一步说明两个问题：从科学的普适性来讲，社会政治理论的自觉性和创造性在于，它指出了社会联结优先于政治内容这个原则，以及政治连接中政治生成和政治维系的一致性；从具体的特性来讲，社会政治运作表明，不仅敌、我、友的划分不可能是固定的和永恒的，而且正是经由敌、我、友的关系转换才提供了政治的可能性和现实性。

简括地说，为了更具体地结合实际来阐述社会政治理论，设置这一章主要出于两个原因，一方面是由于中国政治的特征更多具有社会政治的特性，另一方面是中国政治的现状与国际政治（以及现行的政治学）密切相关。不过，为了不过多重复已有的分析和观点，以使讨论更加简洁和具有针对性，这一章只集中说明三个方面的问题，即中国的政治传统、中国与国际的比较政治，以及中国特色社会主义政治发展道路。

一、政治传统

对于中国政治的传统，学术界往往会谈及一些主要的特征，比如宗族血缘（亲疏标准）、神权伦理（自然与人）、道德权威（合理性）、等级权利（合法性）及价值习俗（文化）等。但是，仔细分析就会发现，对这些特征的理解也有一个学科参照的问题，即是说，如果用西方政治学来分析，就可能歪曲或忽视了中国政治的特性，而局限于中国的学术习惯，又有可能缺乏方法的科学性和结论的普适性。因此，虽然我们仍是用现行政治学的术语来分析问题，但需要注意的是，对于涉及政治传统的许多基本概念，诸如宗法、神权、等级、规则（或法制）等，在中国往往具有和西方很不相同的含义。比如，上述各主要特征后面括号里的文字，就是我对这些特征的含义在学科的普遍性意义上的理解（当然，这并不就是学术界的认同）。

每个民族或国家都有自己的政治传统，但如果政治是人类共同的行为，这些传统就必然会具有某种性质上的一致性。因此，虽然这里讨论的只是中国的政治传统，但并不等于它们完全不同于西方政治传统，或者说是西方政治完全没有的内容。同样，传统是复杂的和多方面的，而从分析的针对性来讲，这里讨论的只是那些在中国政治中特别起作用的、或者体现得特别突出的传统因素或方面。

如果要用最简括的话来表述中国的政治传统，那么可以说就是权力执掌和行政规则的不自足性。所谓不自足，是指各种观念和运作的合理性与合法性很难、或不能由其自身的规定性得到说明，而总是要靠一些本来不具有政治性质的因素来提供或补充。显然，这些因素应该具有社会政治相关性素的功能或特征，也就是可以经由它们来完成社会联结的转换。如果从学科的普遍性来讲，这些因素中最主要的就是伦理和哲学。换句话说，作为政治传统的特征因素或方面的伦理和哲学本身并不是现实的政治，而是社会联结的相关性素和运作参照。但是，长此以往，这类转换就成了某种传统。因此，中国政治的一个突出特征，在于它是一种伦理政治和哲学政治的混合体，而在这种混合中，中国政治传统和中国政治的特性是互为表里的。

虽然伦理政治和哲学政治是相互交织的，但是相对说来，前者的含义是指从人与自然的关系来理解和运作政治，主要包括两个因素，即宗族血缘和神权理性；后者的含义是指政治合理性与合法性的文化根据和形态，主要包括道德权威、等级权利以及价值习俗等因素。由于伦理和哲学因素对政治的影响或作用，也就是以伦理政治和哲学政治的方式来支撑和体现现实的政治理论和实践，由此形成的传统也就具有社会政治的特征，或者说是经由各种社会连接来体现的政治传统。

从权力分配和利益保证来看，政治制度中的宗族和血缘因素是重要而又明显的，因为它所表示的至少是一种亲疏关系的划分根据，或者利益延续的自然保证。但是，这种情况并不只是中国才有的，而是早期人类社会一个普遍性的共同选择，比如直到漫长的封建社会，宗族和血缘因素仍然是世袭制一个基本的和重要的根据。这种情况当然和利益有关，所以也是一种区分亲疏程度的习惯标准或心理。一方面，早期的氏族社会不可能不以血缘为纽带，另一方面，这个因素也形成和维持了人们的一种心理，即认为具有血缘、宗族、甚至同乡、姓氏等关系更容易取得信任和安全。随着社会的演进，宗族和血缘因素的重要性逐渐降低，世袭制也从政治制度中逐步淡出，但是相反做法的参照却恰恰仍是亲缘关系。比如，中国政治早就用"任人唯贤"来反对"任人唯亲"，也有"举贤不避亲"的主张，而所有这些说法和做法都是被作为正确运作政治的传统来肯定的。

另一方面，以天、神、上帝等名义支持权力来源的合法性，也是世界各地都曾有过的做法，不独中国如此。但是，不管真正的宗教信仰是什么状况，或者由于在对自然和社会的认识方面，文明早期的人们还有种种局限，总之，主张"君权神授"显然也是掌权者的一个手段。就中国的历史来讲，由于宗教权力一直不盛，几乎谈不上教权与皇权的斗争，所以运用"君权神授"这个手段的根据就不仅仅是技术或策略的需要，更根本的应该是人与自然的伦理关系在政治领域的体现。不管儒、释、道等各家学说在人与自然的关系方面的看法有多少区别，但有一点是清楚的，即"天人合一"

所说的"合"并不仅仅是自然关系,更是指某种伦理性的规律。换句话说,"君权神授"不过是指权力来源和运作的合乎规律罢了,所以也可以说是一种神权理性。因此,神权其实就是自然规律的"天道",而中国古代所谓"政者正也"的说法也恰恰表明,政治就是对某种合乎道德的规则的运作。在与自然和人的关系相一致的意义上讲,这种对于"天道"的"合乎"就体现了神权的理性功能,而对于这个原则的遵从,则是伦理政治的必需要求。

因此,宗族血缘和神权理性因素对于政治的重要性虽然直接和利益相关,但是其作为传统的成立却是由于人与自然关系在政治中的伦理转换。转换的真实内容是因具体情况而定的,然而转换本身必须具有普遍性,才能成为政治思想和政治运作的实用参照。出于同样的道理,对于这种转换的普遍性的认识和实施,就是哲学政治的基本形态。不过,这种形态并不是依据抽象的哲学道理来运作政治,而是指以文化认同的形式来支撑政治的合理性与合法性。这种认同的主要内容,大致包括道德权威、等级权利以及文化价值等。

所谓道德权威,指的是权力的合理性来源,其核心是仁政和德治的普遍或绝对要求。几乎现行政治学的各种著述都认为,中国政治的一个突出传统就是缺乏或忽视法治,然而从道德权威的角度来看,法治本身才是缺乏合理性的。自古以来,中国各个时期都有自己的法制,但法制的根据并不是利益公正,而是道德权威,也就是合乎天道的王权。这样,不仅最高权力必然是专制的,立法、司法、行政都统归于王权,而且作为法制运作的法治本身也不可能是独立的。因此,尽管鼓吹仁政和德治的统治者认为自己的权力是合乎道德的,但是从理论的抽象来讲,由道德来支撑权力合理性的要求,并不等于权力本身是道德为善的、或者说具体的权力在道德上是好的,而是指合理性与和道德性的同一。

也许,将上述情况与现在所说的法治相比较,可以更加清楚地说明道德权威的传统含义。不管以神法或自然法为法制依据,还是出于自由秩序和利益公正的需要，总之，实施法治的前提在于人性本恶。也就是说，为了达到善的预期或目的，只好制定法律并严格按此来行为。事实上，西方政治学之所以说法治是各种坏的做法中最能保证公正性的一种，原因也就在于此，即以人与人之间互以对方是强盗为交往前提。中国的道德权威并不一定就等于人性本善，但它作为来源不仅保证了权力是合乎天道的，而且要求每个人都成为谦谦君子，因此法治即使不是不合道德的，至少也只能作为惩罚性的辅助手段。根据这个传统，虽然不能说专制是合乎道德或好的，但是相对法治而言的人治并不就是不好的，相反，至少从自由实现的理想境界来讲，人治应该比法治更能够体现人的自觉性。不仅如此，法治反而会做出不道德的事情来，因为它的一个最基本的实际作用，就是使个体能够在法律不禁止的前提下，尽可能地实现自己最大的利益。不难想象，如果在政治中全面彻底地贯彻这种法治，正义将无从谈起。

比如，按照现行政治学（实际上由于它的误导几乎所有人）都说，第二次世界大战后对日本战犯的远东审判是最能体现人类正义的行为。但是，这个审判充其量只是一个坚持法律程序的法治典范，毫无正义可言，因为它侮辱了政治的正义。对此只要指出一点就够了：对于明显对反人类战争负责的高级官员或指挥者，竟然会因为找不到合乎法律规定的所谓证据而无法定罪！更有甚者，对于那些从道德上讲确实死有余辜的战争贩子，法律却可以作各种有年限的量刑判处！对比之下，周恩来的做法才不仅是合乎道德的，而且是具有道德为善的政治的具体含义的，因为他在中日建交谈判时对日本首相说，我们现在谈的是政治问题，而不是法律问题！

作为哲学政治另一个主要因素的等级权利，是指权力的合法性来自不同等级所具有的权利。这样对待权利当然既不是平等，也不是自由，更谈不上民主，而是一种道德公正。同样，这也不是说某种权利的内容是合乎道德的，而是指权利所处的位置或级别是由此产生的权力来源和根据。也就是说，处于低位或低级别的权利对处于高位或高级别的权利的服从本身是一种道德律令，而等级制的权力体系就是这个道德律令在现实政治中的体现。在此意义上讲，等级权利就是权力的合法性。

与道德权威的合理性不同，权力的合法性不仅指权力的来源和根据，而且还要有依此根据来实施行为的实效。换句话说，合法性是一种能力，即具有要求一方服从另一方的能力。但是，这种能力不应仅仅是某种结果的验证，否则现代的法西斯也会具有合法性了。因此，等级权利带来的合法性或权力效能不是个体性和偶然性的，而是道德性的。比如，不仅王权要求"顺天命"，各级官员也是作为"父母官"而具有权力的。事实上，权力合法性的能力含义是历来就存在一种普遍现象，比如我们现在将"完全所有权"限定为政治权力，这个"完全"的功能就是某种能力的体现。但是，这种能力本身是有责任旨向的，如果说现在西方政治学认为这种旨向是对法律负责，那么在中世纪则是对上帝负责。因此，在中国政治的权利等级序列中，个人的权利不过是具有某种消极自由的能力，而且这种情况这在西方政治传统中也有体现。比如，霍布斯的《利维坦》就认为，个人拥有一定的自我保护权利，为此可以反对权威；甚至教皇列奥十三也宣布，虽然只有教会的权威才具有神圣的起源，但只要民众遵从"合法诚实的自由"，教会也可以接受民主政治，甚至可以支持工人运动和劳工权利。[1]

但是，和西方民主政治的传统不同，中国政治传统中的法制也是依据等级权利来制定并具有意义的，因此与道德权威的专制性一样，法制的实施既不是法治，也不是程序公正的民主，而是道德公正的平等。在等级权利内部，不同权利有着固定的伦理序列和义务关系，也就是所谓父慈、子孝、兄良、弟悌、夫义、妇听、长惠、

---

[1] Claudia Carlen Ihm (ed.), *The Papal Encyclicals 1878 – 1903*（《教皇百科全书，1878—1903 年》），New York, Pierian Press, 1990, pp. 173 – 176.

幼顺、君仁、臣忠，十者谓之人义。在这些秩序的等级中，一方面皇权最高，即"三纲五常"中的"君为臣纲"列为第一位，另一方面也保持着伦理政治的自然律令，即《尚书·洪范》所谓的"天子作民父母，已为天下王"。虽然这种专制的等级体系是合乎道德的，但并不是不可推翻的，也就是所谓水能载舟、亦能覆舟。问题在于，这里的水（民众）和舟（政权）的关系是固定的，因此，覆舟不仅只是意味着用暴力推翻既定的等级体系，而且另建立的政权也只能是同样的等级体系，即所谓彼可取而代也。换句话说，水舟之说只是一种哲学道理，在等级权利外部的造反其实是不合法的，而等级体系内部的调整尽管是可能的，但不仅"舟"是与"水"相对的，而且和无需法治一样，等级权利本身也是与道德律令相一致的。所以，农民起义或造反仍体现了传统的伦理政治，变化的只是"水"和"舟"的代理人位置。

至于文化价值，包括两个基本含义，一是指政治以文化的形态来确认和运作，另一是指对造化运行的遵从。前者主要是文化形态的政治教化，后者主要体现了各种存在物（或存在着）的关系功能。所谓文化形态，主要是指导向性习惯，其实也就是意识形态。不仅道德权威和等级权利在制度和机制上保证了某种政治的真实运作，而且这种保证要求社会层面的习惯认同，甚至以这种认同来获得合理性与合法性支持。比如，作为政治教化，其导向性的文化要求是修身、齐家、治国、平天下，但具体的观点和做法却可以各不相同、因人而异。因此，"和而不同"就可以看做是这种政治教化的习惯，而这样做的文化价值就在于合乎道德，叫做够资格成为"君子"，或体现了"君子"的品格。

所谓"造化"，是与自然规律相一致的主观运作，或者说主、客体关系的秩序形态。在这种形态中，主体所遵从的是某种普遍原则，而其目的则是处理各种关系。从哲学上讲，这种遵从和处理所依据的机制就是生成和维系。比如，在"一生二，二生三，三生万物"的说法中,"一"是初始,"二"是关系,"生"是机制,而"三"就是生成和维系的因素。如果从一和多的角度来讲,对应的就是"一"和"二",而"万物"只是具体的存在。但是,如果这些方面要运动起来,就会有一个能够连接各方面的功能机制,也就是"三"。在此意义上讲,"三"是带有动因的机制性本原,它使得关系能够运行转换。但是,"三"自己是有本体性质和实体存在位置的,而它作为机制在政治活动中的体现,就是政治的生成与维系,并由此具有文化价值。

不过,这一节的分析并没有说明中国政治(主要指现代以前)传统为什么会有这些特征。的确,这个问题关系到中国政治为什么与西方政治不同,或者说是否存在中国和西方两种有特性区别的政治。也许,这种不同的最深层原因,在于不同民族(甚至人种)的思维方式区别,所以应该是另一个需要研究的专门问题。其实,这种区别本来有多大也是很难说的,因为古代的中国和西方在学术思想上曾经体现出很多相同或类似的思维方式。比如,诸子百家中的墨子,其学说在分析哲学、形式逻辑以及自然科学等许多方面不仅自成体系,而且在水平或成就上一点也不低于西方。但是,这种学术或思维方式被一个偶然的历史事件打断了,这就是汉武帝的罢黜百家、独尊儒术。因此,这一节虽然没有分析中国政治传统的形成原因,却不等于这些分析没有事实根据,相反,罢黜百家、独尊儒术的做法,以及能够做到这一点的事实,恰恰体现了中国政治传统的特点和作用。仅此而言,当18和19世纪之后西学输入中国时,"西方"作为包括政治在内的整个现代化参照、甚至标准的情况也就是不难理解的了。不仅如此,在经历了对列强入侵及其压迫和剥削的长期反抗斗争之后,"西方"这个参照就很容易转换为进步趋向、甚至文明标准了,而这个转换的生效同样也体现了社会连接的作用和意义。换句话说,这种参照的转换同样成了一种传统、或者说中国政治传统中的某个方面,并且由此构成了下一节"比较政治"在中国的一个最直接的现实背景。

二、比较政治

所谓比较政治的"比较"并不是指对各种政治的不同之处的对比和较量,而是指现实的政治在对于规则和差异的不同主张和运作中才是有意义的。换句话说,"比较"在此是作为一种状态的形容词表述,用来说明当今政治的社会联结的运作特征和机制功能。当然,有比较就意味着存在不同的政治或政治因素,但作为一个专门的概念,比较政治在这里并不是将中国政治与西方政治作全面的对比,而是指当今世界的政治实际上已经成为一种比较政治("西方"参照就是其中一个突出的因素和特点)。因此,比较政治的"比较"包括两层含义,即共同的规则和连接的差异。

规则总是人定出来的,因此现实中有效的规则总是依照有能力的一方(阶级、集团、政党等)来制定和实施的。这种"能力"包括许多因素,比如传统或习惯、经济实力、价值观认同、甚至领袖的魅力和才干等等。不过整体说来,由于世界各国都卷入了现代化竞争,因此规则一方面主要就是率先现代化的发达国家制定的,另一方面,发展中国家出于追赶的需要也不断地谋求对既定规则的修改和创制。在这种情况下,规则如果是现实可行的,就必须有一个双方(或各方)相对认可的遵从和运作参照,所以才说是共同的规则。笼统地说,这个参照就是现代化本身,包括全球化、信息化、知识化、生态化等各种具体的文明形态和运作方式。但是,就这些做法的政治特征来讲,比较政治就是把实际遵从和运作的参照说成是合理的(或合道德的)和有效的(或合法的)规则。比如,发达国家可以把它们的民主政治和市场经济作为现代化规则来要求其他国家,而发展中国家也可以从自己的需要出发,欢迎和认同科学和民主的价值观及实用性。又比如,前面提到的富国帮助穷国的义务，其实也是一种比较的共同规则，因为这既是出于道德压力，也是市场利益需要。

不难理解，由于利益的不同，由规则支撑的比较政治是充斥着矛盾、欺诈、斗争和妥协的。比如，从意识形态的角度讲，发达国家希望把自己的发展优势转换成普遍合理的政治观念和政治制度，于是就用选举代替权力分配的合法性，用法律至上掩饰阶级和党派的利益争斗，甚至把权力实施看成了行政运作自身的技术。又比如，从文明形态的角度讲，贫富差距被看成是市场规律的逻辑结果，在金融和股市等领域的投机食利成了精英才干的合法行为，甚至对于人为操纵的石油和粮食价格上涨乃至所谓"次贷危机"也没有任何干预制止的办法。这种规则作用的真实性和西方政治的虚伪性的一致特征，由美国电影《海滩》中一个主人公的高声呼喊得到了特征化体现："感谢上天给了人类文明的两大支柱，基督教和法庭！"

这两大支柱当然是彻头彻尾的欺骗，因为从以信仰名义对政治的运作来讲，他所说的"基督教"不过是一连串欺诈残忍的伪善，而从故意忽视政治的存在前提来讲，他所说的"法庭"则是豺狼们对道德和利益所作的交易。然而，革命的确已经远去，暴力夺权也不再现实，因此，比较政治的另一个特征，就是为了避免在遵从和运作规则中陷于不利，于是就更多采取坚持差异的做法。事实上，坚持差异是为了改变规则。规则能够成为比较政治的基本因素，当然是因为它的现实功能，因此，在规则的遵从和运用中处于弱势的一方虽然无法废弃这种功能，但却必然而且可以设法改变规则。从普遍性来讲，没有不变的规则，但怎么变、什么时候变、变得对谁有利却是依具体情况而定的。因此，差异坚持由其对规则变化的作用，以及它们的相互作用，也就成为比较政治的另一个基本因素和参照了。

比如，20世纪70年代末以来，创设国际新秩序成了各国的一个普遍要求，但是每个国家或者大致说来，发达国家和发展中国家对新秩序的理解和要求是不一样的，于是规则的变化就成了差异坚持之间的博弈。又比如，对话与合作、和平与发展这些口号之所以成为共识，就在于它们已经成了比较政治的基本参照，而其现实内容则是由各方所坚持的差异来支撑或充实的。再比如，资本主义为了推行自己的意识形态，就假装说意识形态正在消亡，好像规则的认同可以替代敌、我、友的区分；中国则在承认不同政治制度存在的现实性的同时，既坚持互不干涉，更坚持各种根本性差异，包括认为中国特色社会主义就是当今的社会主义。

不仅世界范围，某一国家内的政治同样也体现出比较政治的特征，而且其社会联结的作用也是随处可见或潜移默化的。比如，中国在正式场合历来都是说"政府"、"领导（或干部）"、"军队"、"警察（或公安）"，而它们现在越来越多地被表述为"官方"、"官员"、"军方"、"警方"。这个变化看起来只是语词表述的不同，然而却透露出政治态度和取向变化的社会转换。具体说来，政治共同体中分工不同的统一主体在不同表述中被区分为利益不同、甚至对立的群体，而利益代表、服务导向、权力关系等等政治因素的真实含义，都是在规则和差异的比较意义上成立的。如果从更广的意义上讲，毛泽东和邓小平之所以都把实事求是作为坚持马克思主义的精髓所在，就在于实事求是就是一种比较政治，因为"实事"和"是"之间的联结是由"求"来决定和体现的。这种连接并不是主观任意的，相反，它所表明的是社会政治的特性在行为或实践中的作用及被确证。

也许，我们不能把规则与差异的问题化简为世界上存在两种政治，即一种是西方政治，一种是中国政治，但是，各种政治只能在比较中成立的根据的确与权利有关，即如何对权利的合理性作出选择。在第五章"生成与维系"一节我们谈到了权利的天生具有，不过那是相对权力来讲的，而且，历史上持相反看法的理论也很多。比如，洛克确实认为权利存在于自然状态中，在逻辑和事实上都比政治权威要早；但是马克思在《论犹太人问题》①中明确指出了这种看法的唯心论性质。根据马克思的看法，从来就没有超出利己主义的权利，拥有权利的个人也绝不是类存在物，相反，人是因为他的社会属性才具有并产生出具体的权利的，换句话说，是社会本身作为外在于并包容了个人的类生活给出了具体的权利。如果说，最为基本和普遍的权利就是人权，那么也正是在这个方面，具体的争议更为突出。比如，边沁从他所说的功利主义角度，认为法国大革命中《人权和公民宣言》所谓人生而平等的权利论缺乏真实性，甚至有造神论的嫌疑；托马斯·格林更是明确指出，自然权利的个人化是不符合实际的，因为个人只有作为共同体的一员才具有权利。②

因此，不同的权利观支撑了比较政治的规则和差异关系。总体上说，人权的含义在西方政治中是指向个人的，这和对于私有观念和私有制的坚持是一致的。所以，西方所说的个人权利其实既是私有制的结果，也是支撑私有制的基本伦理。相反，社会主义不仅认为权利具有社会性和阶级性，而且是从其政治理念的原则，以及对共同富裕的坚持来对待人权的现实性差异的。从差异的运作来讲，中国坚持的是马克思主义的权利观；从规则的运作来讲，针对现代化的国际竞争，中国主张包括自己在内的发展中国家的人权内容首先是生存权和发展权。但是，这种规则和差异运作的一致性和现实性，都是在比较的意义上成立的。所以，针对西方关于人权问题对中国的疑虑和指责，中国的差异运作主要体现为从理论上阐述人权的阶级性和社会性，而规则运作则主要是以人权的实际状况说明制度对此的作用，以及社会主义制度本身的优越性。在这些主张和做

---

① 《马克思恩格斯全集》第 1 卷，人民出版社 1995 年版。

② Thomas Hill Green, *Lectures On the Principle of Political Obligation*（《政治义务原则讲演集》），London, Longmans, Green and Co., 1921, p. 44.

法中,作为支持政治合理性与合法性的权利本身就是在比较中具有真实性的,而制度不过是比较的一个维度罢了。

的确,现实政治得以成立的比较维度是多方面的。比如,不仅西方和中国,从全球范围来看(包括西方和中国各自的国家内部),比较政治的一个重要维度是不同的群体,包括种族、部族、穷人、富人、男人、女人、老人、儿童、健康人、残疾人等。在这个比较中,群体的社会特性成了社会政治的相关性素,因为特定的群体(尤其是少数或弱势群体)不仅要求个人的权利,而且特别主张和坚持他们作为一个整体的权利。又比如,现在世界普遍同意,富国(和富人)有帮助和支援穷国(和穷人)的义务,而所有国家(和个人)都有救助灾害和参与慈善活动的义务。这种普遍同意并不真的是数量上的"所有都同意",而是一种比较转换,即一方面某些权利可以成为被要求对象不可推卸的义务,另一方面,这种"成为"的普遍性使得对某种义务的承担本身也成了一种权利。

与权利直接相关的是自由,因为它或者就是一种基本权利,或者是权利主张和要求的结果形态。但是,自由的含义甚至比权力更为复杂不定。比如,自由在古代希腊和罗马是一种身份资格,自由人的自由包括对奴隶的占有,所以自由本身就是一种政治观念和制度。相反,现代的自由概念突出的是个体对政治控制或干预的破除或摆脱。因此,自由不仅在运作上是和政治相区分的,而且自由是否作为政治,以及具有什么样的政治含义,都只能在各种比较的意义上成立。

三、中国特色社会主义政治发展道路

中国特色社会主义是一种自觉的政治创制,但是作为分析实例,中国政治发展道路的社会政治特性与前两节的政治传统和比较政治有着明显的逻辑关联，即现实的中国政治不仅受到既有传统的影响，也是在各种比较意义上运作的。传统当然是变化的，包括既有因素的失效或退出、不断的推陈出新，以及创新本身成为传统；另一方面，比较政治又是在规则和差异中成为现实的。在此意义上讲，政治传统和比较政治都会对现实的中国政治产生各种影响。比如，依法治国和以德治国的结合、构建和谐社会的要求等，明显具有中国政治的传统特点；与国际惯例接轨、承认不同政治制度自身存在的合理性或现实性、和谐世界等主张，就是对比较政治的参与和运作。所以，这一节主要是正面阐述当今中国社会政治的特征，不必一一对应地说明政治传统和比较政治对这些特征的影响。

从时间上看，政治传统讲的是中国古代，比较政治则主要针对当今世界。但是，这种区别并不是绝对的，而是为了分析针对的方便。换句话说，从传统是长期形成的来讲，当然要谈古代，然而就对传统对当今中国政治的影响，以及传统本身的不断变化来讲，政治传统又是和比较政治同时起作用的，所以关于比较政治的问题主要只谈今天的情况就可以了。所谓不必一一对应地分析这些影响，主要是因为它们内容庞杂、随处可见。因此，可以先举几个例子，用来说明政治传统和比较政治的这种共同（并且共时）作用的影响，然后再集中阐述中国特色社会主义政治发展道路的社会政治特性。

其一，政治传统依据其等级权利，认为合道德的王权必须"顺天命"，而各级掌权者则应该是一方的"父母官"。这种观念和现代政治的自由、平等、民主等价值观相矛盾，但其对于掌权者应该保护民众、为民谋福祉的要求却可以作为传统延续下来，并得到肯定。于是，中国现在就讲"以人为本"和为民执政，并以此作为世界范围比较政治的普适性参照。比如，夏天气温高以及各种自然灾害都是正常现象，其中人的死伤也在所难免，用传统的话说，叫做"生死由命"。但是，无论"以人为本"和为民执政，还是其他什么说法，现代政府都既不否认正常现象的客观性，又不能由此推卸自己的责任，于是就采取预警防范、积极救治、舆论公开等做法。中国的不同在于，政府在这样做的同时，着力突出这是党的领导的正确和有效。在这种做法中，比较政治的普适性道德和政治传统的等级权利的影响是杂糅交织和显隐不定的，但它们都共同转化为现实需要的社会政治。

其二，政治传统突出政治教化的文化形态，因此主张、并且可以达到"和而不同"；比较政治讲对话与合作，其实是一种妥协，即设法找到各方都能接受的东西，叫做"双赢"或"多赢"。对于这种传统和比较的意义，中国政治现在不仅都加以接受和主张，而且在运作中将妥协和创造巧妙地结合起来，并以此转换生成某种普适性的社会政治。比如，和平主题越来越成为所谓"奥运精神"的基本内容，而为了达到这个目的，就必须剥离奥运会本身的政治功能，更不允许以政治目的来利用奥运会。但是，这并不等于奥运会的运作真的可以离开政治因素。由此，中国在坚持这个原则的同时，很好地运用了和而不同的辩证法，即这样做并不妨碍以政治任务的严格要求和负责态度来保证和实现政治因素与奥运会的剥离。事实上，反对政治对奥运会的干预本身就是一种社会政治，因为这种做法只是为了排除不利于奥运会的政治（即其他）意图，但是，做到这一点也是由某种（或相应的）政治力量来保证的。正因为如此，这种做法中各种转换的具体含义就具有了解释学的特征。比如，有组织的拉拉队编了一句口号，前半段是用国歌唱出"我们万众一心"，后半段则是用英文高喊"GO、GO、GO！"。如果说，这种视国歌严肃性于不顾的方式所达到的是某种妥协转换，那么最富特征的创造性转换也许就是"中国加油"的口号了，因为这句中国话通过奥运会得到了世界性普及，或者说成了具有导向性含义的社会政治。显然，另一个同样具有社会政治特征的做法，就是允许台湾的运动员以"中华台北"、而不是"中国台北"的名义参加奥运会。

其三，在政治传统中，亲疏区分是政治活动的重要环节，甚至是政治成功的基本前提。为了达致和保证共同体内部的稳定团结，毛泽东提出要正确处理人民内部矛盾，而能否做到"正确处理"的一个关键因素，是如何认识和促成敌我关系的转化。不仅共同体内部，世界各国（包括不同制度、甚至意识形态敌对的国家）之间的亲疏关系，其实也是以敌、我、友的关系转化为根据和体现的。比如，《时代》周刊的封面人物就是一个突出的实例，其评语更是耐人寻味。该杂志1951年5月18日的封面人物是周恩来，配发的两句话是"共产主义者周恩来"（Communist Chou En-Lai）和"美国的敌人也是中国的敌人"（The U. S's enemy is also China's enemy）；1976年1月19日的封面人物是邓小平，配发的两句话是"周的继任者：邓小平"（Chou's Successor：Teng Hsiao-ping）和"中国：敌人还是朋友？"（China：Friend or Foe?）。为了适应当今世界和平与发展的共识要求，中国提出的"和谐社会"和"和谐世界"就成了比较政治的一个基本转化参照。在这种传统和比较的共同作用中，"和谐"同时是某种要求、机制以及状态的统一体，敌、我、友的区别并非不存在了，更不是没有矛盾和对立了，但是，它们之间的关系转换，是以是否实现和谐、至少是表达了和谐愿望，从而具有符合预期的及真实的政治含义的。

除了与政治传统和比较政治的关系，由于中国特色社会主义政治发展道路的内容太丰富，为了将其作为实例来集中说明社会政治特性，还需要有某些针对性的参照。从普遍性与特殊性的结合来讲，这个参照包括两个方面。一是中国政治的特性，以及对中国政治的看法；另一个就是当前中国的一些基本的（或权威的）导向性表述。这两方面的结合既表明了中国社会主义的"特色"含义，也可以使得各种社会政治分析更加符合中国的实际情况。

简略地说，中国政治的特性就在于对敌、我、友关系转换的把握和处理。但是,无论如何,不能将此看成某种政治技巧,因为这一特性正是各种"一"与"多"的关系在政治活动或领域中的体现,而这种关系也就是社会联结本身的存在根据。换句话说,政治中"一"与"多"的关系是普遍存在的事实,不独中国如此,而且这种关系可以从各种角度来理解,也包括很多因素。就社会政治来讲,它应该是指"连接功能"的"一"和"联结因素"的"多",所以同样也可以用来说明西方政治。从本质上讲,"一"和"多"并不是一个辩证关系,而是实在本身的存在形态和矛盾动因。因此,无论在西方还是中国,"一"和"多"所体现的都是权力来源和分配的实在论根据,敌、我、友的关系转换不过是这种实在论的政治运作形式,即社会联结优先于政治内容。敌、我都是本体性的存在,但是,"敌人"不过是"自我"设置的对立面。因此,尽管敌、我可以相互转换,但真正的转换连接是"朋友"。换句话说,"友"是作为"我"的功能延伸而成立的,并由此体现出政治群体、单位、阵营等各方面在数量上"一"与"多"的关系;而这种关系的处理不仅是政治学的核心问题,而且就是真实的社会政治。

但是,正如前面所说的,一方面,西方的政治学不这样认识政治,另一方面,中国却更具有社会政治的特征,所以导言中毛泽东关于政治含义的看法仍是具有现实意义的。从传统来讲,政治因素的哲学抽象就是权威的"一"和等级的"多"这个最基本关系;而在实际运作中,这个关系的伦理抽象就是少数的官和多数的民。从共产党领导的革命和建设来讲,仍然可以在一个基本事实中看出这个传统关系的延续和变化,就是马克思主义科学真理的"一"与中国具体实践的"多",以及中国特色社会主义原则的"一"与实事求是、解放思想、与时俱进、科学发展等不断创制的"多"。在这个变换和创制中,中国政治对于"一"和"多"的关系运作,始终体现为共同体要素构成的社会连接,即有着创新目标和功能机制的统一战线。

　　从中国自己的导向性表述来讲,这个参照的另一方面就是改革开放,在内容上则是当前政治原则和任务中的一些基本关系。之所以在时间上以改革开放为分析参照,主要是因为自中共"十七大"以来,中国特色社会主义已经成为改革开放过程中形成的政治道路,而毛泽东思想则被表述为这条道路的政治基础。某种表述具有导向性,在于它的权威性,而这也是符合中国的实际情况。根据中共"十七大"的精神,这条政治道路(主要是它的民主政治)的基本内涵包括三个主要内容的有机结合和辩证统一,或者从运作上讲是对这三个方面的关系处理,即党的领导、人民当家作主以及依法治国。因此,围绕这三个方面来讨论可以使实例的分析更有针对性。

　　不难看出,上述两个参照其实就是历史与现实的结合,因此也是相互关联和相互作用的。因此,作为实例分析,中国特色社会主义政治道路的发展,总的说来有一个最具社会政治特性的地方,即这个政治的生成与维系是以对社会联结的各种运作来实现的,而这条道路的发展状况,则是由一系列不断的创制来体现和充实的。换句话说,不断的创制是中国特色社会主义本身的特性和生命力,而这就使它更加具有社会政治的运作机制和形态特征。中国特色社会主义的含义极为丰富,不过需要说明的是,无论权威的表述还是现实运作的情况,党的领导、人民当家作主和依法治国都是一个统一体,只是为了便于表述,分析时将它们各自所体现的社会政治特征作了相对的侧重区别,即分别针对政党制度、权力根据,以及权利秩序。另外,统一战线不仅是中国政治一项最具特征的创制,而且也最具有社会政治的特性,但是,由于上述三个方面的运作就构成和体现了真实的统一战线,为了避免重复,对此不作专门分析。

　　其一,关于党的领导。

　　中国特色社会主义的一项基本原则,是坚持共产党的领导,但是怎样领导,涉及很多方面的问题,包括这一原则的合法性、领导的结构和职能、功能实施的形式等等。不过,由于这些方面都是作为某种制度或者以制度化的方式来运作的,所以为了集中说明问题,这里就从政党制度的角度来进行分析。按照规范的表述,共产党领导的多党合作制度是中国的一项基本政治制度,而在这个表述中,有一个与世界上几乎所有政党制度都不同的地方,就是一个政党体系中不同政党的领导与合作关系。事实上,这就是中国特色社会主义政党制度的一大创制,而它所具有的社会政治特性,正是由这个创制的内容含义和运作形式来体现的。但是,由于现行政治学没有对这个创制作出说明,更由于这个说明超出了现行政治学的理论框架和分析能力,学术界也对中国政党制度有很多误读。因此,分析这个制度的社会政治特性有一个最便捷的方式,就是针对这些误读作正面阐述。概括地说,这个阐述主要是说明两个基本关系,即革命党与执政党以及政党制度与政党体系。

从概念上讲,把革命党和执政党作为同类的比较双方其实只是某种习惯的误读,其实质是对于政党合法性及其职能的选择判断。一般说来,革命党都有一个夺取政权的任务,所以很自然地就会认为它在取得政权之后必然有一个向执政党转型的问题。但是,这种误读不仅仅是一个习惯,更在于两个判断。一是认为暴力夺取政权属于一种非法的活动,另一个是认为处于夺权过程中的政党不可能执政,或者不算是执政党。当然,对既存政权来讲,夺权是非法的,否则就无需干革命了。但是,革命自有其本身的合理性,领导革命的政党更是明确为了执政的,更重要的是,革命党并非不能有效地执政。前面已经说过,中国革命战争时期,共产党就一直在自己控制的地方建立政权并有效地执政,而革命的成功就是革命政权逐步掏空并最终瓦解既存政权的过程,军事行动只是做到这个掏空和瓦解的武装支撑。所以,无论作为概念还是现实,革命党与执政党都不是一个对立的概念,甚至不是一个相对应的概念范畴。换句话说，革命党与执政党的区别并不在于执政与否，政党转型的接续形式也不就是（至少从概念上讲不是）从革命向执政的变化。至于"执政党"，它的本义应该是和"在野党"或"反对党"相对的，但是即使如此，这种相对也并不是指政党性质或职能上的不同，而仅仅是指这种性质或职能的阶段性实现形式。换句话说，民主政治中的现代政党都是具有执政资格的党，竞选成功的就叫执政党。

表面上看，上述误读是把执政形态当成不同政党的性质或职能区别，而实际上则是要否定政党执政的同时又保留其革命品格的合法性。然而中国的实际情况是，共产党在坚持既定政治理念的前提下，提出了关于提高自身执政能力的建设任务。在这个建设中，延续的正是政党品格的革命性，转换的则是发展中的各种社会因素，包括以经济建设为中心和改革开放。

改革开放是一个社会转型的过程，因此必然会对现代政党提出一些带有普遍性的要求，比如民主程序、权力制衡、法律监督等，但是，这些要求往往混淆了两个不同的参照维系，即政党制度和政党体系。所谓政党制度，并不是指某个政党自身的制度或纪律，而是指某个共同体（主要就是指国家）对于政党运作的基本制度。与此不同，政党体系是指一个政党自身的结构、或者多个政党之间的关系，而这两者也可以是同一个体系的组成方面。因此，上述普遍性要求对于政党制度和政党体系来讲具有不同的含义和旨向。比如，从政党制度来讲，中国明确表示不实行多党制，但这并不等于否定上述那些普遍性要求；同样，中国实行的也不是一党专政，而是采取一党领导和多党参政的合作政党体系。在此意义上讲，不仅涉及普遍要求的比较在很大程度上受制于特定的参照，而且中国的政党制度和政党体系本身就都是一种创制，它在没有先例（比如民主监督、协商民主等）这个意义上讲甚至是不可比较的。

因此，这里的社会政治特性，在于如何使政党制度的性质与政党体系的功能相一致，具体地说，就是多党合作中一党和多党的关系。一般说来，政党之所以成其为政党的一个基本标准，在于它是一个要求执政并具有执政资格的政治团体或组织。但是，从中国的政党制度来看，这个标准并不只针对某一个政党，而是共产党领导的多党合作，也是政党运作中的共产党领导原则的"一"和八个民主党派参政功能的"多"的关系。显然，这是一种新型政党的创制，政党的执政职能和资格是针对整个政党体系而具有真实含义的，而由领导和被领导（也就是参政）职能所构成的合作关系，指的只是这个体系的内部分工。

其实，从比较政治的角度讲，革命党与执政党，以及政党制度与政党体系的变化也不仅仅是中国独有的现象，只是这种变化在不同政治体制以及不同国家有不同的内容和形式。比如，俄罗斯也出现了政党制度与政党体系的这种关系变化，其突出体现就是总统本人不属于任何政党，换句话说，执政功能或者从政党含义中剥离出来，或者转换成政党实施或参与选举的组织形式和运作机制。但是，在中国的创制中，政党政治不再仅仅是现代国家运作的基本政治形式和机制，而且尤其包括政党自身在理论和实践上的创制。因此，至少从理论上讲，这种创制的社会政治特性，就在于它不仅要研究各种政党政治，尤其要注意政党政治比较的前提、参照维系及旨向针对。

比如，按照萨托利的理论，世界上并不存在"一党体制"，因为那不过是指"党国体制"。换句话说，萨托利认为"政党"是一个复数，它在功能上连接国家和社会，如果是一党制，党和国家就是重叠的。但是，萨托利又指出，产生一党制的一个先决条件，是一个政治化社会的出现，也就是说，社会本身作为一个政治参与体系已经和某个政党的功能运作合为一体或相重叠了。显然，不管萨托利关于政党的概念定义正确与否，多党和一党的形成都是经由某种社会联结（比如社会性的参与、表达、沟通等）而成立的。同样,也无论萨托利是否了解中国的真实情况,中国的多党合作制是以对"政党"概念本身的创制为前提的,而对这一点的理解和阐述已经超出了萨托利的理论范畴。能够肯定的是,无论中国多党合作的领导与合作、执政与参政关系,还是萨托利所谓复数政党的独立与并行、交叉与竞争关系,它们之所以都是真实的,就在于不同的社会联结因素的存在以及对其不同的连接运作。事实上,萨托利一方面看到了社会联结的存在及其作用,另一方面过于看重政党功能和民主特性的一致性,所以他才会得出结论说,"尽管我们可以说是社会塑造了政党体制,但是不能说社会塑造了党国体制。恰恰相反,正是党国体制塑造了社会。"[①] 在这个结论中,或者"党国体制"可以无需特定的社会而存在,或者只被认为是某种特殊的政治体系(或系统)。对于这一点,萨托利似乎没有加以说明,因为在他那里,社会联结不仅不是先于政治内容的,甚至这两者是可以分立的。

简括地说,党的领导所表明的社会政治特性主要包括两个方面的意义。一是历史与现实的联结转换,即政党概念以及政党制度创新的合法性与社会主义道德的合理性的一致性,而作为这个道德的核心内容的共同富裕,更是符合人类文明取向的根本选择。另一个是理论逻辑和现实选择的联结转换,而这种选择的直接作用,就是可以减少政治浪费,并且有利于中国的现代化竞争。在此意义上讲,现行政治学关于政党、宗派、派别,以及竞争、表达、操纵或引导的各种理论,显然都难以准确或完整地说明中国多党合作制度的政党概念及相互关系。

其二,关于人民当家作主。

说到人民当家作主,就会联系到民主的概念。的确,不管如何解释民主,也不管民主包含多少内容、有多少形式,就权利的执掌

[①] G. 萨托利:《政党与政党体制》,王明进译,商务印书馆2006年版,第二章,以及第74—75页。

和运作来讲，民主、至少今天的民主如果不是人民当家作主，必定只是虚伪的民主。但是，如何"当家"需要有相应的方式和机制，如果这些方式和机制不能保证人民"当家"，民主仍然是虚伪的，或者是一句空话。所以，人民当家作主是对权力性质的一种表述，人民如何当家作主则是由具体的体制和机制来保证的，而在这个保证中，核心问题是由谁来执掌权力及如何行使权力。换句话说，问题在于由谁来代理，以及怎样代理人民来执掌和行使权力。简括地说，代理的机构是人民代表大会，但代理的性质却是经由共产党的领导来体现的，而这两者的结合和转换就是人民当家作主所具有的社会政治特性。

从前面关于共产党领导的分析可以看出，由谁代理政权执掌实际上就是共产党执政的合理性与合法性问题。无论共产党自己、还是学术界和社会上的理解，对此的解释主要有两种。一种是说，这个合理性与合法性就在于"没有共产党就没有新中国"。但是，这个说法只是一个事实陈述，它作为权力的合法性是在"结果"的意义上成立的。因此，如果合法性仅限于此，一段时期以后就会或者失去其"原因"，或者成为胜者为王、败者寇的独裁理论。另一种是从能力上讲的，即是说只有共产党有能力执政，才能保持稳定，等等。当然，合法性是一种能力，但是这个能力本身必须有其原因的根据，而不能只靠结果来支持，否则，能力的说法其实就是把执政的合法性等同于某种实效或成绩了。更重要的是，前面所说的能力内在权力的原因，包括对权力认可的合道德性，而这里就有比较政治的因素在起作用。比如，封建时期的君权神授、等级权利、甚至专制都是合道德的，而这些在现代社会就是不合道德的，至于法西斯政权的"能力"就更不是其权力合法性的根据了。不仅如此，从逻辑上说，仅仅以能力为合法性判定还只是一种或然性，因为（或者从而）它无法回答如果执政没有实效或成绩，以及如果出现可以更有效执政的政党，应该怎么办的问题。当然，还可以有其他一些说法，比如说共产党的政治理念是科学的、好的，以及只有社会主义能够救中国，等等。但是，这类说法或者是一种道德为善意义上的自我宣称，或者把问题转换成了某种意识形态选择，并没有直接回答合理性与合法性的问题。

其实，尽管共产党执政的根据并不仅仅在于"打江山者坐江山"，但是这个根据却是真实的。问题在于，当"打江山者"逐渐逝去以后，执政的合理性与合法性就必然会发生变化。这个根据的转变，就是改革开放过程中提出来的"三个代表"，即中共"十五大"所说的，中国共产党是中国先进生产力的发展要求、中国先进文化的前进方向，以及中国最广大人民的根本利益的忠实代表。这个转变有两个基本含义，一个是说，中国共产党不仅是无产阶级（表述是工人阶级）、而且是中国人民和中华民族的先锋队；另一个则是指"三个代表"的性质内在于党的合法性自身和共产党执政的排他性。前一个含义并不等于所谓的"全民党"，因为它仍然有"先锋队"的性质规定，所以保证了道德为善的合理性。后一个含义主要支持的是合法性，但是也包括两个方面。其一，是否做到"三个代表"只是一种结果性检验，但它并不是"代表"性质和资格的标准，而是代表者（或者说代表体系）自身的愿望和功能，即它既愿意做到这一点、也能够通过自身的努力来纠正错误和偏差。[①] 从体制的角度讲，各种逻辑的和现实的疑问（比如权力集中、监督制衡、腐败等）不过是现行体制自身创新发展所要解决的具体问题，而不是否定这个体制的合法性与合理性的根据。因此，这是一种性质内在自身的逻辑关系和真实内容，反过来说，做不到"三个代表"就不是共产党了。其二，这个"代表"资格是排他性的，即作为某种能力的合法性是专属某个政党的。由此也可以看出，明确表示中国决不实行多党制的原因，既在于它是共产党

---

① 参见孙津：《转型的中国》，成都科技大学出版社1994年版；作者在"三个代表"提出之前的20世纪90年代初就指出并分析了这个问题。

执政合法性本身的逻辑结论，也是共产党执政合理性的明智选择（而且至少因为多党制已是多余的了）。

因此，"三个代表"所标识的合理性与合法性是原因和结果的同一，以及历史与现实的同一。根据这种同一性，人民代表大会作为权力机构，其对于人民当家作主的"代理"职能就具有并属于"代表"的特性。一般说来，如何行使权力大体属于政体的形式和机制问题，因此，人民当家作主的实施形式和机制，就是由人民代表大会代表性质的"一"与人民利益分配的"多"的关系转换来体现的，而这种"一"和"多"之间的社会联结，就是它最为突出的社会政治特性。事实上，中国的政体包括若干基本的制度，比如除了人民代表大会制度，还有政治协商制度、民族区域自治制度，以及一国两制等。不难看出，政治协商的社会政治特征更加明显，因为它的主要职能都是要经由各种社会联结才能实现的。不过，正因为如此，分析人民代表大会制度也许更能说明问题，而且它在人民当家作主对权力的运作方面体现得也更为直接。

作为社会政治，人民代表大会的运作要处理两个基本关系，即代表大会与党和人民的关系。由于共产党的领导，人民代表大会的权力实施（包括法律制定）显然就时刻有一个共产党与代表大会的关系问题。一方面，党的领导是全方位的，逻辑上当然包括对代表大会的领导；另一方面，不仅人民代表大多数都是共产党员，而且在会议期间还有党的组织。至于代表大会与人民的关系，主要体现为选举、监督和罢免。毫无疑问，这两个关系的内容很复杂，但是，如果它们同属于（或同存于）一个制度，那么从制度层面来讲，两个关系中的各种因素转换所根据的应该是同一个原则。换句话说，各种社会连接在特性所属上是一致的，而这种连接就是"代表制"本身的政治特性。

为了方便说明问题，可以将代表制和代议制这两种有本质区别的制度作一比较。西方各国实行的政体并不一样，但在性质上都是代议制，其含义在于一种权利的交易和让渡。古代雅典的民主就是指民治，然而不管是出于技术原因（比如人太多而无法实施直接民主），还是由于担心背离民主的价值（比如政治腐败和不稳定），总之，到了19世纪，民主普遍采取的是由少数人来代理所有人共同治理的形式。不管这个变化的根据在于公民的同意还是政党政治的需要，其实质都在于为了或希望有更加公正有效的制度来进行个人权利的交易，集会也就变成了议会。但是，代议制本身并没有代表的性质，因为它的机构（议会、内阁等）谁也不代表，只是用公民（严格地说是选民）让渡出来的那一部分权利进行权力运作，其代理的性质不过是权力机构与公民（或选民）的政治交易。代议制在选举过程中也有其的"代表"，但那只是程序性的规则安排，不管选举的方式如何（比如直接、间接、比例、地区等），代表和选民之间也是一种权利让渡和交易的关系，选举结束后，这个关系的双方就分别由权力机构与公民来承载。对此，最具特征化的做法也许在于，此政党的党员在选举时可以投彼政党的票。中国则完全不同，前面说过，代表是一种当然的资格，也就是在其职能性质上与大多数人的根本利益相一致。因此，人民不必要、也无法和权力机构作权利的让渡和交易，而机构中的"代表"含义也不仅仅是选举程序的安排，而是"人民"这个整体的代言者。看起来，这种解释有些过于冠冕堂皇，至少是过于理想化了，但是，正如前面分析党的领导时所说的，如果不是这样，那个权力机构至少在逻辑上就不是人民代表大会了。因此，不仅在程序上中国的选举不同于与西方，而且各自的"民主"性质和形式也都是不一样的。根据同样的道理，其他诸如监督和罢免等内容和形式，也只能在"代表制"的意义上才是可理解的。

应该说，代表制和代议制的区别是极其重要的，因为它直接涉及民主的价值和形式。说到底，民主作为国家形式是一种手段，但作为价值却是被当成内容来追求和实现的。代表制就是在内容和形式同一的意义上对待民主的,而现行政治学由于看不到、或者不承认这一点,于是对民主问题的理解在制度层面莫衷一是,在理论上则更是乱七八糟。比如,哈耶克就指出了民主的两难境况。他和几乎所有的西方学者一样,只要谈到民主,总是要把它和自由、平等、正义、法治等问题搅在一起,不过他的创意在于从这些关系中明确看到,民主的缺陷不是靠适当的控制就能够弥补的,反过来也一样,如果彻底发挥民主的善意效用同样会导致某种专制。但是,哈耶克之所以会认为计划经济既违背民主、又导致不自由,一个很重要的原因,就在于他始终没有看到和谈及民主的内容和形式同一。① 当然,认识到代表制和代议制的区别并不等于人民代表大会制度的完美无缺,而只是说,通过这个区别可以更清楚地看出代表制的社会政治特性。

由上,可以对人民当家作主的社会政治特性作如下简括表述。"三个代表"是在国体性质上对共产党领导地位的特征化宣称,而人民代表大会制的合法性与合理性也应该、并且只能从国体与政体相一致的意义上来理解。在权力机构与党和人民的关系中,各种社会联结的转换虽然复杂多样,但其始终是性质一致的。因此,在具体的运作中,人民当家作主的政治性质并不是由各种民主形式来体现的,而是由国体与政体的关系转换来保证的;人民当家作主的实效也不是由个体权利的主张(甚至实现)来判定的,而是由共同体(主要指国家)的整体发展来维系的。

其三,关于依法治国。

在社会主义民主政治中,党的领导和依法治国看起来是存在矛盾的,也就是常说的党大还是法大的问题。的确,这个矛盾可以在党的领导的合法性与依法治国的合理性的意义上得到逻辑的统一,但是,这种统一的具体转换恰恰是一种社会政治,否则就不必谈什

---

① 参见哈耶克:《通往奴役之路》,王明毅等译,中国社会科学出版社1997年版,第五章。

么有机结合和辩证统一了。就依法治国本身来讲,它要处理的实际上是权利(以及权力)的民主秩序,所以,不仅党在法律范围内活动与党的领导地位及作用可以不相矛盾,而且权力机构(即人民代表大会)和行政部门的依法治国更是民主秩序的题中之义。党的领导、人民当家作主和依法治国这三者都既是某种原则要求,也是行为状态,因此,对权利的民主秩序的运作包括两个主要方面,一是法制的根据,另一是基本关系。

就法制根据来讲,由于党的合理性与合法性不成问题了,党就可以把自己的意志依法转变为法律,而且这个转变也是在法律框架内以法律程序进行的。同时,由于"三个代表"的实效要求,党必须通过各种社会联结及其转换使自己的利益与人民的根本利益相一致,而人民代表大会的代表制性质也保证了这种利益一致的运作机制。因此,党的领导和依法治国的一致性内在于共产党自身的合法性与合理性。在这个意义上讲,党组织与权力机关虽然是两个分立的机构,但它们的最高领导人却可以由同一个人来担任,比如同时是党组织的书记和人民代表大会的主任。这种任职方式所体现的,既不是党、法合一,甚至也不是个体的多重角色,而恰恰是个体人格与职务权力的分离。不过就实际情况来看,这种任职方式的最高级别是省,似乎并无必要到国家级别。

其实,法制根据和基本关系是相互作用的,不过就关系本身来讲,涉及的方面和内容就更加复杂多样了。但是,作为法治行为,各基本关系有一个共同的地方,即以依法为原则来维持秩序的稳定和生效。由于这里的分析针对是依法治国的社会政治特性,所以为了集中说明问题,可以把国家这个共同体作为基本单位,从而把各种关系的转换运作简化为共同体外部和内部的关系。

简括地说,外部关系就是国际关系,依法治国的社会政治特性主要体现为比较政治参照与社会主义政治方向的联结转换。比如,中国强调各国都有选择适合自己的政治制度模式的权利,革命不能输出以及中国永远不称霸,政治制度和意识形态的不同不应妨碍正常的国际交往,加入各种世界性组织并积极参与活动,以及以负责任大国的态度参与国际事务和新秩序建构等。在这些主张和做法中,中国的原则是既遵守国际法和国际惯例,又坚持自己的独立性,因此,"依"什么"法"来进行治理,往往是根据具体社会联结的转换而定的,甚至这种转换本身就具有法律的性质和效用。事实上,这种法治的运作也是一系列的创制,比如,搁置领土(和领海)争议进行共同开发、对一国两制中别国因素的现实态度等做法,就是主权、政治、法律以及惯例和实用等因素的转换创制。

即使是政治信仰或理念的独立性,也是在经济发展、政治文明、社会稳定及文化建设等多种因素的联结转换中得到创制性坚持的。比如,邓小平曾说他的一大发明就是"不争论",但这不是否定社会主义和资本主义的本质区别和矛盾斗争,而是实事求是的科学或现实态度。一方面,科学社会主义本身在发展,各个国家实际上也都同时具有社会主义和资本主义这两种构成因素,争论的前提就需要重新认识;另一方面,缺乏明确前提的争论不仅达不成共识,而且还直接延误了现代化建设的发展。因此,作为一种联结的转换,"不争论"本身就成为具有真实含义的社会政治。至于明确的成文法,如何运用也有着社会政治的转换意义。比如,同意台湾代表队用"中华台北"的名义参加奥运会,实际上是以一国两制的政治原则和《反分裂国家法》的法律底线为转换连接的,即是说,这里的"中华"只能是"一个中国"的政治基础上的民族性特征表示,而不能理解为法律意义的"一中各表"(即对"一个中国"的"各自表述")。这种转换在生活习惯中甚至是不知不觉的。比如,电视节目中教英语应该是规范的,但为了迎合某种大众趣味,就让明星们来教,而且任由明星们使用方言土语、甚至错误的发音,即使把"垃圾"(la ji)读成"勒瑟"(le se)也没有关系。

至于国内,法治的运作从来就具有明显的社会政治特征,甚至就是一种社会政治。比如，作为党的机构的政法委在法治中的作用、执法过程中对态度的重视、坦白从宽抗拒从严的政策、依据情节恶劣程度和政治环境需要的"从重从快"打击等，都是典型的社会联结转换，其转换因素包括政治理念、社会环境、传统习惯、民族政策、甚至示范效应等许多方面。同样，内部关系也包括机构或部门的关系，但是，所有机构或部门在遵守法律这一点上是一样的，所以这里讲的其实是一个特殊的问题，就是党内和党外的关系。就不同机构来讲，它们依据不同的法制和政策来组织和运作，党作为独立的机构实施全面领导，以及作为某机构内的党组织对该机构实施领导。但与此同时，党对自己的组织以及党员提出了更高的道德要求，所以党的纪律在党内也具有法的性质和功能。在此意义上讲，"党纪"和"国法"虽然是两个不同的概念，但它们的实施却具有与依法治国相一致的性质，而且，正是这种性质的一致使得实施本身成为各种具体的社会政治。

一般说来，依法治国在国内的社会政治特性体现为政治传统、比较政治，以及政治理念或导向的辩证统一，或者说，是人治、法治和德治等要素的连接转换。对于这个特征，可以综合行政执法的情况来具体说明，因为这种做法既明显具有中国特色，又最贴近日常的社会生活。

所谓综合执法，指的是城市管理中对各种违法现象的监督、检查、纠正和处罚。本来，执法应该有专门的部门，但是，由于综合执法的内容或领域针对十分复杂，包括治安、建筑、市场、道路、市容、食品和药物安全、娱乐场所、知识产权，以及民众对执法的反映等等，几乎没有哪一个执法部门的职能可以完全适用。因此，各地政府依法组建了各种形式的综合执法形式，有的有专门的机构，比如北京叫"北京市城市管理综合行政执法局"，有的是各种形式的执法大队。

从法律根据和依法治理来讲，各地都有综合行政执法的相应法规或办法，对执法的性质、职责、范围、内容、方式等都有明确的规定，各种执法大队如果不属于执法部门的，一般就由某个执法部门授权代为执法。综合执法的地点基本上都是在街头巷尾和居民社区，面对的人群各式各样，而且大都素质偏低，因此执法人员在执法中受伤、甚至牺牲的事情时有发生。但是，相关法规或办法却规定，执法人员在出勤执法时不允许配备强制器械。这种情况，一方面是出于以人为本和文明执法的要求，是为德治；另一方面使得执法的实际效果往往取决执法者和被执法者双方的关系、尤其是情感关系，是为人治。事实上，人治有一个最典型的情况并不在于人情和面子，而是当某个解决不了的问题反映到高层领导那里，而这个领导又很重视、甚至亲自过问，问题往往很快得到解决。当然，中国政治不把这种做法叫做人治，而看成领导的亲民态度和务实政绩。这种看法并非不真实，更不无道理，因为这里所体现的，正是法治、人治和德治的社会联结转换，以及在比较政治意义上的依法治国创制。一方面，高级官员或领导也是依法办事的，另一方面，同样也体现了传统所谓"父母官"的道德，而这两方面不仅维系了领导和群众的情感，更以人格化的方式促进并体现了对于政治导向的正确性的认同。

从理论上讲，依法治国的创制是中国特色社会主义性质的内在要求，所以对于具体的实践运作就不应该、实际上也很难只从字面上来理解。比如，接待民众来访既是一种政策安排，也有法律依据。但是，在出现某种特殊情况时，包括特定的任务目的或者社会环境的变化，上一级（尤其是中央）党组织或政府一方面并不发出暂停接待来访工作的指令，另一方面又严令下一级行政辖区不得出现越级上访（甚至本级上访）的现象。这时，如何依法进行接待来访的工作，就全靠当地党组织、政府，以及其他各种组织或机构想办法了。这里不仅需要大量而复杂的社会联结转换，而且其社会政治的特性还具有很强的刚性，因为如果处理得不好（比如出现了越级上访现象），相关责任官员、甚至当地最高领导的职务都会因此丢掉。

其实，依法治国的大多数做法都是以社会联结的转换方式进行的，包括比较刚性的工作，比如防止和惩治腐败。在谈到腐败问题时，现行政治学都认为中国是一种制度性或结构性腐败，但是却没有看到，腐败在中国和在世界各地的一个根本不同，在于它是非对象性的。换句话说，对于任何国家和社会来讲，腐败都是普遍性的，但是不管问题出在制度还是结构，对腐败的防止和惩治不仅是中国特色社会主义的内在要求，而且是以与人民根本利益的一致性为基本前提和运作机制的。因此，无论从防治原因还是治理实效来讲，都只能是各方（主要指官员和民众）一致的社会联结运作。同样，在这些刚性较强的社会政治中，不仅可以看到政治传统的道德情感和比较政治的现代民主的转换作用，而且这些转换本身也明显有着社会主义的原则和导向要求。

通过对党的领导、人民当家作主及依法治国这三个关系的分析，如果可以对中国特色社会主义政治发展道路所具有的社会政治作某种特征化的概括或表征，那么这也许就是社会主义市场经济的创制。这样讲的根据主要有三个。其一，正如前面已经分析过的，市场经济并不仅仅指经济领域的活动，它的法律含义以及对相应政治制度的要求都表明，不仅它自身的构成包含着各种社会联结因素，而且它的运作实效也取决于各种社会连接的功能机制。其二，市场经济是资本主义发明的，它和资本主义民主政治的内在联系表明，社会主义不可能仅仅在工具意义上使用市场经济而又保持自己的政治理念毫无变化，因此，社会主义的政治要求和市场经济的工具作用要想达到和保持协调一致，必须也只能经由各种社会连接。其三，前两个根据表明，无论从概念含义还是实际运作来讲，社会主义市场经济能否作为整体的功能机制和文明形态，都取决于一系列相应的创制。

再进一步说，如果要对这些创制所具有的社会政治特性作一个高度概括的表述，那就是国家与经济的关系。不难看出，这里的"国家"指的就是相对经济而言的政治，但是，与第四章"相关性素"中政治和经济的关系不同，这里国家和经济的关系是从其实体形态来讲的。换句话说，不仅国家是某种政治实体，经济活动也是以这个实体为真实载体、并存在于这个实体之中的（跨国公司、国际经济、全球化等可以看做这种情况的延扩，所以并不妨碍这里的分析）。具体说来，国家与经济关系所体现的社会政治特性包括以下一些主要内容或方面，而它们也是社会主义市场经济创制的主要工作或任务。

第一，国家和经济不仅以实体形式共存于同一个社会，而且各自都是某种社会形态。就政权和政府的存在形式来讲，国家就是一种政治组织，而从由一定人口构成的共同体来讲，国家更是一个社会组织。在此意义上，国家和社会的实体形态是重叠的，其中的经济活动不仅以各种形式不同和规模不等的组织（比如公司）为其主体，而且还和包括国家在内的其他实体构成各种联合性实体。至于国家和社会作为相对区别的社会形态，大致就是我们常说的不同"领域"（包括它们的性质、功能、形式等），而它们之间的政治关系，就体现为各种社会联结因素。事实上，这层关系的社会政治特性对于每个国家都是普遍存在的，而中国的特殊性或其主要任务，在于国家和社会之间的社会联结及其运作都有赖于各种相应的自觉创制。

第二，国家和经济的内在关系历来就是社会性的。不管西方（比如古希腊）还是中国，经济最早都是指持家管理，随着各种分工和国家运作的复杂化，人们才越来越普遍关心两个基本问题。一是效率问题，即如果国家不能很好地服务于经济发展，它（主要指某种政权或某届政府）的合理性和合法性就会受到质疑；另一个是价值观问题，即国家对经济的干预直接涉及权威、权利、公正、平等、自由的实际状况。很显然，这两个问题根本不可能一劳永逸地解决，甚至不是一个是否被解决的问题，而仅仅是需要保持某种平衡，即通过各种社会联结的运作，使公众的抱怨不至于危及国家与经济的正常关系，也就是社会稳定。换句话说，这种关系处理是相对独立的、并有其特定含义的社会政治活动。因此，如果从要求正确处理改革、发展和稳定的关系来讲，中国从改革开放初期到现在，以及今后相当长一段时期所要坚持的"一个中心"（即以经济建设为中心）就是国家和经济关系最基本的社会连接，而"两个基本点"（即坚持改革开放和四项基本原则）就是最基本的社会联结因素。

第三，国家与经济关系的社会性及其具体状况的动态性，使得对这种关系的看法一直争议不断，甚至分歧严重。早先的历史就不说了，至少在马克思那里，国家和经济的分离被认为是一种严重的唯心主义误解，因为以交换为基础的经济活动不仅处处反映出阶级的因素，而且是受制于国家这个上层建筑的。此后直到今天，对于国家和经济的关系，西方（政治学、经济学，以及社会学）或者只是从技术层面（也就是上面讲的如何保持平衡或促进发展等）来争论如何处理能够更加合理和有效，或者从价值观（包括政治和意识形态）角度来批判国家对经济的过度干预（其中，苏联的解体常常被用来证明计划经济的破产）。这种趋势看不出任何可能停下来的迹象，而且还有相当多的观点（比如前面说的哈耶克）认为根本无法在中央计划和自由竞争之间找到一条中间道路。这种情况表明，对于国家和经济关系来讲，摆脱矛盾困境的可能出路正在于选择什么样的功能参照，也就是平衡这个关系的社会连接创制。

第四，迫于现代化竞争的利益需要，如何认识和处理国家和经济的关系不仅越来越重要，而且将是一个相当长期的任务，这种情况不仅表明了中国进行社会主义市场经济创制的必要性，而且也提供了正确认识这种创制的一个基本前提。的确，中国特色社会主义根本不是在寻找什么中间道路，相反，上述关于党的领导、人民当家作主，以及依法治国这三个关系处理的分析表明，恰恰是根据国家和经济关系本身的社会性及动态性，中国才有可能够作出并实施社会主义市场经济的创制实践。在此意义上讲，在社会主义市场经济的创制中，社会连接不仅仅是国家和经济关系的处理机制或工具手段，更是某种相对独立的社会政治内容和形态。比如，以经济建设为中心的根本转变及其做法，表明了国家和经济关系转换的具体连接机制，而这种转换所体现的社会主义市场经济创制形态和原则导向，则是改革开放和四项基本原则。反过来说，如果事实情况不是这样，"一个中心、两个基本点"的说法就是不合逻辑的和不可理解的了。事实上，尽管社会和经济的功能作用使国家的概念含义发生了很多变化，但是出于现代化竞争的现实，发达国家的主导倾向是国家与经济的分离，而发展中国家则强调国家在保护和促进自己发展（比如粮食安全、民族工业、甚至公平分配等）方面对经济干预的必要性和重要性。这种情况不仅是中国实施社会主义市场经济创制的国际背景，而且也表明了这种创制的利益旨向，即各种相应的社会联结运作与中国发展需要的一致性。换句话说，中国对于国家与经济关系的处理之所以是一种真实的社会政治，正在于它体现了国家发展与社会主义市场经济创制的一致性。

第八章　结语和附录

1. 社会政治的提出和阐释具有学科创新的意义，不过以上所有文字所要表述的，仅仅是将此作为某种基础理论的建构设想，所以只是关于"社会政治"的"引论"。

2. 社会政治仍然属于政治学范畴，它在理论上的基本创新就是提出了"社会联结优先于政治内容"的原则，即作为主观动因和客观要素的统一体，各种社会联结的存在是政治成立的前提和根据，而本书副标题"政治的社会联结"就是其主要内容含义的特征化表述。

3. 历来被我们叫做"政治"的活动在其特性规定上是有前提的，即各种具体的政治是经由对各种社会联结的运作（即社会连接）才得以成立并具有真实含义的，而这个运作就是社会政治的一般形态，真实的政治之网是经由各种社会节点织成的。

4. 所谓"社会联结"，就是体现在具体时空中的由主观因素、客观因素以及这两者互动因素所构成的各种关系；而动词的"社会连接"，就是主体对这些关系进行合目的性的结构整合和功能转换。

5. 无论从逻辑还是现实来讲，作为类概念的人的社会属性和诉求都先于或大于其政治属性和诉求。因此，主要是由于群体依赖和个体利益的矛盾，敌、我、友的关系处理必然就成了具有自由意志的人的最基本的社会联结，但这只是一种功能性的抽象表述，而各种社会联结在具体运作中成为政治相关性素的具体含义则是由不同的功能旨向来规定的。

6. "一"与"多"的关系无处不在，它构成了各种社会联结的存在根据，因此，社会政治并不是政治运作的选择形态，而总是真实的政治之所是那个内容或含义。

7. 社会联结相对于政治内容的"优先"不是一种静止的逻辑关系，而是真实的政治得以生成和维系的根据。因此，并不存在自然的"政治"，在相关性素经由各种社会连接转换为现实政治的过程中，"政治"不仅具有社会政治的特性，而且只能是一种自觉的建构，即在同时共存的生成和维系机制中体现出政治的真实含义。

8. 作为具有体系性的理论建构，《社会政治引论》的论述主要包括四个方面。其一，揭示了社会联结优先于政治内容的原则；其二，阐述了政治存在性质和活动形式的生成与维系机制和形态及其相关性素；其三，说明了作为社会政治理论构成部分和运作机制的分析标准和方法；其四，以中国特色社会主义政治发展道路为实例，分析了社会政治理论的普适性，以及建立中国政治学的必要性和可能途径。

9. 主要由于现行政治学是西方发明的学科，再加上各种政治和意识形态的偏见，所以社会政治在现行政治学的理论框架中难以得到合理而充分的解释。这种情况表明，社会政治理论补充了现行政治学所缺失的重要内容，从学科和范畴的意义上拓展了政治学的普适性，而对此的自觉认识不仅具有学科建设的普遍意义和具体实践的指导意义，而且有助于为理解不同的政治活动提供参照联系，包括有助于不同政治理念、体系、制度、甚至意识形态之间的沟通和对话。

10. 中国政治与西方政治的最主要区别,就在于中国政治更为明显具有社会政治的特性。事实上,无论从政治传统和比较政治的背景影响、还是政治理念的目标坚持来讲,中国特色社会主义都是由一系列自觉的社会政治创制构成的。因此,如果这种特性区别和自觉创制表明需要建构"中国政治学"的话,对于社会政治的研究将为此提供必要的理论基础,而本书的分析讨论就是这方面一个有益的尝试。

11. 社会政治在学科意义上的普适性根据还在于人类自身的发展状况,不过,由于这个意思只是内含于"引论"的讨论中,或者说是"引论"必然会预见到的一个逻辑结论,并没有进行正面阐述,所以,下面附上我写的另一篇文章,以期有助于理解建构社会政治理论与认识人类解放的关系,以及从社会政治角度指出并说明塑造"新人"的合理性与可能性。

附录:人类的终极解放与堕落

1. 由可持续发展说起

一个幽灵,一个叫做"可持续发展"的幽灵在全世界游荡。

但是,人类文明是不断发展的吗?而且还希望它是可持续的?我认为这种追问和要求是一个悖论,因为它的答案在于,人类发展了就不可持续;人类发展了就是可持续的。悖论的原因当然在于主词的自我相关,即"人类"和"发展"的同一形态。因此,"可持续"不过是摆脱悖论境况的一个希冀,但其成功的可能几乎为零,除非那可持续的东西在发展之外,即可持续发展不是发展,否则将不可避免地陷入围绕发展(当然也就是人类自身)的无限循环悖论。

上述看法似乎很悲观，其实不然，因为它不过是在自觉地找寻出路。什么叫发展？相对增长来讲，发展的内容是针对那些并不必需的、多余的但却是想要得到的或有利可图的东西而言的。因此，简括地说，由于事物总是不断变化的，所以如果不是某种神意在主宰，那么发展不过就是符合（尽管事实上顶多也就是大致、甚至部分的符合）某种被认为是好的预期的变化。因此，摆脱循环悖论的出路，或者说悖论的真实消除，就在于预期和变化的互为包涵，从而使这两者同时成为人的自觉行为和惯常形态，也就是人类的终极解放。

对于"终极"有许多不同的看法，包括不承认存在什么终极，不过有一点似乎不用证明，那就是从"最终极限"的含义来讲，"终极"的所指只能是人本身。从现实来讲，这个悖论之所以不明显，在于"人类"和"发展"的主词自我相关被一个东西所掩盖或蒙蔽，即具体的利益。如果说，每个人都希望获得自己的利益就是好的预期，或者说人在各种变化中都是趋利避害的，那么至少从逻辑上讲，每个人都能够获得自己满意的利益、同时又互不妨害（包括人与自然，以及人与人），就是可持续发展了。显然，这种状况就是人类的解放；就预期和变化在这种解放中的互为包涵来讲，解放也就具有了终极性。但是，现实恰恰是做不到这一点，也就是各种变化（包括人与自然，以及人与人的关系）达不到好的预期，于是就用"可持续"的希冀来慰藉自己，叫做双赢、共赢，甚至子孙万代都赢。

不难看出，这个希冀如果能够实现，其内容就不是什么发展，而是人对各种异化的摆脱。所有的异化可以分成两大类，即对象的和自身的。对象就是人的活动客体，其异化包括阶级斗争、资本的剥削、科技的主宰及生态的恶化等；自身就是主体的人，其异化包括个性的模式化、行为的程式化、需求的无节制及道德的失范等等。摆脱异化是一种自觉的认识和行为，对此的漠视和放弃就是人类最大的堕落。在我看来，马克思之所以说共产主义之前不过是人类的史前史，指的正是这个意思，反过来说，属人的历史是由人自觉把自己塑造为新人来开启的。因此，可持续发展如果可能，其实现途径就不仅仅是某种对象性的操作，而是新人的塑造过程，因为那"可持续"的含义不过是人的终极解放形态。

上述情况表明，人类必须自觉地重新塑造自己，也就是毛泽东说的，必须在改造自然的同时改造自己，才可能达到共产主义。这就是人类的终极解放，即成为新人；这也就是马克思说的，无产阶级只有解放自己才能最终解放全人类，只有每个人的自由的充分实现才能达到人类的自由。在这些表述中，好的预期和相应的变化是互为包涵的；根据同样的道理，人类如果是发展的，也就是能够向好的预期变化，那么可持续发展只有在塑造新人的意义上才是可理解的和真实的。

2. 共产主义与新人

如果说，超越了人类史前史的人叫做"新人"，那么新人的自觉塑造与可持续发展应该具有的终极解放意义就是一致的或同一的。事实上，塑造新人的任务是《共产党宣言》提出来的，或者说是内在于共产主义理想目标的，而正因为可持续发展不讲这个，才会出现人与发展主词自我相关的悖论。

为什么要搞共产主义呢？因为现实太多苦难，太不公平。苦难和不公平的原因是阶级压迫和剥削，但这并不是说地主资本家天生都是坏人，而是由适应一定生产方式的制度造成的，这个制度就是私有制。无论物质和精神哪个是第一性的，总之，与私有制互为因果和互为表里的就是私有观念。因此，摆脱苦难和不公平的出路就在于破除私有制和私有观念，而出路的实现形态就是共产主义。顺便说一下，共产主义的真实含义应该是公共主义，即真正保证了每个人的个体利益的公有制和共有观念,也就是马克思说的,真正的私有制就是公有制,或者说真正的公有制是必须能够保证每个个人的真是私有的。对此,《共产党宣言》也明确说过,之所以叫"共产党"是因为已经有了太多的伪社会主义,只好换个名称了,而且不坚持共产主义的社会主义都是靠不住的。

然而,共产主义的实现有着太多、太艰巨的困难,以至于它在很多人看来几乎等于一个乌托邦。其实,真正的困难不在于革命宣传、阶级自觉、武装斗争、夺取政权、社会主义过渡、甚至与资本主义竞争等具体的实践问题,而在于如何保证不改变共产主义方向并形成相应的习惯,因为困难都是对象性的工作,方向才预期着人自身的解放。首先,共产主义的目标是达到无阶级社会,为此,就需要有能够保证这个方向的政权力量,按照列宁的说法,这将经历一个长期的社会主义阶段,而这个时期只能是无产阶级专政。因此,关键的问题就在于,即便有了方向和共产党领导,这个方向的引领如何保证,尤其是如何保证执掌这个权力的每一代人愿意坚持这个方向并有能力使所有人都跟着走。其次,人和其他生物的根本区别,在于人有自由意志,因此还是列宁说的,能否实现共产主义预期,取决于千百万人在这个长期过程中形成的习惯,也就是说人类这个物种不再会自发产生私有观念。

于是,可能的出路是一个道德实践的问题。共产党领导的革命确实取得了胜利,世界范围的社会主义阵营也存在了半个世纪。斯大林时期的苏联就提出了要塑造共产主义新人;毛泽东时期的中国不仅讲为人民服务、要求自我改造和斗私批修,而且提出了培养和造就无产阶级革命事业接班人的战略任务。但是,所有这些努力都难以克服两个客观的局限。一个是权威和政治热情的时间性,也就是说,自然代际的更替必然会使由某个领袖人物或领导集体所体现的权威发生变化,甚至消释,同样,不同代际的政治热情也将随之出现消长转移的变化。另一个是现代化竞争,因为现代化是所有国家、甚至全球每个角落都不得不卷入其中的文明运动,所以参与竞争就不可能封闭,就必须和外界交往,也就必然会由于发展不平衡的比较带来物质追求和观念信仰方面的变化。

简括地说,迄今为止,直接阻碍人类解放的道德实践困难在于两个方面,一是客观局限,另一是不愿和不敢改造自己。前一个问题主要体现为权威的时间性,以及不平衡状况下的竞争和影响;后一个问题其实就是私利:"不愿"是因为觉得自己从中得不到利益,"不敢"是惧怕艰苦,而这个"艰苦"的真实含义最终还是在于自己利益的失去或减损。因此,把人的私心私利(或趋利避害)看成理所当然,就是对人类解放的堕落。在此意义上讲,今天的问题并不在于共产主义是不是乌托邦,以及"新人"的塑造是否可能,而在于向着解放的努力会不会为普遍的堕落所击溃;就"可持续"而言,也就是这个希冀会不会由于人迁就自己的惰性所以不愿或不敢变成新人而化为泡影。

3. 不自觉的文明

当然,要使所谓共产主义和新人的说法得到普遍的认同本身就极为困难,因为这在本质上并不是一个意识形态选择的问题,而是取决于人类能否自觉清醒地进行自己的文明实践,并且就体现为这种实践。不幸的是,现在看到的恰恰多是不自觉的文明,其突出体现至少包括如下一些方面,即被迫的竞争、消费的无度、可持续的工具理性、异化的规则化,以及新阶级的非道德化等。

其实,对于这种不自觉的文明,各方面著述已经说得够多了。比如,现代化已经成为文明发展的共识,但实际情况表明,现代化不过是全球范围穷国追赶富国的竞争过程或运动。谁的物质实力强大、技术手段领先,谁的做法就是文明的发展导向,于是,被迫的竞争排挤了道德的正义性。竞争本身成了游戏规则,现代化指标成了文明程度攀比的尺度，贫富差距、武装冲突、恐怖活动等等照样四处泛滥，甚至恶性滋生。又比如，发展需要钱，消费就成了第一要务，并且由再生产手段变成了无目的的目的。于是一方面寻求经济垄断，不管哪种所有制，所谓按市场规律办事无非就是对经济霸权本身的遵从；另一方面，任何东西的价值都以其消费可能决定，或者说政治、经济、社会、文化等所有领域本身都高度消费化了。所有这些的根本原因都在于私利的追逐，但却被说成是共同发展，文明的自觉性就这样被忽视或蒙蔽了。但是，自觉性仅靠讲道理是树立不起来的，还需要导向示范和强力制约。在这方面，文明的自觉有两个突出的困难或障碍，一个是异化的规则化，一个是新阶级的非道德化。

最根本的异化就是人自身的异化，而最大的不自觉或堕落，就是把异化当成文明的发展规则。从物种的角度讲，人的最根本异化就是由于自己的活动使得自己在地球的生存受到威胁。事实上，正是这种威胁使人们提出了可持续发展的要求，但是，如果人本身不能做到适度消费和功能适应，可持续发展不仅只是一种工具理性，而且是对塑造新人的反动。我在《比较社会学》一书中说过，可持续发展的真实可能在于创新中的适应，因为如果作为一个自组织系统（即地球）构成本身的自组织单位（即人）达到其增长的水平线（也就是极限数量的持续不变，比如100—110亿之间），尤其是人本身的生存伴随着这种情况出现了危机，就表明人和地球在功能上一体变化的时候到来了。这种危机当然主要是由人的活动造成的，但人作为具有自由意志的物种对此的应对不应该是回到危机之前，而是适应性地创新，即在保护生态环境的同时，适应生态环境的变化。在此意义上讲，对各种"绿色"的追求就成了一种异化，而且是作为文明规则的异化。事实上，并没有道理说人这个物种必须是"绿色"的，因为"污染"本身就是相对而言的。比如，从地球的氧气最早是从海水的污染中生成来讲，人类本身就是污染的产物。时至今日，生产、生活及生存的状况早已经使人类这个物种不那么"绿色"了，但"可持续"偏偏异想天开，竟以为可以造一个绿色保险箱把人关进去！在这种导向和做法中，一方面，不断发达的物质手段傲慢地忽视了人类作为一个物种的整体变迁（包括物种本身的衰亡）可能；另一方面，对各种"绿色"的要求常常被用来作为保护竞争优势的恶性手段或标准。

但是，即使有正确的导向示范，也需要有制约的力量来支持这个导向，并规范人们的行为，否则人们无法保持既定的方向，更不会去做塑造新人这样辛苦的事情。在这方面，不管具体的政治理念、制度和意识形态如何，力量的载体仍是阶级，因为国家及其制度还是由阶级利益来驱动和设置的。然而，现在的情况是既有的阶级正在发生变化和分化。一方面，阶级夺权（尤其是采取暴力形式）的情况越来越少（甚至几乎不可能）了，而共产主义学说却是在这种情况中产生的；另一方面，新生的阶级很难再完全按照生产资料占有和获益形式来确定或划分了，比如，政治实力、经济群体、由知识和技术带来的特权或掌控能力、甚至意识形态话语都被作为阶级划分的因素或标准。因此，从能力来讲，真正的阶级力量实际上就是统治阶级本身，或者说，是有权力并能够实施领导和管理的阶级集团，而且这些职能一般都是有法律规定的。然而问题在于，这些阶级不管愿意或自觉、还是不愿意或不自觉，它们共同的特性都是某种非道德化倾向或运作，也就是既做不到、甚至也想不到塑造新人的要求。

非道德化是由阶级变化和分化本身产生的，因为就像现代企业管理中所有权和经营权分开一样，统治（或领导和管理）阶级中的领导权和管理（或运作）权也是分开的。简括地说，现在的统治阶级实际上是由不同阶级构成的统治体系，主要包括三个部分，即领导官员、管理官员和技术专家。领导官员就是所谓的统治者，他们只负责发布命令。不过，他们当中的大多数官僚，其法定的权威只在于照章行事（即科层制权力等级的规矩），而对他们所领导的部门性质、专业知识、工作职能等情况都不必顾及。统治者及其官僚队伍因为权力在握，很容易受到腐败的诱惑，但腐败的风险也最大。管理官员一般各有相对明确的事务分工，所以可能具有某些专业知识或技能，但他们并无决策权，为了完成工作或得到好处（包括所谓腐败），他们倾向于利用、扩大自由裁量权或各种派生的权力，甚至想方设法创造这些权力或机会。技术专家（包括科技和人文）是整个统治体系各方面的知识和技术支撑，他们的确是具体业务或工作的精英力量，但他们几乎仅仅依此作为自身价值的附丽和信念，不仅不关心阶级利益和道德导向，甚至也全然不理会本专业之外的人、包括他们的上司和下属对他们的看法。所以，他们的腐败最没有顾忌，而且他们的腐败行为也最难以被追究。

显然，上述这种统治体系的结构根本无法形成高度认同的价值观，更不会有塑造新人的愿望，就连腐败的形式也是五花八门。因此，道德导向的唯一可能只能来自最高领袖（或领导集体），但这也只是指导向的发出情况，而其真正认同和贯彻执行在这种统治体系结构中也是几乎不可能得到保证的，所谓上有政策、下有对策，讲的就是对这个保证的解构。在这种情况下，位于整个统治阶级体系之上的最高领袖仿佛是一个虚拟的道德制定者，而他对文明自觉与否所产生的实际作用却往往是微乎其微的，即使是为此搞各种运动，面对的结果往往也是普遍的虚伪应对。

从文明本身来讲，它的形态变化与知识的形态变化是互为表里的。因此，如果说异化的规则化和新阶级的非道德化蒙蔽了文明的自觉，那么，找寻并坚信塑造新人的希望就需要有新的知识形态支撑了。其实，这倒不是新生阶级没有自己的政治理念和意识形态，恰恰相反，正是知识形态发生了变化，从而使得科技霸权掩盖和排挤了新人塑造的要求，或者说，异化的规则化和新阶级的非道德化已经成了现在最普遍的意识形态。对此，沃勒斯坦的《所知世界的终结》有过敏锐洞察的分析。在他看来，任何对全能的神的信仰对于坚定人的自觉性来讲都是不道德的，因此，人文的和自然的创造力应该是一种统一体，它一方面表明知识形态的边界是不确定的，另一方面则表明了争取更好的未来是合乎道德的。不过，尽管沃勒斯坦清楚地看到，创新知识形态的合理性和必要性主要在于既有社会和政治制度的不合理，以及知识话语的私利霸权，但他并没有明确指出这种创新与塑造新人之间的内在联系，也就是没有看到创新主体的自觉性与其终极解放形态的关系。

4. 螺旋上升的赛跑？

从新人的自觉塑造来讲，共产主义并不仅仅是一个政治理念，而是向着人类解放不断努力的文明形态和知识形态，也就是乌托邦的现实意义在当下的随时兑现过程。在此意义上讲，堕落其实就是文明建设的各种不自觉认识和行为。所以，尽管不自觉的文明并不一定都是在干坏事，甚至也不是故意不道德，但它的确就是最大的堕落，因为它迁就惰性或私欲，腐蚀和瓦解人类的终极解放。

那么出路何在呢？我认为取决于解放与堕落的赛跑。这个问题很复杂，包含的因素也很多，不过，如果我们把问题化简，那就是以坚信共产主义、并在建设社会主义的力量为一方，与各种不自觉文明的力量一方之间的"赛跑"。

不管对共产主义和"新人"怎么理解，有一点是肯定的，即它们的内在联系所指向的解放不仅是人的真实自由状态，而且是人与自然在结构和功能上的整体跃迁。因此，问题就在于是否自觉并切实努力争取人的解放。如果说，毛泽东做过这种努力（我以为这就是毛泽东在解放后所做的最伟大的、可能也是空前绝后的人类解放实践），那么就其对人类解放的意义来讲，这种努力的主要遗产正是防止旧式官僚复活和破除新阶级非道德化的必需性与可能性。根据中共"十七大"的精神,在毛泽东思想奠定的政治基础上,现在的社会主义就是改革开放以来形成和确定的中国特色社会主义。另一方面,中国共产党明确提出了科学发展观,并把它作为改造客观世界(从逻辑上讲也应该包括主观世界)的强大思想武器,要求在政治、经济、社会、文化以及生态等领域全面实践和推进科学发展。在此意义上讲,中国就是人类解放方向的领跑力量。但是,即使中国的方向是正确的,而且也为世界作出了示范,如何使世界认同这个方向并愿意共同努力仍是全无保证的。进一步说,既然解放与堕落的方向是不一致的,真实的赛跑就不是在两条平行跑道上进行的,所以赛跑又像是一场拔河。这样,赛跑会不会由于方向相反且又相互牵扯的张力而旋转起来,于是就逐渐上升了?

上述景象很容易使人想到列宁的一个描述,即历史进程是螺旋上升的。但是,列宁描述的上升不仅是一种方向,而且是一种矢量,指的就是塑造新人获得解放的努力。然而即便如此,这种上升的过程也是阻力重重,甚至包括由于旋转上升发生故障而出现的下降。比如,在经济领域,科学技术由于其自身的功能力量,就被认为是最有创造性和最合道德的生产力(或者第一生产力)。但是,即使这种观点符合物质的第一性,以及生产力决定生产方式或经济基础决定上层建筑的理论,人类解放对文明变化(主要指自然生态和环境)的物种适应仍然被忽略了。不难想象,这种忽略在变化真的到来的时候对于人类的生存肯定是致命的。又比如,在社会领域,各种新阶级的话语特权或霸权其实就是本阶级精英吃饭的家伙,所以就其谋求自己私利并排斥他人分享特权来讲,新阶级和旧阶级一样不道德,甚至更加恶劣,因为它使非道德具有民主的形式。事实上,这种情况已经成为文化习惯了,比如各种课题申请的竞争、各种指标排序的形式浪费和虚伪作假、甚至学术职称的评定等做法,都是恶劣和不道德行为的典型,但也都成了正常的文明形态、甚至日常工作。再比如,在文化领域,不仅消费正在采取文化的形态，而且文化本身也日渐消费化了。由此，自我改造必然被看成面目可憎的革命清教或愚昧专制的英雄主义，而迁就惰性却被看成文明进步的人文价值或标准。

事实上，现实的阻力同时也表明了"上升"本身含义的矛盾。如果共产主义的科学性具有开放的包容性，又如果社会主义是由各种创新形式来实践的，那么上升的矢量就不应该是确定的或先定的。因此，问题并不在于讨论共产主义的科学性，而在于如何自觉认识塑造新人的实践意义。换句话说，即使"上升"的途径多种多样，实际的社会形态也不必以"社会主义"或"共产主义"来称谓，人类终极解放的含义也只能是"新人"的自觉塑造。这样讲的一个基本道理在于，如果共产主义是一种乌托邦，那么它的意义也只能在于目标进程和实践努力的一致性，即是说，并不存在一个乌托邦实现的时间表或理想状况，而应该是随时随地的兑现乌托邦的意义。打个比方，如果共产主义是一个看得见走不到的地平线，那么至少没有地平线，人们连走动也不可能，或者只能原地打转。共产主义如果能够实现，当然要以极大的物质丰富为支撑，但这个支撑本身也是道德性的，所以需要一个连接这两者的意义中介。这个意义中介就是为人民服务，因为从新人塑造的逻辑和现实来讲，解放都是针对类人而具有意义的。所以，共产主义的真实形态就在于使为人民服务同时成为人的兴趣所在、第一需要以及生存方式。在此意义上讲，新人塑造就可以看成"上升"含义在动因、手段和形态上的统一性，而"上升"不成的最大原因或阻力，真的就是自甘堕落了。

5. 自觉解放的宽容和多元

上面的结论是否太过绝对了？或者说是否太过不宽容或专制了？我的回答是：也是、也不是，因为这个问题涉及社会政治在实践层面的意义。

对此,不妨引用潘尼卡(Raimon Panikkar)在讨论多元论和宽容问题时的一个主要观点来说明,因为他的说法简洁透彻。对于多元论,潘尼卡说:"终极意义上的多元论不是在一个更大的保护伞下宽容各种不同的体系;它不考虑任何超级结构,它不是一个超级体系。"相反,"多元论难题是我们在遇到互不相容的世界观或终极的思想体系和生活时出现的。多元论必须处理最后的、不可沟通的人类诸态度。"但是,潘尼卡又提出了他所说的"宽容定律":"你所具有的宽容与你所生活的神话成正比,与你所信奉的意识形态成反比。"①

实际上,要求人的自我改造并不是不宽容,而是人类解放的出路所在。相反,如果不宽容由于暗含着对他人的压制,从而其本身就是一种不自觉,那么多元论既不是无所不包的拼盘,更不可能保证绝对的认同或者普遍的和谐。因此,宽容是指某种态度,即要讲道理、要理解不同的选择,而多元论则是指通过对话生成的某种目标或价值认同的形式。看来,这方面的智慧应该是人类解放实践得以可能的一个基本前提。

显然,做到宽容态度和生成多元论形式的途径或方式很多,但是就其影响或作用来讲,最突出的当属政治了。其实,从前面各章的讨论不难看出,能够具有这种影响或作用的政治本身应该具有最宽泛的内容指涉和领域包容。其实,这就是所谓社会政治。正是在这个意义上讲,社会政治不仅是一个理论体系,而且是人类解放过程中一个真实的实践领域。在这个实践中,社会政治对于社会联结的运作具有明显的宽容特征,甚至社会联结本身就是以宽容为前提的;而正是生成与维系的同时共存,表明真实的政治含义和作用总是多元的。

---

① 西蒙·潘尼卡:《看不见的和谐》,王志成等译,江苏人民出版社2001年版,第224页。

问题在于，这种宽容和多元本身就是一种自觉的行为，并整体地构成了人的发展形态。因此，提出或设置人的自觉改造并不是强制的规定，而是由多种选择所形成的整体导向。这种导向的形成和社会政治的生成与维系形态是一致的，正是这种一致性为反对迁就人的惰性的要求和做法提供了合理性和操作可能。换句话说，人类向着解放的自觉改造并不与宽容和多元相矛盾，相反，自觉改造指出了、并体现着宽容和多元的真实原则，同时也必定会对假借宽容和多元的各种堕落行为进行抵制。

对于上述问题，有一个很能说明问题的实例，就是全世界对于2008年金融危机的反应。这场危机明明是美国金融资本家和金融投机分子合谋的剥削和诈骗恶果，但是，不仅社会主义国家（尤其是中国）没有借此谴责资本主义，更没有说这是资本主义的总危机，相反，全世界不同制度的国家（主要是西方和中国）空前一致和协调地采取了各种所谓"救市"的行动。其实，这种做法就是社会政治的具体运作，同时也就体现了宽容态度和多元形式中的导向认同，即对于人类文明发展的自觉性。但是，各国对危机的应对也有着各自不同的目标和创制，这也更清楚地表明，抵制堕落并寻求解放只在于人的自觉选择，而社会政治就是其主要的机制形态。也许，中国的反应更能说明问题：一方面要重新审视并创制既具有自己的对立性、又能够与世界交往的金融和经济体系，另一方面，又要坚持现代化建设的中国特色社会主义性质，或者说保持着这两者的一致性。事实上，就这种态度和相应的实力来讲，中国在2009年末哥本哈根会议期间的表现真的为人类的解放指出了些许希望。

但是，无论如何宽容和多元，人类的终极解放都只能是指"新人"的自觉塑型。如果说新人是一个未来的概念，那么可以用一个通俗的、但却是真实的比喻来说明今天的人是什么。人的最大区别是与动物相对的，这就是说，人知丑不知足、动物知足不知丑。知丑，就是明廉耻、讲道德、遵伦常，因此，明知丑事仍乐此不疲就叫做不知足。动物则不同，比如它们的性活动、甚至性交一般都不回避外界环境，甚至也没有伦常禁忌。但是，动物知足，它们一般都有发情期，性的要求及行为大多只是从属于种的繁衍，所以并不乐此不疲。在人与动物之间还有一种既不知丑也不知足的东西，它们就是为人驯化和饲养的猪狗猫、鸡鸭鹅、马牛羊。这些东西跟人学会了性行为的乐此不疲，而且也不在乎被人看见，只要有机会就做，全然与种的繁衍无关。于是，知丑的人把这些东西叫做"畜生"，当鄙视某些不齿的事和人的时候也会指斥为"猪狗不如"，而不说"象豹不如"。现在那些自甘堕落的人很有些像畜生：明知不能腐败却偏要变换手法、铤而走险；明知不能赚黑心钱，却止不住欲壑难填、人为财死；明知不能乱事男女，却熬不住要偷着淫荡或纵欲无度，甚至干脆创设了妓院。在此意义上讲，新人就是知丑又知足的人，人类的终极解放就是变知丑不知足与不知足也不知丑为知丑又知足的自觉过程。

　　看来，不仅是为了更准确地理解社会政治，更是为了能够把握和践行人类解放的唯一出路，真的应该牢记马克思的一句名言，即人的认识与自然界的一致性只能被合理地理解为、并且就在于革命的实践。

图书在版编目(CIP)数据

社会政治引论:政治的社会联结/孙津著.
—北京:中央编译出版社,2010.6
ISBN 978 – 7 – 5117 – 0413 – 9

Ⅰ.①社…

Ⅱ.①孙…

Ⅲ.①政治学 – 研究

Ⅳ.①D0

中国版本图书馆 CIP 数据核字(2010)第 116962 号

社会政治引论:政治的社会联结

出版人	和 龑
责任编辑	贾宇琰
责任印制	尹 珺
出版发行	中央编译出版社
地 址	北京西单西斜街 36 号(100032)
电 话	(010)66509360(总编室) (010)66509350(编辑室)
	(010)66161011(团购部) (010)66130345(网络销售)
	(010)66509364(发行部) (010)66509618(读者服务部)
网 址	http://www.cctpbook.com
经 销	全国新华书店
印 刷	河北下花园光华印刷有限责任公司
开 本	787 毫米×960 毫米 1/16
字 数	235 千字
印 张	18.25
版 次	2010 年 7 月第 1 版第 1 次印刷
定 价	38.00 元

本社常年法律顾问:北京建元律师事务所首席顾问律师　鲁哈达
凡有印装质量问题,本社负责调换。电话:(010)66509618